KB069879

얼티메이텀

일러두기

1. 이 책에서는 대한민국과 미국의 해군 특수전 부대를 아래와 같이 표기하였다.
   - ROK Navy UDT/SEAL → UDT
   - US Navy SEAL → 미 SEAL

2. 본문에서 언급하는 단행본이 국내에서 출간된 경우 국역본 제목으로 표기하였고,
   출간되지 않은 경우 최대한 원서에 가깝게 번역하고 원제를 병기하였다.

죽어도 포기하지 않는 최강 멘탈의 기술

ULTIMATUM
얼티메이텀

이근 지음

다산
북스

운명은 자기 자신이
만들어가는 것이다

저는 이렇게 이른 나이에 책을 쓴다는 걸 생각해본 적이 없습니다. 이제 겨우 30대이고, 앞으로 더 많은 것을 경험하며 성취할 과제들이 많기 때문입니다. 하지만 출판사에서 트라우마와 장애물을 극복하는 데 도움이 될 만한 책을 써달라고 연락이 왔을 때, 저는 이 일을 운명처럼 받아들였습니다. 특히, 극한의 경험으로부터 얻은 노하우를 힘든 시기에 놓인 사람들에게 공유하는 걸 의무라고 생각했습니다.

당신도 알다시피, 우리는 살면서 수많은 적의 공격에 대처해야 합니다. 적의 공격은 우리에게 영향을 줄 뿐만 아니라 친구들과 가족 심지어 우리가 속한 조직에도 큰 피해를 줍니다. 그렇다면 우리는 그런 사회의 암적인 존재들을 어떻게 다뤄야 할까요? 우리의 실패를 바라는 적들이 득실거리는 세상에서 어떻게 성공할 수 있을까요? 무엇보다 이렇게 혼란스러운 세상에서 우리는 어떻게 생존할 수 있을까요?

정답은 간단합니다. 강한 멘탈을 장착해 세상에 끌려다니지 않고, 그 세상을 내 것으로 만들면 됩니다. 모든 행동은 멘탈에서 시작됩니다. 그리고 그 멘탈은 당신만이 통제할 수 있습니다. 당신은 오직 멘탈을 통제하는 방법만 알아내면 어떤 상황에서도 생존할 수 있습니다.

모든 사람이 당신을 쓰러뜨리게 놔둘 건가요? 그건 아닐 겁니다. 나는 당신이 이기고 싶다는 걸 알고 있습니다. 당신을 향한 모든 부정적인 영향과 헛소리를 강인한 삶을 위한 연료로 받아들이세요. 그 누구도 당신의 멘탈을 통제할 수 없다는 강한 믿음을 갖길 바랍니다.

세상은 원래 개판이고 적들은 당신이 실패하고 우울증에 빠져 자포자기하길 원합니다. 약육강식, 안타깝지만 이것이 현실입니다. 이런 상황에서 당신이 소중하게 생각하는 것들을 지키기 위해선 정신을 바짝 차려야 합니다. 한순간이라도 약한 마음을 먹는 순간 당신의 생존은 박살 날 수도 있습니다.

당신에게 일어나는 모든 일을 즐겁게 받아들이고, 당신이 할 수 있는 것들을 세상에 보여주세요. 공격을 많이 받으면 받을수록 더 강해지는 법입니다. 그리고 당신이 굴복하지 않고 이겨낼수록 적들은 스스로 패배자라는 것을 깨닫게 될 것입니다. 그러니 죽어도 포기하지 마세요. 할 수 있다는 생각으로 무조건 전진하세요. 생존은 오직 그뿐입니다.

이 근

CONTENTS

PART 2 / 나를 포기하지 않는 곧은 정신

05 패배할 순 있어도 포기할 순 없다

PART 2 / 나를 포기하지 않는 곧은 정신

05 패배할 순 있어도 포기할 순 없다

PART 2 / 나를 포기하지 않는 곧은 정신

PART 3 / 팀을 강화시키는 궁극의 멘탈

PART 4 / 굴하지 않는 삶을 위한 최후통첩

PART 1

반드시 살아내겠다는 의지의 힘

종일 힘들게 하고
무슨 일을 시키더라도
결국은 웃으며 하루를 마무리하는
사람들이 있습니다.
어째서냐고요?
강한 마음을 지녔기 때문이죠.

_BBC <스페셜 포스>에서

오로지 당신,
바로 당신에게 달렸다

생존의 본질

생존전문가라는 수식어를 달고 다양한 서바이벌 방송에 출연했지만 엄밀히 말해 나는 그에 걸맞은 사람이 아니다. 나에게 생존 기술이란 피 튀기는 전장에서 기도한 작전이 그릇되어 팀원들이 흐트러지거나 임무를 완수할 수 없을 때, 이를 극복하기 위한 하나의 방편일 뿐이다. 끝까지 살아남아 다음을 기약하는 전략 수단인 것이다.

생존이 비단 전장에서만 필요한 것은 아니다. 살아남는 것은 인생 전반에 걸쳐 가장 중요한 과업이다. 머리 위로 탄알과 포탄이 비 오듯 쏟아지는 공포는 없으나 대부분의 사람은 각자의 영역에서 치열하게 하루하루를 살아가고 있다. 매 순간 일생일대의 전투를 치르고 있는 것이다. 그런 의미에서 우리는 이미 생존전문가다. 어제도 살았고, 오늘도 살아내고 있으며, 내일도 살아갈 것이기 때문이다.

생존은 조각난 지도를 가지고 목적지를 향해 전진하는 기나긴 행군이다. 제아무리 지형을 완벽하게 구현한 지도라고 할지라도 막상 현장에 발을 디디면 상황은 다를 수밖에 없다. 지도에 표현되지 않은 다양한 조건이 상존하기 때문이다. 무엇보다 아무런 어려움 없이 원하는 목적지에 쉽게 당도할 수 있다면, 그것을 생존이라고 부르기 어려울 것이다. 그래서 생존은 철저한 계획보다 무질서를 이겨내고자 하는 뜨거운 의지에 의한 결과물이라고 보는 게 더 적합하다.

내가 누구나 생존할 수 있다고 얘기하면, '당신은 특수부대 출신이라 쉽게 생각하겠지만, 일반인은 당신과 다르다'고 말할지도 모르겠다. 만약 당신이 그렇게 말한다면, 나는 당신의 말을 강하게 부정하고 싶다. 내가 생존에 대한 전문 지식을 습득하고 극한의 상황을 이겨낼 수 있는 특수한 훈련을 받은 건 사실이다. 하지만 지금 이 자리에 오기까지 그런 지식과 경험은 내 삶에서 작은 부분에 불과했다. 오히려 나를 강하게 한 것은 어린 시절부터 겪었던 온갖 차별과 편견이었다. 백 번이고 천 번이고 더 죽을 수도 있었던 내가 생존할 수 있었던 이유는 바로 의지, 어떻게든 살아남겠다는 불굴의 의지였다.

당신은 생존에서 가장 중요한 요소가 무엇이라고 생각하는가? 살아온 배경에 따라 대답이 다르겠지만 확실한 건 생존에 있어 지식은 전부 또는 필수 조건이 아니라는 사실이다. 지식이 많으면 상황을 정확하게 판단하고 문제를 해결할 수 있는 확률은 높아진다. 경험을 바탕으로, 앞으로 벌어질 일을 예측하고 대비하는 것은 인간의 가장 이성적인 행동이다. 그러나 때론 지식과 경험에 대한 믿음 때문에 문제의 본질을 파악하지 못하고 이에 맹신함으로써 생존을 더 위협할 수도 있다.

생존에는 정답이 없다. 눈앞에 펼쳐진 상황을 스스로 파악하고 길을 찾아야 한다. 무언가에 의존한다는 건 그 무언가가 없으면 생존할 수 없다는 말이다. 그래서 반드시 스스로 해내야 한다. 가장 중요한 것은 앞서 강조했듯이 생존 의지다. 아무리 뛰어난 지식과 풍부한 경험을 가지고 있더라도 살고자 하는 의지가 없다면 극한 상황에서 생존할 확률은 현저하게 떨어진다.

전장이나 특수 임무에 투입될 때도 생존 의지는 정말 중요하다. 살기 위해 죽기를 각오하고 작전에 임하기 때문에 그보다 최악의 상황은 일어나지 않는다. 그것이 오히려 생존할 수밖에 없는 이유가 된다. UDT와 미 SEAL 대원들이 그토록 어렵고 힘든 훈련을 이겨내는 것도 바로 이 덕분이다. 어떤 상황에서라도 반드시 살아남아 주어진 임무를 완수하겠다는 의지, 그 의지가 모든 가능성의 뿌리가 된다.

지금부터 내가 하려는 이야기는 극심한 인종차별과 정체성 혼란을 겪으면서 지난한 어린 시절을 보냈던 한 소년의 일대기다. 나는 이 이야기를 통해 극한의 상황에서 살아남는 주체가 되어야 할 사람은 바로 당신이라고 말하고자 한다.

그 누구도 당신을 대변할 수 없고,
대체할 수 없으며, 대리할 수 없기 때문이다.

이방인의 반란

나는 아주 어릴 때 부모님을 따라 미국으로 이민했다. 유치원과 초등학교를 다녔던 뉴욕의 프레시 메도우는 백인이

미국 이민 시절 한글학교에서

많이 사는 지역이었다. 이곳은 지금과 달리 1980~1990년대까지만 해도 동양인에 대한 차별이 훨씬 심했다. 피부색이 다르다는 이유만으로 유색 인종을 멸시하는 분위기가 팽배했고, 때때로 그 분위기에 편승해 일부 백인들은 동양인들에게 물리적인 행사를 가하기도 했다.

1990년 초등학교에 입학했을 때, 전교에서 동양인은 나를 포함해 다섯 안팎이었다. 시시껄렁한 녀석들에게 왜소하고 작은 눈의 동양인은 자신들의 힘을 과시하기 좋은 먹잇감이었다. 삼삼오오 무리를 지어 외로운 이방인 한 명이 울부짖는 모습을 구경하는 걸 마치 자랑거리처럼 생각했다. 물론 나도 그런 먹잇감 중 하나였다.

동양인 친구들은 하루도 빠지지 않고 백인들에게 괴롭힘을 당했다. 한번 시작된 괴롭힘은 삽시간에 다른 반에 있던 백인들에게까지 퍼져 눈을 뜨고 보기 어려울 정도였다. 이제 막 입학식을 치렀는데, 시작부터 만만하게 보였다가는 동네북처럼 불려 다니거나 나쁜 녀석들의 샌드백이 될 게 뻔했다. 그래서 만약 내가 그들의 먹잇감이 될 순간이 오면, 나는 다른 동양인 친구처럼 가만히 당하고만 있지 않겠다고 다짐했다. 그리고 끝내 그날이 왔다.

"어이 찢어진 눈, 중국으로 돌아가!"^{Hey chink, go back to China!}

눈부신 햇빛에 눈을 찡그리던 날이었다. 점심 식사 후 운동장 앞을 지나던 나를 향해 누군가 소리치며 키득키득 웃어댔다. 웃음소리가 나는 곳을 바라보니 같은 반의 백인 친구세 명이었다. 언젠가는 이런 순간이 오리라고 예상했기 때문에 별로 놀랍지 않았다.

다만 버젓이 한국인의 피가 흐르는 나에게 중국인이라고 지껄이는 것에 분노가 치밀었다. 동급생들이라 덩치가 크게 차이 나지는 않았지만 어쨌든 인원수에서 불리할 수밖에 없었다. 주위를 둘러보니 누구에게도 도움을 요청할 상황이 아니었다. 친구들과 싸우든지 아니면 도망가든지 둘 중 하나를 선택해야 했다.

도망치는 건 아무래도 내 스타일이 아니었다. 그래서 본때를 보여주기로 마음먹었다. 도망치면 당장의 위기는 모면할 수 있어도 언제든 똑같은 일이 다시 벌어질 게 뻔했다. 그때마다 도망쳐야 한다는 사실이 고달프게 느껴졌다. 별일 아닌 것처럼 보일 수 있지만 어렸던 나에게는 그야말로 생존의 문제에 직면한 것이나 다름없었다.

머릿속은 백지장처럼 하얘지고 온 세상은 멈춰버린 듯 아무 소리도 들리지 않았다. 그때 한 녀석이 먼저 달려들었고 나는 반사적으로 발차기를 날렸다. 무협 영화에서나 볼 수 있는 정확한 합이 아닌 순전히 살기 위한 몸짓이었다. 그렇게 몇 번의 발차기와 주먹이 오갔다. 그러다 누군가 우는 소리에 정신이 들었다. 뿌연 흙먼지가 가득했고 내 다리 사이에 깔린 녀석은 울고 있었다. 다른 두 녀석은 이미 줄행랑친 후였다. 나를 괴롭히는 친구들에게 본때를 보여주려고 배운 건 아니었지만, 미국에 와서 가장 먼저 배운 태권도가 나를 살렸다. 나는 우연찮게 이룬 인생의 첫 생존에 기뻐했고 약간 의기양양해졌다.

한바탕 싸움을 치른 후 선생님께 불려갔다. 선생님은 자초지종을 듣기도 전에 친구들을 왜 때렸는지 나를 호되게 나무랐다. 누가 봐도 세 명에게 괴롭힘을 당한 상황이었다. 그러나 얻어터져 눈이 붓고 울고 있는 건 녀석들이었기 때문이다. 먼저 시비를 걸어서 그저 방어를 한 것뿐이라고 말했지만 선생님은 오히려 나를 다그쳤다. 나는 많이 억울했다. 하지만 그간 동양인을 업신여기던 분위기를 반전시켰다는 사실에 스스로를 위로했다.

다음 날 나는 교실의 맨 앞줄, 그러니까 학생들이 가장 싫어하는 선생님 교단 바로 앞으로 자리를 옮겼다. 친구들과 어울리지 못하는 문제아를 통제하기 위한 특단의 조치였다. 선생님은 나를 위한 배려라고 말했으나 어쩐지 그 반대의 느낌이 들었다. 홀로 높은 성의 첨탑에 갇힌 기분이었다. 누군가 이 상황에서 나를 구해줘야 한다고 생각했다. 하지만 나는 알고 있었다. 이 첨탑에 갇히는 것도 벗어나는 것도 모두 나에게 달렸다는 사실을 말이다.

자리를 옮기고 나서 하루하루가 나 자신과의 싸움이었다. 나는 교실의 맨 앞에 앉아 내 뒤에서 일어나는 일들을 모른 체했다. 나와 관련이 있는 단어들이 들려도 참고 또 참아냈다. 대신에 한국인이 왜 중국인으로 둔갑되어 불리는지, 왜 백인들은 동양인을 못살게 굴지 못해서 안달인지 생각했다. 나는 내 존재의 본질을 깨닫기 위해 안간힘을 썼다.

그 순간 강한 사람이 되겠다고 결심했다. 정정당당하게 스스로를 지킬 수 있는 사람이 되겠다고 다짐했다. 무엇보다 누군가를 지켜낼 수 있는 사람이 되고 싶었다. 자신을 지켜내며 소중한 사람을 지킬 수 있는 사람, 내가 알기로 그런 사람은 군인밖에 없었다. 그래서 군인이 되기로 마음먹었다. 차별과 편견이 가득한 이 세상에서 군인이 되는 것은 나에게 곧 생존과 직결된 문제였다. 그날 내 가슴은 벅찰 정도로 뜨거웠고 무엇이든 할 수 있다는 의지로 가득 찼다.

"그게 무엇이든 네가 하고 싶고 되고 싶은
강한 의지만 있다면 전부 이룰 수 있다."

어머니께서는 내게 늘 이렇게 말씀하셨다. 강한 의지만 있다면 전부 이룰 수 있다는 마음가짐은 내 앞에 펼쳐진 상황을 완전히 바꿔놓았다. 삶에서 중요한 건 살고자 하는 의지다. 의지가 없는 사람은 결코 성공할 수 없다. 당신이 나에 대해 잘 모르듯이 나도 당신이 처해 있는 환경과 상황을 알지 못한다. 하지만 한 가지는 확실하게 알고 있다. 당신은 삶에 대한 의지가 있기 때문에 이 책을 집어 들었다는 사실이다. 나는 그런 당신에게 진심을 다해 이렇게 당부하고자 한다.

굳은 의지로 다시 일어서라.

반드시 살아내겠다는 의지는

오로지 당신에게 달렸다.

살아남으려는 의지

생존에서 가장 중요하다고 말할 수 있는 다섯 가지는 구조 신호와 물, 불, 피난처 그리고 식량이다. 물론 환경에 따라 생존을 위한 우선순위는 조금씩 달라진다. 에베레스트산처럼 험준한 혹한의 환경에서는 적정 체온을 유지하기 위해 동굴을 찾거나 눈을 파고 들어가 눈바람을 피해야 하는 것이 먼저다. 비나 강물에 몸이 젖은 채로 세 시간이 지나면 저체온증이 올 수 있기 때문이다. 이런 경우 불을 피워 몸부터 말려야 한다.

무인도에 표류했다면 가장 먼저 해변에 SOS 조난 신호를 남겨야 한다. 그리고 사람이 없어 물물교환도 할 수 없기 때문에 구조대가 올 때까지 식량을 자급자족할 수 있는 환경을 갖춰야 한다. 하루에 필요한 열량은 성별과 기초대사량 등에 따라 다르지만 평균 1800~2400칼로리다. 극한 상황에서는 평소보다 소비 열량이 많기 때문에 생존을 위해서는 반드시 에너지를 얻어야만 한다. 아무런 소득 없이 에너지만 소비한다면 생존 결과는 뻔하다.

　누군가는 차라리 가만히 구조를 기다리는 게 에너지도 보존하면서 생존 확률을 더 높이는 것 아니냐고 반문하기도 한다. 그럴 때 나는 'No'라고 힘 있게 말한다. 이론적으로는 아무것도 안 하면서 에너지 소비를 줄이는 것이 더 나을 수도 있다. 하지만 구조만 기다리는 중에도 에너지는 소비되고 무엇보다 시간이 지날수록 정신력 또한 흐려지게 되어 생존이 더 어려워질 수 있다. 나약해진 정신이 신체를 지배하게 되면 정작 행동을 취해야 할 중요한 순간이 찾아와도 아무것도 할 수 없게 된다.

　그러나 살기 위해 스스로 방법을 찾아 움직이고 의지를 불태우면 오히려 생존 시간도 길어지고 그만큼 구조 가능성도 높아진다. 그래서 포기하지 않는 생존 의지가 가장 중요하다. 침착함을 유지하며 상황을 냉정하게 판단하는 태도와 위기를 극복하여 살아남고자 하는 의지는 생존에서 가장 중요한 자질이다.

　내가 만약 그날, 운동장에서 백인 친구들에게 맞서지 않고 도망쳤다면 이후 나의 인생은 어떻게 되었을까? 적어도 지금의 모습은 아닐 거라고 생각한다. 선생님에게 문제아로 낙인

찍히지는 않았겠지만 결코 떳떳한 인생을 살 수 없었을 것이다. 나는 그 상황을 정면 돌파했고 살아남기 위해 더 강해지는 길을 선택했다. 비록 어렸지만 내 삶의 주체가 되는 길을 걷게 된 것이다.

의지란 목표를 향해 나아가게 하는 원동력이다. 문제 상황을 회피하고 내가 갖지 못한 것을 부러워하는 행위는 삶에 도움이 되지 않는다. 내가 할 수 있고 해야만 하는 것에만 집중하면 된다. 더 나아가 왜 사는가에 대한 본질적인 물음에 스스로 답을 내려야 한다. 삶의 의미를 아는 사람은 어떻게든 자신의 길을 걸어갈 수 있다. 그 자체가 살아갈 목적이자 이유이기 때문이다. 그 길에는 정답이 없고 오직 의지와 노력만 필요할 뿐이다. 그래서 당신이 의지를 가지고 행동한다면, 이미 이겨내고 있다고 봐도 좋다.

생존의 세 가지 법칙

누구나 앞다투어 달려가는 생존의 시대에서 어떻게 승기를 거머쥐어야 할까? 삶이란 게 태어났기 때문에 사는 것이라면 자신의 삶에 주도권을 가지고 살아야 한다. 주도권을 빼앗긴 채 줏대 없이 끌려다니는 삶은 무기력해질 수밖에 없다. 스스로 마음의 중심을 부여잡지 못하면 모든 일이 괴로워지기 때문이다. '할 수 없다'라고 말하는 것과 '하지 않는다'라고 말하는 것에는 큰 차이가 있다. '할 수 없다'라고 말하면 자신의 한계를 인정하는 셈이지만 '하지 않는다'라는 말은 행동의 주체가 되어 스스로 결정한다는 의미다. 그래서 간단히 물 한 잔을 구하고 마시는 일도 내가 원하는 방법으로 행해야 한다.

당신이 3일 동안 물을 마시지 못했다고 가정해보자. 그렇다면 당신의 현재 상황은 의지력과 집중력 모두를 잃었을 확률이 높다. 그렇다면 어떻게 해야 할까? 간단하다. 물을 찾아나서야 한다. 가만히 누워서 하늘을 향해 입을 벌린 채 비가 오기만을 기다리는 게 능사가 아니다. 움직여야만 야자수를 발견하거나 오아시스를 발견할 확률도 높아진다. 하지만 이렇게 간단한 인생의 진리가 있음에도 불구하고 많은 사람이 누워서 비가 오기만 기다린다는 게 문제다.

저마다 사는 이유가 다르겠지만 결국은 살아내는 게 본질이라면 태도를 완전히 바꿔야 한다. 전쟁터와도 같은 세상에 놓인 자신을 끊임없이 격려하면서 살아갈 방도를 스스로 정해야 한다는 말이다. 갈증을 해소하려면 물을 찾아나서는 게 의미 있는 행동이 된다. 3일이나 물을 마시지 못했는데 갑자기 비가 내려 갈증을 해소했다는 이야기는 별로 감흥을 주지 못한다. 하지만 물을 찾기 위해 3일 동안 포기하지 않았다는 이야기는 인간적인 감동을 불러일으킨다. 이 모든 게 의지가 만들어낸 결과다.

생존을 위한 의지력을 높이려면 어떻게 해야 할까? 의지는 철저하게 내적인 세계에서 일어나는 에너지다. 마치 외부의 환경을 극복하게 만드는 본질적인 심적 상태를 의미하는 것처럼 보일 수도 있다. 하지만 의지는 자신이 세운 뜻을 굽히지 않으려는 태도이기 때문에 온전히 자기 자신과의 싸움이다.

앞서 이야기했지만 극한 상황에서 생존에 대한 지식과 경험은 상황을 정확하게 판단하고 문제를 해결하는 데 큰 도움을 준다. 하지만 의지가 없다면 모두 무용지물일 뿐이다. 중요한 것은 자기 인생에 책임을 지는 삶의 자세다. 실패했다고 주저앉는 게 아니라 시행착오를 통해서 무엇을 배우고, 다음에는 어떤 것을 포기하고 쟁취해야 하는지 스스로 찾아내야 한다. 실패에는 생존을 위한 수많은 지름길이 숨어 있다. 하지만 생존 의지가 없으면 실패를 통해 배울 수 있다는 것조차 알 수 없다.

의지력이란 자기가 처한 상황을 그대로 받아들이고 마음을 꿋꿋하게 지키는 힘이다. 의지력을 높이는 일은 어떠한 난관 앞에서도 좌절하지 않고 생존이라는 목표를 위해 나아갈 수 있는 가장 좋은 방법이다. 무엇보다 의지가 있는 사람은 앞으로 닥쳐올 시련과 난관에 대한 저항력이 강해 쉽게 쓰러지지 않는다.

생존 의지는 모든 삶을 태동하게 한다. 질서와 상식이 통용되지 않는 상황에서 의지는 가장 강력한 힘이 된다. 의지를 강하게 다지려면 세 가지를 반드시 기억하고 실천해야 한다.

첫째, 생존할 수 있다는 확신을 가져라.

자신에 대한 믿음은 인생의 다음 장면을 완전히 바꾸는 매개체가 된다. 그래서 어떤 상황이 일어나더라도 반드시 생존할 수 있다고 믿어야 한다. 이는 당신의 능력을 과대평가하라는 게 아니다. 그냥 믿어버림으로써 최고 수준의 상태에 도달할 준비를 마치라는 의미다. 자신에 대한 확신이 없다면 상황의 변화를 능동적으로 파악할 수 없다. 의미 있는 생존은 능동적인 행동이 좌우한다. 새로운 상황에 적응하고 앞으로 꿋꿋하게 나아가고 싶다면 자신을 믿어라.

둘째, 집중력을 잃지 마라.

집중력과 의지력을 혼동하는 경우가 있다. 아무리 강한 의지가 있다고 해도 집중력을 잃게 되는 순간이 온다. 예를 들어 당신이 가파른 절벽을 오르고 있다고 가정해보자. 당신의 의지는 절벽을 정복하고야 말겠다는 목표를 향해 있지만, 집중은 한 걸음 한 걸음 내디뎌야 하는 발걸음이다. 집중하지 못한 채 발을 잘못 디딘다면 결과는 의심할 여지가 없다.

특수전 요원은 작전에 투입되기 전에 가족의 품으로 돌아가는 순간을 상상한다. 하지만 작전이 시작되면 오직 임무를 완수하겠다는 집중력만 발휘할 뿐이다. 지금 당장 해야 하는 임무에 집중하고 생존해야만 사랑하는 가족을 품에 안을 수 있기 때문이다.

셋째, 멈추지 말고 움직여라.

아무리 좋은 목표와 비전을 가졌다고 한들 행동으로 옮기지 않으면 아무런 소용이 없다. 무엇보다 행동으로 이어지지 않는 확신과 집중력은 무의미하다. 멈추지 말고 움직이라는 뜻은 단순히 무언가를 지속하라는 게 아니다. 그동안 당신이 도전할 엄두도 내지 못했던 수준과 생각만으로도 두통을 일으켰던 궁극의 목표를 설정하고 행동하라는 의미다.

행동하면 모든 게 달라진다. 이전에는 느끼지 못했던 용기와 자신감이 솟아오른다. 생각보다 별것 아니었다고 깨닫게 된다. 당신이 위대한 도전에서 생존하고 싶다면 지금껏 당신의 삶에서는 한 번도 볼 수 없었던 행동력을 보여야 한다. 생존은 행동 없이 절대 이룰 수 없다는 사실을 깨달아야 한다.

　삶은 특별한 순간을 위해 평범한 일상을 보내는 일이다. 하지만 절대적인 사실 하나는 살아갈 의지가 있는 자에게 반드시 좋은 일이 생긴다는 것이다. 고로 과거에 안주하지 마라. 약해 빠진 자신을 극복하고 후회로 가득 찬 지난 삶을 밑거름으로 여겨라. 언제까지 질질 끌려다니기만 할 것인가? 당신의 의지박약은 모든 적들이 바라는 것이다.

　지금부터 바뀌는 삶은
　오로지 당신,
　바로 당신에게 달렸다.

가고자 하는 길을
명확히 정하라

두려움을 용기로

나의 유년 시절 기억 중 대부분을 차지하는 장소는 뿌연 흙먼지가 날리는 운동장이었다. 초등학교 때부터 시작된 친구들과의 다툼은 학창 시절 내내 쭉 이어졌다. 나는 그때마다 차별과 폭력으로부터 자유로워지기 위해 더 강해져야 한다고 다짐할 뿐이었다.

그 덕분에 학교와 동네에서 싸움꾼으로 유명 인사가 되었다. 절대로 굴복하지 않겠다는 나의 태도를 푸른 눈의 백인들은 한 번쯤은 꺾고 싶어 하는 것 같았다. 때때로 다른 학교 녀석들까지 나를 무너뜨리겠다고 찾아오기도 했다. 소문 때문인지 세 명은 보통이었고, 가끔 다섯 명이 나에게 시비를 걸기도 했다. 자아도취된 무용담처럼 들릴지도 모르겠지만 정말로 그랬다.

싸움이 일어난 후 다음 날이면 어머니는 어김없이 학교에 불려 오셨다. 언제나 그랬듯이 선생님은 나만 나무라셨고 어머니는 죄송하다는 말만 되풀이하셨다. 처음에는 내가 괴롭힘을 당한 거라고 억울함을 호소했지만 그럴수록 상담 시간만 길어질 뿐이었다. 오히려 나의 정신 상태에 문제가 있다며 수업을 마치고 교실에 혼자 남아 상담을 받기도 했다. 명목상 상담이었지 결국은 혼자 남는 게 싫다면 반성하고 잘못을 뉘우치라는 의도였다.

하지만 평생 반성이나 하며 살아야 할 것만 같았던 나의 삶에도 변화가 일어났다. 5학년 어느 여름날이었다. 나는 또 한 번 친구와 싸움을 벌였고 어머니는 다음 날 학교에 오셨다. 이번에도 상담이 빨리 끝나기만을 기다리며 고개를 푹 숙이고 있었다. 말 한마디를 더했다가는 상담 시간만 길어질 게 뻔했기 때문이다.

잠시 고개를 든 순간 어머니와 눈이 마주쳤다. 나는 하고 싶은 말이 목 끝까지 차올랐다. 먼저 시비를 걸고 괴롭힌 건 친구들이었고, 나는 그저 나를 지키기 위해 행동한 것이라고 말씀드리고 싶었다. 하지만 내가 먼저 시선을 돌렸다. 이제까지 아무리 눈빛으로 어머니께 하소연해도 소용이 없었기 때문이었다. 그때 어머니가 작은 목소리로 나를 불렀다. 나는 어머니를 바라보았고 어머니의 눈빛이 평소와 다르게 느껴졌다. 그게 어떤 의미인지 단번에 알 수는 없었다.

"선생님은 왜 항상 우리 아들만 나무라시는 거죠?
제 아들이 동양인이라서 그러시는 거라면 사과하세요!"

그 순간 나는 어머니와 선생님을 번갈아 보았다. 이제껏 친구들이 시비를 걸어도 절대 때리지 말고, 선생님이 뭐라고 해도 무조건 네가 잘못했다고 말하라고 강조하셨던 어머니셨다. 그런 어머니의 반응에 선생님도 놀란 기색이 역력했다. 어머니는 친구들이 먼저 시비를 걸었고 나는 방어를 했을 뿐 아무 잘못도 없다고 이야기했다. 그리고 앞으로 내 잘못으로만 몰아세우지 말라고 항의하셨다. 그러자 선생님은 싸움이 붙었던 학생들을 다시 불러 면담해보겠다며 한발 물러섰다.

"스스로에게 떳떳하다면 절대 고개를 숙이지 마.

항상 어깨를 쫙 펴고 당당하게 너의 의견을 말하면 돼."

집으로 돌아오는 차 안에서 어머니의 말씀을 들으며 나는 고개를 끄덕였다. 그제야 어머니께서 나를 바라보시던 눈빛의 의미를 알 것 같았다.

내가 다녔던 초등학교는 백인 부자들의 아이들이 다니는 학교였다. 대외적으로는 좋은 학교로 평판이 좋았지만 인종차별이 심했다. 자동으로 배정되는 중학교도 초등학교와 별반 다를 것이 없는 곳이었다. 그래서 중학교는 다니던 초등학교와 조금 떨어진 곳에 위치했지만 백인들이 적은 루이스 파스퇴르 J.H.S. 067 Louis Pasteur에 지원했다. 루이스 파스퇴르는 지금도 뉴욕에서 성적이 높은 학교다. 특히 영재 아이들을 위한 마그넷 프로그램으로 유명하다. 마그넷 프로그램에 지원하며 초등학교 학점을 제출했는데 합격했다. 내 인생의 첫 번째 합격이었다.

입학 성적으로 레귤러 Regular, SP, 마그넷 Magnet 이렇게 세 개 반을 나누었는데 나는 SP반에 배정되었다. 마그넷반은 아인슈타인 같은 소수 천재들을 위한 반이었다. 루이스 파스퇴르에는 한국계 미국인 또는 미국에 온 지 얼마 되지 않은 한국인 학생이 많아 인종차별은 없었지만 다른 문제가 있었다. 그 또래 남자 아이들이 무리 지어 다니면서 혼자 다니거나 공부만 하는 친구들을 괴롭혔는데, 꼭 레귤러반 아이들이 그랬다. 당시 한국에서는 H.O.T.가 인기여서 무리 지어 다니던 친구들은 옷차림부터 머리 염색까지 정말 화려했다. 도서관에만 다니며 무리에 어울리지 않고 옷 스타일도 평범한 나 또한 타깃이 될 확률이 높았다.

중학교 6~7학년 때는 갓 초등학교에서 올라온 아이들의 소소한 싸움이었지만, 고학년인 8~9학년이 되면서 불량 서클로 세력화되었다. 지역의 갱들과도 연결되면서 마약과 살인까지도 관련되었다. 9학년이 되던 해 큰 사건이 일어났다. 장소는 점심시간이라 전교생이 모여 있던 식당이었다.

하워드란 녀석이 다가오더니 내 점심을 손으로 집어먹으면서 다짜고짜 시비를 걸었다. 하워드는 교내 폭력 서클 중 하나의 우두머리였다. 폭력 서클의 우두머리가 되면 자신의 힘을 계속해서 증명해야 했다. 그래야 더 많은 것을 얻고 세력을 유지할 수 있었다. 나는 이미 타깃이 되었다는 걸 알고 있었다. 그전까지는 서로 부딪친 적이 없었지만 드디어 올 것이 온 셈이었다.

하워드는 갑자기 내 식판을 뒤집어엎고는 내 멱살을 잡아 어디론가 끌고 가기 시작했다. 언젠가 이런 날이 오리라는 건 알고 있었지만, 조용히 점심을 먹다가 영문도 모른 채 질질 끌려가는 신세가 되리라고는 상상하지 못했다. 하워드를 따르던 무리는 환호성을 질러댔고, 식당에서 점심을 먹던 학생들이 우르르 몰려들었다. 겁이 나거나 당황하지는 않았다. 다만 녀석이 잡은 멱살이 너무 아파서 약간 짜증이 났다.

이대로는 안 되겠다 싶어 오른손 주먹을 날렸다. 주먹은 하워드의 눈을 정통으로 가격했고 녀석의 눈은 순식간에 부어오르며 시퍼렇게 멍이 들었다. 하워드는 눈을 감싼 채로 신음했고 무리에 있던 녀석들은 어쩔 줄 몰라 하며 그 모습을 지켜보기만 했다. 그렇게 싸움은 싱겁게 끝나버렸다.

나는 곧장 한국의 학생부장실과 비슷한 딘스 오피스^{Dean's} ^{Office}로 끌려갔다. 딘스 오피스는 학교에서 싸움이나 문제를 일으키는 학생들이 불려가는 곳이었다. 경찰서 취조실 같은 분위기를 풍기는 곳이었는데, 나는 일주일에 두세 번은 불려가 담당자였던 루피노와 면담했다. 나는 그때 '이젠 정말 기숙학교에 가게 되겠구나' 하고 생각했다. 미국에서 기숙학교는 학부모 동의하에 학생이 기숙사에 생활하면서 교육받는 초중등 과정의 학교다. 공동생활과 사회집단 활동을 통한 인격 형성의 목적을 위해 입교하는 곳으로 굳이 비교하면 우리나라의 소년원과 비슷하다.

하지만 내 예상과는 상황이 조금 달랐다. 평소 같았으면 또 나만 꾸지람을 들으며 훈계를 받거나 기숙학교에 갔을 텐데, 하워드는 지역의 갱과 연결되는 요주의 학생이라 지탄의 화살이 그에게 향했다. 하워드의 형은 지역 갱의 중간급 보스였다. 동생의 보복 차원에서 나에게 안 좋은 일이 일어날 확률이 높았다. 루피노는 하워드에게 만약 켄^{저자의 영문명}의 신변에 문제가 생기면 네가 처벌을 받을 것이라고 말했다. 아무 일도 일어나지 않았지만 한동안 주위를 경계하며 지내야 했다.

폭력 서클의 타깃이 되었던 동급생들은 대부분 전학을 가거나 그들이 원하는 것을 주며 반쪽짜리 안전을 보장받았다. 나는 그때마다 잘못된 것은 바로잡아야 한다고 생각했다. 옳지 않은 것을 바르게 만드는 일은 삶을 조금 더 의미 있게 만든다고 확신했다. 무엇보다 하워드 사건을 겪으며 강해지겠다는 내 집념은 더 뜨거워졌다.

목표로 가는 길목을 적이 떡하니 막고 있다면 강하게 한번 돌파해보는 것도 좋은 방법이다. 늘 도망치고 돌아가는 것이 능사는 아니다. 마주하기 싫은 상황을 반복하지 않으려면 기존과는 다른 투지와 결단이 필요하다. 이런 태도로 적들에게 생각지도 못했던 파장을 일으키면, 자기들도 놀라 혼비백산하며 달아난다. 생각한 대로 다 될 수 없다는 진리를 적들에게 가르쳐준 건 내 삶을 평화롭게 만들었다. 두려움을 용기로 바꾸는 일은 스스로에게 떳떳해질 때 가능하다. 여전히 나약하지만 강해지기로 마음먹고 행동하는 것, 그것만이 삶을 위대하게 만든다.

미 SEAL을 향하여

군인이 되겠다고 다짐한 뒤로 나의 삶은 단출해졌다. 오로지 수영과 독서에만 집중했다. 목표가 명확했기 때문에 남의 시선을 의식하거나 남의 일에 간섭할 여유가 없었다. 단지 오늘 해야 할 일을 끝내고 목표에 더 가까워지는 게 중요했다. 매일 조금씩 성장하고 있다는 느낌은 나에게 삶의 기쁨을 가르쳐줬다.

학교를 마치면 어머니는 나를 수영장 앞에 내려주셨다. 수영은 내가 반드시 해야 할 가장 중요한 일과였다. 단순히 물을 좋아하는 것도 있었지만, 수영장에 가득 담긴 물을 온전히 내 힘으로 극복한다는 게 참 짜릿했다. 그래서 하루라도 물에 들어가지 못하면 옴짝달싹하며 몸을 가만히 놔두지 못했다.

수영이 끝나면 어머니께 반스앤드노블^{Barnes & Noble}에 가자고 졸랐다. 반스앤드노블은 세계 최대의 오프라인 서점으로 당시 미국 전역에만 500여 개의 매장이 있었다. 반스앤드노블에 가면 나는 늘 밀리터리 섹션만 찾았다. 사람이 별로 없는 밀리터리 섹션 앞에 아예 다리를 뻗고 앉아 '강한 남자가 되는 법', '격투와 호신술', '전쟁사', '전략과 전술' 등의 군인과 관련 있는 온갖 책들을 쌓아두고 읽었다.

수영과 독서는 하루 중 가장 즐거운 시간이었고 골치 아픈 것들을 잊을 수 있는 가장 완벽한 방법이었다. 그 세계에서는 오직 나만 존재했기 때문에 모든 가능성이 열려 있었다. 끼니를 때울 음식만 있다면 몇 날 며칠 지낼 수 있을 것만 같았다. 내가 수영하고 책을 읽는 동안 어머니는 근처에서 볼일을 보시고 시간이 되면 나를 데리러 오셨다. 그때마다 시간이 너무 짧게 느껴졌고 미처 다 읽지 못한 책들이 두 손에 항상 가득했다.

강해지고 싶어 군인이 되기로 결심했지만 구체적으로 어떤 군인이 되고 싶은지에 대해서 생각한 적이 없었다. 그러다 안방처럼 드나들던 반스앤드노블에서 리처드 마친코^{Richard Marcinko}가 쓴 『로그 워리어^{Rogue Warrior}』라는 회고록을 운명처럼 만나게 되었다. 나는 이때 처음으로 미 SEAL에 대해 알게 되었는데, 어렴풋했던 꿈의 실루엣이 선명해지는 것을 느꼈다.

마친코는 미 SEAL 소속으로 베트남전에 참전했는데, 미 SEAL 6팀을 창설하고 최초의 지휘관을 맡은 사람이었다. 나는 그가 가진 강인함과 필승의 투지에 완전히 매료되었다. 자신과 타인을 지킬 수 있는 최정예 요원들과 함께한다는 사실에 내가 반드시 가야 할 곳이라고 생각했다. 특히 국가와 국민을 위해 죽음을 무릅쓰고 임무를 완수하겠다는 군인정신이 내 마음을 사로잡았다. 나는 어느새 미 SEAL의 세계를 동경하고 있었고, 미 SEAL과 관련된 자료를 닥치는 대로 섭렵하기 시작했다.

『로그 워리어』를 읽고 나서 찰리 쉰과 마이클 빈 주연의 영화 〈특전대 네이비 씰〉도 관람했다. 이 영화는 미 SEAL에서 직접 제작을 후원하고 자문한 영화로 당시 미 SEAL의 작전 모습을 생생하게 볼 수 있었다. 그들의 작전은 그야말로 완벽했고 한마디로 끝내줬지만, 한 가지 이해가 되지 않는 부분이 있었다. 미 SEAL 한 개 팀이 어떻게 적군 100여 명과 싸울 수 있는지 의아했던 것이다. 나는 어머니께 어떻게 그런 싸움이 가능한지 물었다. 어머니는 미 SEAL은 세계 최고의 엘리트 부대이며, 그 누구보다 강한 사람들이 모여 있기 때문에 가능하다고 말씀하셨다.

SEAL은 Sea, Air and Land의 준말로 이름처럼 바다, 공중 그리고 지상 어디서나 활동할 수 있는 전천후 특수부대였다. 내 몸과 마음 그리고 온 신경은 이미 미 SEAL을 향해 있었다. 어떻게 하면 미 SEAL의 구성원이 될 수 있을지 매일 그 생각뿐이었다. 드디어 내가 가야 할 길을 찾은 기분이 들었다. 목표가 더욱 확고해졌다. 나는 미국 해군사관학교에서 장교가되어 반드시 세계 최고의 엘리트 군인인 미 SEAL이 되겠다고 결심했다.

미 SEAL을 알게 된 것은 우연이었지만, 벅찬 감정에서 그치지 않고 목표를 구체화했던 게 꿈을 이루는 데 도움이 되었다. 목표를 향해 가는 길은 늘 멀게 느껴진다. 곧게 뻗은 평탄한 길만 있는 게 아니라 때로는 바위산을 넘어야 하고 늪지대를 지나야 한다. 하지만 포기하지만 않는다면 결국엔 그동안 내디딘 걸음이 모여 목표에 도달할 수 있다. 삶이란 건포기하지 않는 자의 것이기 때문이다.

한번 정한 목표를 포기하지 않으려면 자신만의 기준점을 찾아야 한다. 깊은 산속이나 사막에서 길을 잃었을 때, 기준점을 삼을 수 있는 별이 바로 북극성이다. 북극성은 움직이지 않는다고 생각하지만, 사실은 지구의 자전축 아주 가까운 곳에 떠 있을 뿐 작은 원을 그리며 돌고 있다. 다만 그 움직임이 육안으로 판단할 수 없는 수준이라 북극성을 찾는다면 방향 감각을 다시 회복할 수 있다.

이처럼 목표를 향해 가는 일상에서도 북극성과 같은 기준점을 설정해야 길을 잃지 않을 수 있다. 그 기준점을 찾는 일이 어렵고 심지어 그것이 자주 바뀔 수도 있다. 하지만 그래도 괜찮다. 무엇이 되고 싶은지, 어디에 가고 싶은지를 정하면 자연스레 해야 할 일을 알게 된다. 그리고 그 일을 지속하다 보면, 목표를 달성하기 위해 필요한 세부적인 일들도 절로 알게 된다.

기준점을 찾는 가장 쉬운 방법은 하고 싶은 직업과 가고 싶은 조직을 정하고, 그것을 이루기 위한 구체적인 방법을 찾는 것이다. 나는 군인이 되고 싶었고 미 SEAL이 되기로 마음먹었다. 그러기 위해서는 해군사관학교에 입학해야만 했다. 미 SEAL은 해군에서만 선발하기 때문에 육군이나 공군을 희망하지 않았다.

다음으로 다양한 지식과 정보를 습득해야 한다. 흔히 목표를 달성해야 하는 최후의 대상으로 여기지만 조금만 관점을 달리하면 새로운 깨달음을 얻을 수 있다. 목표는 결국 지식과 정보를 얼마나 많이 얻느냐의 싸움이다. 같은 것을 보고도 개인의 경험과 학습에 따라 엄청난 차이가 발생한다. 내가 가고자 하는 목적지에 대한 지식과 정보를 얼마나 쌓았느냐에 따라 계속 가거나 또는 포기하게 된다.

그래서 어디서부터 어디까지를 목표로 할지, 내가 취하고 버릴 것은 무엇인지 판단하는 전략적인 사고가 필요하다. 가장 좋은 방법은 조력자나 롤 모델을 찾는 것이다. 시행착오를 줄일 수 있기 때문이다. 자신이 되고자 하는 인물을 보고 배우며 따라 하는 것만큼 확실한 동기부여도 없다. 나의 조력자는 책과 영화였다.

책에는 우리가 알고자 하는 모든 것이 담겨 있다. 목표를 위한 모든 지식과 정보를 책을 통해 얻을 수 있다. 독서는 목표에 대한 의지를 더욱 튼튼하게 만들어준다. 책 속의 수많은 지식과 이야기를 읽다 보면, 지금 나의 노력이 어느 정도인지 어떤 노력을 더 해야 하는지 알 수 있다.

또 자신이 존경하고 닮고 싶은 인물에 대한 자서전을 읽으면 큰 동기부여가 된다. 롤 모델과 자신을 비교하며 나의 위치와 상황을 객관적으로 볼 수 있게 하는 잣대로 삼는 것도 좋다. 무엇부터 해야 하는지 도무지 모르겠다면 그냥 따라 하는 게 최고다. 그 과정에서 당신만의 방식을 발견할 수 있기 때문이다.

영화는 책보다 더 직관적이고 신속한 동기부여를 준다. 미 SEAL이 되기로 결심한 이후 미 SEAL과 관련된 온갖 종류의 영화를 찾아보았다. 특히 위기의 순간에는 마음을 졸이기도 하고, 적을 물리치고 임무를 완수하게 되면 마치 내가 성공한 것처럼 카타르시스를 느꼈다. 그리고 그 영상들은 마음만 먹으면 언제나 머릿속에서 자동 재생되었다. 책을 읽는 것이 익숙하지 않다면 목표와 관련된 영화부터 보는 것도 추천한다. 영화를 보다 보면 해갈되지 않는 지적 영역이 있어 자연스럽게 책을 찾게 될 것이다.

목표를 포기하지 않기 위한 마지막 방법은 이보 전진을 위한 일보 후퇴다. 앞에서 강조했듯이 당신이 가야 할 길이 언제나 곧고 평탄하지만은 않다. 애초에 그런 길은 없다고 생각하길 바란다. 당신의 의지와는 전혀 다르게 이미 정해진 고통과 어려움이 상존하고, 예상할 수 없었던 문제가 생길 수 있다. 그렇다고 좌절하거나 주저앉을 필요는 없다. 항상 정신을 명료한 상태로 유지해야 한다. 주위를 둘러보고 웅덩이를 우회할 수 있는 지형지물이 있는지 아니면 웅덩이를 덮을 도구가 있는지 찾아야 한다.

돌아가는 것은 포기하는 것이 아니라 생존을 위한 전략적 선택이다. 비록 조금 돌아가더라도 그사이 힘을 비축하고 정신을 또렷하게 다듬을 수 있다. 말 그대로 이보 전진을 위한 일보 후퇴 전략이다. 그러면서 당신의 내면 또한 더욱 단단해져 있을 것이다. 결국 당신은 결승점에 도착해 환호성을 지르게 될 것이다.

나의 위치부터 파악하라

2018년, 디스커버리 채널의 〈고독한 생존가〉를 촬영하기 위해 카자흐스탄에 갔을 때의 일이다. 프로그램의 콘셉트는 위험으로 가득 찬 환경에서 정해진 목표 지점에 먼저 도달하는 생존 경쟁이었다. 한 치 앞을 볼 수 없는 극단적인 자연 상태에서는 늘 위험이 도사리고 있지만 새로운 모험과 도전이 내 심장을 들끓게 했다. 특히, 세계 최초로 아마존 강을 도보로 주파해 기네스북에 오른 영국인 탐험가 에드 스태퍼드^{Ed Stafford}와의 생존 대결에 나는 상당히 들떠 있었다.

그러나 들뜬 마음도 잠시, 나는 눈앞에 펼쳐진 대자연을 보고 진지해질 수밖에 없었다. 살을 태우는 강렬한 태양과 아찔한 절벽 그리고 메마른 초원까지 모든 것이 절망적이었다. 한마디로 미친 환경이었다. 이런 극한 환경에서 생존하기 위한 진리는 단 하나다. 바로 현재 위치를 파악하는 것이다.

낯선 환경을 마주하면 누구나 당황하기 마련이다. 새로운 환경에 대한 데이터가 없기 때문에 어찌할 바를 모르는 것이다. 그럴 때일수록 정신을 똑바로 차리고 나를 에워싼 물리적인 요인과 심리적인 상태에 집중해야 한다. 미로 같은 협곡과 대초원 지대, 모래 언덕을 극복하고 강을 도섭해 목표 지점까지 가기 위해서는 어디로 갈 것인지 방향을 정하는 게 급선무다.

디스커버리 채널 촬영 중 카자흐스탄에서

방향을 찾지 못해 우물거리거나 같은 곳만 맴돌게 되면 탈수와 배고픔에 시달릴 수 있다. 마음이 급한 나머지 무작정 길을 나서면 결과는 불을 보듯 뻔하다. 그래서 길을 찾기 위해 가장 먼저 해야 할 일은 높은 곳에 올라가 주위 환경을 샅샅이 살피는 일이다.

내가 카자흐스탄의 광활한 대지에서 가장 먼저 한 일도 일단 높은 곳으로 오르는 일이었다. 높은 곳에 올라 전체적인 지형과 수목이 형성된 지대 그리고 강을 확인한 순간부터 생존에 대한 확신이 더 강해졌다. 결국 미로 같은 협곡을 통과할 수 있었다.

정글의 경우도 비슷하지만 높은 곳에 올라가지 못하면 방향을 찾기는 더 어렵다. 나뭇잎이 무성해서 시야 확보가 어려워 북쪽으로 가고 있는지 남쪽으로 가고 있는지 방향을 찾을 수 없다. 자칫하면 같은 곳을 뱅뱅 맴도는 경우도 생긴다. 이런 경우 나뭇가지나 이끼가 자라는 방향을 보고 방위를 파악할 수 있다. 내가 처한 상황에 따라 유연하게 대처할 수 있는 것이다.

나는 부상을 입었음에도 결전지까지 완주했다. 결과가 좋지 않았지만, 많은 우여곡절을 이겨내며 최선을 다해 또 생존하게 되었다. 언덕 꼭대기에 오른 후, 가고자 하는 방향을 명확하게 정하고 전진했기 때문에 생존할 수 있었던 것이다. 무엇보다 패배할 순 있어도 포기할 수 없다는 의지가 있었기에 가능한 일이었다.

삶에서 방향을 찾기 위해 높은 곳에 오른다는 의미는 자신의 인생을 객관적으로 본다는 뜻이기도 하다. 이는 내가 할 수 있는 것과 없는 것을 명확히 정하는 일이다. 새로운 땅을 밟기 위해 깊은 강을 건너는 방법은 너무나도 다양하다. 직접 수영을 하든지 뗏목을 만들어 건너든지, 곧바로 잡을 수 있는 도구들을 취한 뒤 결정하면 된다. 하지만 수영을 못하고 주변에 뗏목을 만들 수 있는 부품도 없다면 다른 방향으로 새로운 땅을 향해 나아가면 된다.

자신이 가야 할 길을 찾는 것만큼이나 일단 꾸준하게 나아가는 일도 매우 중요하다. 그리고 같은 실수를 반복하지 않는 것 또한 필요하다. 물론 꿈과 목표는 변하기도 한다. 인생이라는 길고 긴 길을 걷다 보면, 우연한 사건을 겪게 되고 새로운 사람을 만나기도 한다. 새로운 결정을 내리고 필요하다면 과감하게 방향을 틀기도 해야 한다. 잘못된 길이란 것을 알았다면 때론 돌아가는 방법도 감수해야 한다. 이처럼 방향을 정하고 나아가는 일은 삶에서 정말 중요하다. 그러므로 당신의 마음을 뜨겁게 달구는 것을 향해 직진해야 한다. 삶에 정답은 없어도 가고자 하는 방향은 있기 때문이다.

지도를 보고 산을 오르거나 강을 건너 목표 지점까지 가야 하는 사람이라면 독도법의 중요성과 필요성을 잘 알 것이다. 지도와 나침반이 있다면 길을 잃을 확률은 극히 적다. 독도법의 또 다른 의미는 자연의 상태를 정확하게 판독하는 것이다. 독도법은 이론과 실제에 차이가 나기도 한다. 그래서 축척, 방위, 위치, 기복의 표현, 기호 등에 대한 이해를 높이고 실전에서 실습하며 익혀야 한다.

길을 찾는 연습과 경험은 우리의 일상에서도 필요하다. 예를 들어 '1년 동안 내가 실천할 것'이라는 지도를 만들었다고 가정해보자. 1년의 시간은 내가 지도를 따라 가야 할 목표 지점이다. 목표 지점에 도착하고 싶다면 지도의 정보가 되는 구체적인 계획들을 실천하며 길을 찾아야 한다. 길을 헤매는 실수를 두려워할 필요는 없다. 내가 목표했던 방향을 제대로 인지하고 있고 지나온 길을 정확하게 알고 있다면 언제 어디서든 다시 출발할 수 있다.

작은 것부터 실천하라

높은 곳에 올라가 방향을 찾았다면 일단 나아가면서 세부적인 생존 계획을 실행해야 한다. 특히, 큰 것에서 시작해 작은 것들을 이뤄가며 생존해야 한다. 주어진 문제를 단번에 해결하는 일은 영화 속 주인공이라면 가능할지 모르지만 현실은 생각보다 우리에게 냉정하다. 만약 선택한 방향이 틀렸을 경우 침착하게 다시 방향을 찾아야 한다. 생존하기 위해서는 경험을 통해 실수를 줄이고, 또다시 목표를 향해 나아가는 방법밖에 없다. 절망하고 자책한다고 상황이 나아지거나 누군가 길을 알려주지 않는다. 그런 시간이 길면 길어질수록 생존할 확률은 현저히 낮아진다.

이는 전장에서도 마찬가지다. 한 명의 잘못된 선택으로 전체 임무가 혼돈에 빠지거나 팀원이 목숨을 잃는 경우가 있다. 영화 〈특전대 네이비 씰〉을 보면, 미사일 제거 작전의 안내를 맡은 팀원이 길을 착각하는 장면이 나온다. 정확한 경로로 작전을 수행해도 성공률이 낮은 판국에 계획되지 않은 경로로 작전을 펼치게 되며 작전은 혼란에 빠지게 된다. 결국 팀은 적군 주둔지 한가운데를 통과하게 되는데, 어찌나 긴장이 되던지 가장 몰입되는 장면이었다.

팀은 적의 주둔지를 겨우 빠져나와 미사일을 제거하지만 잔병의 추격으로 동료 세 명이 목숨을 잃는다. 나머지 네 명의 대원은 절망적인 상황 속에서도 침착하게 적의 수장을 유인해 사살하고 작전을 완수한다. 만약 작전 중에 실수한 팀원을 탓하거나 다들 좌절했다면 작전은 실패하고 살아남기도 어려웠을 것이다. 불필요한 순간을 최소화하고 다음 단계를 준비했기 때문에 생존할 수 있었다.

사람마다 어떤 문제를 바라보는 관점과 그것을 해결하는 방법은 많이 다르다. 작은 것에서 큰 것을 향해 나아가는 경우도 있고, 반대로 큰 것에서 작은 것으로 구체화시키는 방법도 있다. 각각의 장단점은 있지만 나의 경우는 후자를 추천한다.

눈앞에 성과만 바라보고 앞으로만 가다 보면, 그 과정 중에 겪게 되는 작은 일들의 의미를 간과하기 쉽다. 하지만 큰 목표를 세우고 나서 그것을 실현할 수 있는 작은 일들을 구체화시키는 것은 조금 다르다. 지금 당장 해야 하는 작은 일들을 하지 않는다면 목표를 달성할 수 없기 때문이다.

미 SEAL이 되기로 목표를 세운 것은 나의 꿈에 대한 세부적인 방향을 설정한 일이었다. 강한 남자가 되는 것에서 한 걸음 더 나아가 미 SEAL이 되고자 했던 것 또한 생존을 위한 '빅 투 스몰Big to Small'이다. 중간에 포기하거나 다른 길을 찾았을 수도 있다. 하지만 나는 책을 읽고 영화를 보며 내 꿈을 조금씩 완성해갔다. 유년 시절, 나를 괴롭히는 현실을 잊기 위한 흥미 수단이기도 했지만, 책에서 읽은 내용들은 내가 앞으로 가야 할 방향 설정과 준비해야 할 것들을 구체화하는 데 큰 도움이 되었다.

당신 인생의 선택권은 당신에게 있다. 다른 사람이 당신이 가야 할 길을 알려주거나 어려움이 생길 때마다 어떻게 해야 하는지 친절하게 가르쳐주지 않는다. 하지만 분명 도움은 받을 수 있고 함께 나아갈 수는 있다. 우리는 모두 완벽한 존재가 아니기에 학습과 조력자가 필요하다. 그러므로 당신의 목표를 위해 끊임없이 노력하고 배우고, 누군가의 진심 어린 충고를 받아들여 적용할 수 있다면 뭐든 해낼 수 있다. 그러기 위해서는 당신이 가야 할 길을 스스로 계획하고 작은 것부터 실천하며 경험해보는 것이 우선이다.

싸움터를 나에게
유리하도록 바꿔라

이기고 싶다면 판을 바꿔라

미 SEAL이 되기로 결심한 후, 중학생 때부터는 수영과 함께 근력 운동도 병행하기 시작했다. 쟁쟁한 경쟁자들 사이에서 힘든 훈련에서 살아남아 미 SEAL이 되려면 조금이라도 더 체력을 길러야 했다. 아주 미세한 차이가 합격의 성패를 가르기 때문이었다. 역시 예상대로 차차 근육도 붙기 시작했고 체격과 체력도 제법 좋아졌다. 덤으로 합격에 대한 자신감도 얻었다.

미 SEAL 훈련 과정의 첫 단계는 3주 동안 기초 체력을 다지는 것인데, 이때 4마일 구보와 2마일 수영을 정해진 시간에 통과해야 BUD/S^{Basic Underwater Demolition / SEAL} 본 교육 과정에 입교할 수 있다. 어렸을 때부터 수영을 했고 중학생이 되어서는 프로 수영팀에서 활동을 했기 때문에 수영만큼은 누구보다 자신 있었다. 어쩌면 이 모든 게 미 SEAL이 되기 위한 과정이었다고 생각했다. 미 SEAL이 되기로 마음먹은 후부터 수영은 나의 가장 강력한 장점이자 무기가 되었다. 시간이 많이 남아 있지만 이대로만 간다면 승산이 있다고 자부했다.

하지만 이렇게 긍정적인 상황에도 불구하고 여전히 인종차별이 문제였다. 아무 이유도 없이 시비를 걸어오는 백인들의 횡포는 마치 내 발목을 부여잡고 앞으로 나가지 못하게 하는 장애물 같았다. 엎친 데 덮친 격으로 영원한 아군일 줄 알았던 동양인들 또한 체격이 커지고 세력을 키우면서 내게 시비를 걸어왔다. 이유는 단 하나, 같은 동양인이면서 그들에게 동조하지 않았기 때문이다.

내가 다녔던 고등학교^{Benjamin N. Cardozo High School}는 뉴욕에서 폭력 문제로 시끄러운 날이 많았다. 하워드와의 사건 이후 더 이상 싸움은 단순히 또래 남자 아이들의 다툼이 아니었다. 싸움은 지역 갱단과 더불어 온갖 불법과 연관이 되어 있었고, 폭력 서클은 불량배를 양성하는 일종의 사업이나 다름없었다.

정말이지 지긋지긋한 싸움의 날들을 끝내고 싶었다. 이대로 있다간 미 SEAL이고 뭐고 아무것도 할 수 없을 것만 같았다. 나는 인종차별이라는 전쟁을 끝내기 위해서 결단해야만 했고, 그 결단은 곧 전학을 의미했다. 나는 부모님께 진지하게 고민을 말씀드렸다. 부모님께서는 내 의견을 존중해주셨고, 고등학교 10학년 이후 로스앤젤레스로 이사해 존. F 케네디 고등학교John F. Kennedy High School에 전학 갔다.

그저 내 꿈을 위해 앞으로만 나아가 빨리 군인이 되고 싶었다. 그래서 해군사관학교 입학 때 가산점을 받을 수 있는 주니어 ROTC에 입단했다. 주니어 ROTC를 했다고 해서 반드시 군인이 돼야 하는 의무는 없었지만, 입단한 학생들 중 60% 이상이 실제 군인이 되었기 때문에 나에게는 운명과 같은 선택이었다.

주니어 ROTC는 학업과 별개로 군사 수업은 물론 군부대에서 훈련도 받아야 했고, 일반 학생들보다 1시간 일찍 등교해서 체력 단련도 해야 했다. 진짜 군복과는 달랐지만 생도 유니폼도 있었다. 고등학생 때부터 주니어 ROTC로 활동했다고 이야기하면, 사람들은 군인은 나중에도 될 수 있는데 왜 사서 고생을 했냐고 말하기도 했다. 하지만 해군사관학교 입학을 기다리는 시간이 나에게는 너무나 길게 느껴져서 주니어 ROTC가 된 게 너무 만족스러웠다. 마치 이미 군인이 된 것 같아 자부심이 넘쳤다.

주니어 ROTC는 9학년 때부터 입단이 가능한데 11학년 때 입단한 나는 다른 생도들보다 2년이나 늦게 들어간 셈이었다. 그래서 계급도 제일 낮았다. 하지만 나는 모든 분야에서 우수한 성적을 받기 위해 최선을 다했고, 그 결과 다른 동급생들보다 조기 진급했다. 2년이라는 간극을 채우려면 할 수 있는 것에 몰두해야만 했다.

11학년에서 12학년으로 넘어가는 시기에 하와이 진주만 해군기지에서 2주 동안 열리는 리더십 아카데미에 참가하였다. 딱 세 명을 선발했는데 그중 한 명으로 선발되었다. 따로 선발 평가가 있는 것은 아니었고 부대장이 직접 선발하는 방식이었다. 선후배는 물론 동기들도 내가 선발된 것에 불만을 제기했지만, 그동안 쌓은 데이터가 그 자격을 증명하고 있어 수긍할 수밖에 없었다. 무엇보다 리더십 아카데미에서 체력과 성적 모두 1등으로 수료하였다. 동료들의 시샘을 받던 상황에서 오로지 나의 실력으로 얻은 쾌거였기에 더욱 뿌듯했다.

12학년이 되어서는 주니어 ROTC의 리더인 작전관Operations Officer이 되었다. 작전관에게는 등교 후 인원 파악부터 공지사항 전달, 체력 단련 인솔까지 다양한 임무가 주어졌다. 주니어 ROTC를 하고부터 시비를 거는 녀석들도 없어졌고 지긋지긋했던 싸움에서 벗어날 수 있었다. 나의 꿈에 조금 더 가까워진 느낌이 들었다.

내가 그때 전학과 주니어 ROTC 입단을 통해 판을 바꾸지 않았더라면 나는 아직도 싸움터에 있을지도 모른다. 나의 위치를 파악하고 나아갈 방향을 찾았다면 다음은 생존에 유리한 조건을 찾아야 한다. 『손자병법』에 보면 '적을 능동적으로 끌어들여야지, 수동적으로 끌려가서는 안 된다'는 구절이 있다. 이는 어떠한 상황에서도 결코 적에게 주도권을 빼앗겨서는 안 된다는 의미다.

삶도 마찬가지다. 생존의 주도권을 내 쪽으로 가져오는 것이 중요하다. 그러기 위해서는 수동적인 선택과 행동을 능동적으로 바꿔야 한다. 당신의 뚜렷한 주관이 깃든 상황을 조성해 유리한 상태에서 적과 싸워야 한다.

해군의 정신적 지주인 이순신 장군도 23전 23승, 이기는 싸움을 했다. 전투에서 자신에게 유리한 위치를 선점하고 그곳으로 적을 끌어들였다. 단 13척의 배를 이끌고 명량 앞바다에서 거대한 일본의 함대를 물리칠 수 있었던 이유도 조류가 바뀌는 시간과 호리병 모양의 지형을 잘 알고 있었기 때문이다. 전쟁에서 패배하는 자는 싸움을 시작하고 나서 승리를 도모하지만 승리하는 자는 먼저 이겨놓고 싸움을 시작한다.

계란으로 바위를 치면 당연히 계란이 깨진다. 실전에서 이렇게 결과가 뻔히 예측되는 싸움을 해서는 절대 안 된다. 내가 주니어 ROTC가 있던 고등학교로 전학한 것은 정말 완전히 새로운 판을 여는 신의 한 수였다. 그래서 이기는 싸움을 할 수 있었다.

이 책을 읽고 있는 당신도 진저리가 날 정도의 전쟁을 치르고 있다면, 이 말을 꼭 명심해야 한다. 판을 바꾸는 일은 비겁하거나 약한 것이 아니다. 나에게 유리한 상황을 조성해 승리를 거머쥐는 고도의 전략이다. 그러므로 진정 지금의 전투에서 이기고 싶다면 판을 바꿔라. 당신이 얼마나 위대한 존재인지 적들에게 보여줘라.

더 큰 것을 위해 싸워라

틈만 나면 서점의 밀리터리 코너를 찾아가 죽치고 있던 나였지만, 그렇다고 마냥 군인과 관련된 책만 읽었던 건 아니었다. 문학 시간에 배운 소설도 틈틈이 읽었다.

지금까지 뇌리에 깊게 남은 작품 중 하나는 조지 오웰의

대표작 『동물농장』이다. 소설의 배경이 된 시대적 상황과 조지 오웰이 책을 쓰게 된 배경도 인상 깊었지만 무엇보다 돼지, 개, 까마귀, 말 등 동물을 주인공으로 한 내용이 흥미로웠다. 나는 반스앤드노블에서 그 자리에 앉아 책을 읽기 시작했다.

내용은 대략 이렇다. 인간이 운영하던 농장에서 착취당하던 동물들은 메이저라는 늙은 수퇘지의 부추김에 혁명을 일으킨다. '네 발은 좋고 두 발은 나쁘다'라는 구호를 외치며 모든 동물이 평등한 이상 사회인 동물농장을 건설한다.

하지만 권력이라는 본질이 항상 그래왔듯이 읽고 쓰는 게 완벽하다는 이유로 돼지들이 특권을 누리게 된다. 젊은 수퇘지 나폴레옹이 자신에게 맞서던 스노볼을 내쫓고 막강한 권력을 차지한다. 이후 동물농장은 처음 의도와는 다르게 독재 사회로 전락하고 만다. 돼지들은 인간의 악습을 되풀이했고, 이로 인해 동물들은 이전보다 더 심한 착취에 시달리게 된다는 내용이었다.

당시에는 이 책에 담긴 풍자를 바로 이해할 수 없었지만, 동물농장의 모습이 내가 살고 있는 세상과 다를 바 없었다. 나에게 가장 인상 깊었던 부분은 바로 동물들이 그토록 원하던 자유와 그것을 지키기 위해 필요했던 희생이었다. 처음 농장 동물들이 반란을 일으켰던 이유는 굶주림과 채찍질에서 벗어나기 위함이었다. 동물들이 꿈꾸는 세상은 모두가 평등하고 자신의 능력에 맞게 일하는 세상이었다. 그리고 강자가 약자를 보호해주는 사회였다. 그래서 인간을 내쫓고 동물만의 농장을 만들었다. 하지만 시간이 지나면서 그게 아니라는 것을 알게 되었다. 굶주림과 강도 높은 노동은 당연했고, 예전보다 더 공포스러운 분위기에 말도 못 하게 되었다. 무언가 잘못되고 있다는 것을 알았지만 두려움 때문에 희생하고 참을 수밖에 없었다.

희생이란 어떤 목적을 위해 자신의 목숨이나 재산, 이익을 바치거나 포기한다는 의미다. 동물농장의 동물들은 모두가 행복하고 평등한 세상을 이룬다는 공익을 위해 기꺼이 희생을 받아들였다. 하지만 누군가는 힘을 키우고 권력을 유지하기 위해서 다른 동물들의 희생을 강요했다. 그 모습을 보면서 자신의 이익을 위해 타인의 행복을 빼앗거나 희생을 강요해서는 안 된다는 생각을 했다. 절대 옳은 행동이 아니기 때문이다.

사실 나는 아주 어린 시절부터 시작된 백인들의 인종차별을 겪으며 극심한 정체성 혼란에 빠졌다. 게다가 함께 어려운 시절을 겪은 동양인 학우들마저 변하는 모습을 보면서 깊은 회의감이 들었다. 아시아인을 칭하는 다양한 비속어를 들을 때마다 나의 진짜 조국이 어디인지 어디로 가야 환영받을 수 있을지 고민했다. 아마 많은 동양의 이민자들이 겪었을 고뇌였을 것이다. 그럴 때마다 나는 항상 강한 모습을 보여줘야 한다고 생각했다.

나는 자신들의 심리적 도취를 위해 같은 인간의 불행을 도모하는 무리에게 자비를 베풀지 않겠다고 다짐했다. 그전에는 내가 군인, 그중에서도 미 SEAL이 되고 싶었던 이유가 나와 소중한 것들을 지키기 위해서라고 생각했다. 하지만 나는 달라져 있었다. 모든 사람이 나를 통해 몸과 마음의 안정을 찾을 수 있다면 그것만큼 의미 있는 일도 없을 것 같았다. 그래서 더 크고 의미 있는 가치를 실현하겠다고 마음먹었다.

불의와 횡포에 굴하지 않겠다고 다짐하고 나니 어딘지 모르게 마음이 편해졌다. 그동안 내가 겪었던 인종차별과 친구들과 벌인 숱한 싸움이 더 이상 별거 아닌 것처럼 느껴졌다. 나의 이익을 위해 다른 사람들이 행복을 훼손시키지 않고 모두의 안전을 지킬 수 있다면 어떤 일에도 겁낼 필요가 없었다.

실패를 통해 생존한다

'The Survival of the Fittest'란 '생존에 적합하게 준비한 사

람이 살아남는다'는 뜻이다. 흔히 '적자생존'이라고 말하기도 한다. 많은 사람이 비슷한 말로 오해하는 'The Law of the Jungle'과는 다른 의미다. 이는 '약자는 강자의 먹이가 된다'는 의미로 오직 힘의 논리만이 지배하는 정글의 법칙을 설명할 때 사용하는 표현이다. 'The Survival of the Fittest'는 힘뿐만 아니라 지식, 의지, 체력, 경험, 자원 등을 고루 갖춘 사람이 그렇지 않은 사람에 비해 생존할 확률이 높다는 것을 말한다.

적자생존이란 나의 꿈을 이루기 위한 끊임없는 생존 경쟁의 또 다른 표현이었다. 학창시절 내내 수영 선수로 생활하면서 늘 경쟁의식을 지닐 수밖에 없었다. 한 번의 경기에서 실패했다고 좌절하고 있을 시간이 없었다. 같은 실수를 반복하지 않기 위해 실패의 원인을 찾고 바로 다음 경기를 준비해야 했다. 경쟁의식 덕분에 게으르지 않고 더 나은 결과를 위해 끊임없이 노력할 수 있었다.

경쟁에 대한 긍정적 관점은 나 자신에게 동기를 부여하고 목표를 위해 꾸준히 나아갈 수 있는 힘이 되었다. 앞에서 말했듯이 생존은 작은 실천에서 시작해 생존이라는 큰 목적을 달성하는 일이다. 그렇다고 운동선수처럼 특수한 경우에만 경쟁의식이 필요한 것은 아니다. 지금도 우리는 수없이 많은 경쟁을 치르며 성공과 실패를 맛보고 있다. 중요한 건 경쟁에 임하는 자세다. 지나친 경쟁의식으로 결과에만 몰입하면 경쟁의 진짜 목적과 그 과정의 의미를 간과하게 된다.

원하는 목표를 단번에 이루고 홀로 해내는 사람은 극히 드물다. 나 또한 수많은 실패를 경험했고 좌절했다. 하지만 그럴수록 나의 목표만 생각했다. 경쟁을 통해서 실패의 이유를 찾았고, 그 경험을 나의 것으로 체득하려고 노력했다. 이루고 싶은 목표를 위해서 그리고 생존하기 위해서 꾸준히 노력한다면 누구든 성과를 내고 치열한 경쟁 속에서 살아남을 수 있다.

실패는 생존에 적합한 인간이 되어가는 과정이다. 물론 실패를 통해 느끼는 고통은 크다. 하지만 실패에 담긴 거시적인 의미를 보지 못하고 눈앞의 처참한 결과에만 집착하면 배울 게 없다. 물론 실패에 따른 부담과 손해가 당신의 이성을 짓눌러 당장은 일어서지 못할 수도 있다. 하지만 그 시간을 최대한 단축시켜야 한다. 중요한 건 실패를 통해서 배울 것을 찾아야 생존에 적합해진다는 것이다.

실패했기 때문에 포기한다는 말은 변명이 안 된다. 이런 태도는 생존에 적합하지 않다. 적합은 꼭 알맞다는 뜻이다. 실패했다는 것은 안 되는 이유 하나를 알게 된 것이다. 이를 조금 비틀어 생각하면 생존을 위한 값비싼 방법을 알게 된 것이다. 전쟁에서 패배한 군인들이 실패했기 때문에 다음을 준비하지 않는다면 어떻게 되겠는가? 이미 그 결과가 당신 눈에도 선할 것이다.

생존을 위해 지금 당신이 할 수 있는 일은 무엇인가? 손에 잡히지 않는 어려운 것이 아니라 당장 시도해서 성취감을 얻을 수 있는 일부터 시작하라. 그 방법은 오직 당신만이 알고 있다. 그것을 통해 당신은 성장하며 생존에 적합한 인재가 될 수 있다. 경쟁에서 이기는 승리자가 될 수 있다. 준비된 자만이 꿈을 이룰 수 있고 그 시작은 바로 지금부터다.

더 이상 미루지 말고 오늘 당장 강해져라. 세상은 단 한 번도 당신에게 적합하지 않다고 말한 적이 없다. 오직 당신만이 스스로를 무능한 존재로 판단했을 뿐이다. 생존에 대한 갈망이 깊다면 이런 태도부터 버려야 한다. 당신이 어떠한 상황에 처했고 어떤 고통 가운데 신음하고 있는지는 잊어라. 자신이 강하다는 것을 믿고 나아갈 때 모든 것들이 완벽해질 것이다.

상황을 전환시키는 기술

전장에서는 적보다 유리한 위치를 선점하는 것이 중요하다. 유리한 위치는 부대의 특기와 장비의 화력을 극대화시킨다. 가령 적보다 먼저 고지를 점령해 전투 현장을 한눈에 볼 수 있다면, 아군의 피해는 최소화하면서도 적군에게는 막대한 피해를 줄 수 있을 것이다. 특수부대의 저격수들이 작전 지역을 가장 잘 파악할 수 있는 곳에 미리 자리를 잡는 것과 같은 원리다.

사람들은 내가 이상주의자일 거라고 생각하지만 그렇지 않다. 나는 철저히 현실적인 사람이다. 나는 내가 완벽한 존재가 아니고 단점이 많은 인간이라는 것을 잘 알고 있다. 그래서 어떤 일을 달성하려면 다른 사람들과 마찬가지로 많은 노력을 쏟아야만 한다.

하지만 나는, 내가 가진 강점 또한 잘 알고 있다. 내가 다른 사람들보다 강한 부분은 부정적인 생각을 긍정적인 에너지로 바꾸고, 어떠한 장애물도 극복할 수 있다는 믿음으로 일을 추진한다는 사실이다. 무엇보다 나에게 불리한 상황을 극복하기 위해 적극적으로 행동한다.

나는 싸움터를 나에게 유리하도록 전환하기 위해 늘 고민했다. 어떻게 하면 나의 강점을 더 강하게 만들고 부족한 부분을 보완할 수 있을지 계획하고 실천하며 보완했다. 그 결과 나에게 불리한 상황을 유리하게 바꾸려면 몇 가지 법칙을 따라야 한다는 걸 알게 되었다.

제1법칙, 호기심을 가져라.

인간은 세상에 대한 호기심을 가지고 살아야 한다. 그래야 삶에 생동감이 넘치게 된다. 당신의 삶에서 살아 용솟음치는 순간이 없다면, 그야말로 살아도 죽은 것이나 다름없는 인생이 된다. 거듭 말하지만 당신의 과거는 그다지 중요하지 않다. 오로지 앞으로의 삶에 대한 진지한 태도를 지녀야 한다.

호기심이야말로 인간을 인간답게 만드는 특성이다. 아인슈타인은 "나는 천재가 아니다. 다만 호기심이 많을 뿐이다"라고 말했다. 호기심은 주변에서 일어나는 일들과 갖가지 사물에 대해 의문을 갖고 끊임없는 질문을 생산한다. 그래서 스스로 지식을 습득하고, 습득한 지식으로 사고하는 데 결정적인 역할을 한다. 인간이 지식을 습득한다는 것은 마음만 먹으면 행동할 수 있음을 뜻한다.

호기심을 가지면 그동안 알지 못했던 자신의 새로운 모습과 능력을 발견하기도 한다. 그 경험을 통해 적보다 유리한 고지를 선점함으로써 뜻밖의 기회를 만들 수 있다. 그 순간이 바로 당신의 상황이 유리한 흐름으로 바뀌는 때다. 이 말이 어떤 의미인지 잘 모르겠다면 좋아하고 즐거워하는 일을 꾸준히 해보기를 권한다. 호기심에 가득 찬 눈빛을 갖고 있다면 다른 사람들도 당신에게 감명받게 되고, 오히려 당신에게 필요한 기회를 가져다줄 수도 있다.

제2법칙, 기다리지 말고 기회를 찾아 나서라.

'운칠기삼運七技三'이라는 말이 있다. 말 그대로 인생사는 운이 7할이고 노력이 3할이라는 뜻으로 운이 더 중요한 위치를 차지한다는 전통적인 운명론이다. 아무리 노력해도 운 좋은 사람을 따라갈 수 없다는 말을 들으면 어떤가? 전의를 상실해 아무것도 하고 싶지 않을 것이다. 인생의 성패에서 운이 7할이나 차지하고 있다면, 차라리 요행을 바라는 게 더 현실적인 행동이라고 생각할 수 있다. 그러나 이런 환상은 지옥으로 가는 열차다.

운칠기삼에 담긴 진정한 교훈은 운칠이 아닌 기삼에 있다. 삶에서 운이 중요하다고 해서 노력하기를 포기하면 안 된다는 것이다. 나의 삶은 '기칠운삼'이었다. 운은 내가 통제할 수 없는 영역이지만, 노력은 내가 통제할 수 있는 영역이다. 주체적으로 삶을 이끄는 사람은 통제할 수 없는 영역에 인생을 내던지지 않는다. 자신이 하는 일에 집중함으로써 통제의 영역을 강화시킨다. 그래서 기회가 왔을 때 상황을 역전시킬 수 있다.

운은 과정보다 결과에 더 가깝다. 아무런 노력 없이 무언가를 성취하거나 달성했을 때 운이 좋다고 표현하기 때문이다. 시험을 볼 수 있는 자격이나 다음 단계로 나아갈 수 있는 순간이 주어졌다고 해서 운이 좋다고 말하지는 않는다. 그것은 노력에 따른 산물이고 다른 말로는 스스로 만든 기회이기 때문이다.

그래서 우리는 통제할 수 없는 운보다는 통제할 수 있는 기회에 더 집중해야 한다. 기회를 잡고 나면 운은 저절로 따른다. 왜냐하면 그 기회를 잡기 위해 끊임없이 노력했기 때문이다. 하지만 그 기회가 내가 찾던 순간이라는 것을 알지 못하는 경우가 많다. 그 이유는 자신의 목표를 제대로 알고 있지 못하기 때문이다. 목표가 확실하다면 기회는 찾아온다. 그리고 그 기회를 통해 상황을 바꾸겠다고 다짐하게 된다. 그러므로 운보다는 노력을 더 중요하게 생각하라. 기회를 찾기 위해 부단히 노력하는 사람에게는 운도 감동하여 다가갈 수밖에 없다.

제3법칙, 장애물은 곧 기회가 있다는 신호다.

기회는 우리가 알지 못하는 사이에 이미 찾아와서 스쳐가 버릴 때가 많다. 기회를 마주하고 기회인지 모르는 이유는 바로 장애물과 어려움이 기회를 가리고 있기 때문이다. 기회는 운과 다르다. 운이란 이미 정해져 있어서 우리의 힘으로는 어쩔 수 없는 기운이다. 길을 걷다가 우연히 돈을 줍는 일은 별다른 노력 없이 얻어지는 것으로 운이라고 말할 수 있다. 하지만 기회는 목표를 이룰 수 있게 도와주는 적절한 시기다.

기회는 떠 먹기 좋게 다 차려진 밥상이 아니라 음식을 만들 수 있는 재료에 가깝다. 정글에 갇혀 몇 시간 동안 물을 마시지 못하다가 열매가 달린 야자수를 발견했다고 해보자. 야자수 열매가 땅에 떨어져 마시기 좋게 갈라져 있다면 그것은 운이다. 하지만 제아무리 운칠기삼이라고 하더라도 이렇게 쉽게 물을 마실 기회를 얻을 수 있겠는가? 물을 마실 기회를 목을 축일 성과로 전환하려면, 나무에 올라가 열매를 따야 하고, 그다음으로는 도구를 사용해 열매에 구멍을 내야 한다. 매 순간이 장애물과의 싸움인 것이다.

야자수 열매를 발견한 것은 생존을 위해 수분을 섭취할 수 있는 최고의 기회지만, 멍하니 그 모습을 바라보고만 있다면 무용지물이다. 우리가 경험하는 수많은 사건과 사물의 이면에는 늘 기회가 존재한다. 하지만 장애물을 이겨내야만 원하는 것을 얻을 수 있다.

제4법칙, 미리 의심하지 마라.

빠른 선택과 결단은 생존에 필수적인 요소다. 상황은 생각보다 빠르게 변하고, 기회는 눈 깜짝할 사이에 사라지기 때문에 너무 오랜 시간 생각하면 행동할 수 없다. 자기 분야에 대한 전문 지식이 있다면 행동에 따른 결과를 유추할 수 있다. 모든 것은 행동 후에 일어난다. 아무 일도 하지 않는다면 당연히 어떠한 결과도 따르지 않는다. 생존에서는 소모하는 열량에 비해 더 많은 에너지를 얻는 일이 선택의 기준이 되기도 한다.

선택과 결단의 순간 미리 의심함으로써 일을 그르치지 않으려면 자신에게 솔직해져야 한다. 성공보다 실패를 먼저 생각하거나 긍정보다 부정을 우선하는 건 아닌지 나 자신과 깊고 깊은 대화를 해야 한다. 그래야 삶의 판도를 완전히 뒤집어 놓을 수 있는 일생일대의 순간에 과감해질 수 있다.

당신 앞에 찾아온 기회가 있다면 일단 잡고 보라. 일단 작은 것이라도 선택하고 행동하는 습관을 만들어야 한다. 자꾸 주저하면 아무것도 할 수 없다. 상대가 나보다 훨씬 강하다는 사실에 겁을 먹고 경기에 나서지 않는다면 패배보다 나을 것이 없다. 경기를 하다 보면 그동안 몰랐던 상대방의 약점을 알게 되고, 내가 우위에 있는 부분을 찾을 수도 있다. 기회 앞에서 의심 따위는 집어치우고 몸으로 부딪히며 체득하라. 어차피 다 사람이 하는 일이다.

마지막 법칙, 과거보다는 미래를 지향하라.

과거에 대한 기억은 어렵게 얻은 기회를 성과로 연결시키는 데 가장 큰 걸림돌이 된다. 과거의 영광이나 실패는 지금의 당신을 있게 한 이유, 그 이상 그 이하도 아니다. 과거에 있었던 성취감과 패배감에 사로잡혀 나아가기를 주저한다면 어떤 기회도 제때 붙잡을 수 없다. 과거는 삶의 결과가 아닌 과정이다. 이것을 먼저 인정하면 다음에 무엇을 해야 하는지 알게 될 것이다.

많은 사람이 미래로 나아가지 못하는 이유는 스스로 과거의 굴레를 쓰고 있기 때문이다. 이미 지나간 성공이 지금 무엇을 줄 수 있는가? 자아도취 상태로 있다간 그마저도 무의미한 것이 될 수 있다. 과거의 실패가 지금 당신의 무엇을 바꿀 수 있는가? 더 이상 상처받지 않기 위해 몸을 웅크리는 것은 자신의 삶을 옥죄일 뿐이다.

실패와 성공을 거듭하며 내가 깨달은 건 오늘을 살기 위해 마음을 지켜야 한다는 것이었다. 어제는 이미 지나갔고 내일은 아직 오지 않았다면 모든 게 지금 이 순간 나의 마음가짐에 달렸다. 그래서 매 순간 오늘을 살아야 하는 우리가 최고의 상태를 유지하려면 흐트러지지 않는 마음가짐을 갖는게 중요하다.

할 수 있는 것은
오직 멈추지 않는 일이다

플랜 B

미국에서는 11학년이 되면 대학에 지원하고 12학년 때 시험을 치른다. 나는 미 SEAL이 목표였기 때문에 미 해군사관학교에 지원했다. 강한 사람이 되고 싶어 한순간도 잊은 적이 없는 꿈이었고, 누구보다 열심히 준비했기에 무조건 합격할 수 있다고 생각했다. 하지만 입학 담당자와 전화 통화를 하며 청천벽력의 이야기를 듣게 되었다.

"네가 미국인이 아니라 외국인이라는 사실을 알고 있어?"

입학 담당자는 내가 미국인이 아니라서 지원 자체가 불가능하다고 말했다. 나는 그때까지 이 말이 무슨 말인지 전혀 이해하지 못했다. 한글보다 알파벳을 먼저 배웠고 줄곧 미국에서 자랐기 때문에 내가 미국인이 아니라고는 상상조차 하지 못했다. 바로 그 전화를 받기 전까지는 말이다.

미군은 병사일 경우 영주권자도 입대가 가능하다. 하지만 장교, 특수부대, 비밀 취급을 담당하는 분과의 경우에는 시민권자만 입대가 가능했다. 사관학교는 장교가 되기 위해 입학하는 곳으로 미국 시민권이 없으면 당연히 지원이 불가능했다. 그간의 모든 노력이 수포로 돌아가는 것 같아 눈앞이 아찔했다.

특히 입학할 수 없다는 사실 자체도 받아들이기 어려웠지만, 단지 내가 외국인이기 때문이라는 말에 더 실망스러웠다. 내가 동양인이라서 차별하는 것이냐고 따지듯 물었고 급기야 입학 담당자와 말싸움까지 벌였다. 입학 담당자는 자기도 이해할 수 없는 상황이라며 흥분한 나를 진정시켰다. 그리고 우선 국적부터 확인해보라고 말했다. 전화를 끊은 나는 분을 참지 못해 소리를 질러댔다.

미국에는 우리나라처럼 주민등록증이 없고 성인은 대부분

운전면허증으로 신분증을 대체하기 때문에 국적에 대한 의문을 가질 기회가 없었다. 알고 보니 부모님께서는 내가 학업을 마치면 다시 한국으로 돌아갈 생각이셔서 시민권을 취득하지 않았다고 말씀하셨다. 국적 문제로 인한 충격과 상처는 말할 수 없을 정도로 컸지만, 그렇다고 시간을 계속 흘려보낼 수만은 없었다.

나는 내가 처한 상황을 직시했다. 필요 이상으로 절망하고 싶지도, 낙관하고 싶지도 않았다. 처음 세웠던 계획이 무너졌기 때문에 다음 계획을 실행해야 했다. 우선 대학교에 가야 했다. 그리고 반드시 군인이 되어야 했다. 이렇게 된 바에 해군사관학교보다 많은 면에서 뛰어나다고 알려진 버지니아 군사대학교Virginia Military Institute, VMI에 지원하겠다고 새로운 계획을 세웠다.

버지니아 군사대학교는 사관학교보다 강력한 스파르타식 과정을 지향하기로 유명했다. 1839년에 설립된 이래로 '남부의 사관학교'라 불렸으며 교복은 남북전쟁 당시 남부군이 입던 군복과 비슷했다. 군사대학교는 졸업 후 각 군에 임관하는 사관학교와 다르게 1학년 때 육군, 해군, 공군 중에서 진로를 선택할 수 있으며 졸업 후 꼭 군인이 되지 않아도 됐다. 물론 졸업생의 80% 이상이 장교의 길을 선택하는 전통 있는 학교였다.

버지니아 군사대학교에 입학하기 위해서는 고등학교 내신 성적 관리를 잘해야 하고, 미국 수능시험인 SAT 점수가 높아야 한다. 특히 군인을 양성하는 학교인 만큼 체력이 좋아야 하는데 워낙 뛰어난 학생들이 많아 프로선수 경력이 있어야만 인정받을 수 있었다. 또한 고등학교 시절, 리더십을 보는 채점 항목도 있었는데 이 부분에서는 큰 걱정이 없었다. 고등학교 수영팀의 리더를 맡았고 주니어 ROTC 작전관이었기 때문에 합격하리라 확신했다.

미 해군사관학교 지원이 불가능하다는 사실을 알았을 무렵 여러 대학교에서 투어 제안을 받았다. 미국의 대학교 투어는 특정 학생들의 입학을 회유하기 위해 대학 측에서 교통비와 숙식비 등 일체의 비용을 지원해주는 행사였다. 나는 수영선수 특기생 자격으로 여러 번 투어 제안을 받았다. 그 학교들 중에 버지니아 군사대학교도 있었다.

미 해군사관학교는 갈 수 없었지만 군인이 되어 미 SEAL이 되겠다는 꿈은 그대로였다. 그래서 꿈을 이루기 위한 대안을 찾아 그에 적합한 준비를 함으로써 꿈에 더 가까이 다가갔다. 버지니아 군사대학교 수영 코치로부터 매주 입학 권유 전화를 받았지만 내 꿈은 수영 선수가 아니었다. 수영 특기생이 아닌 일반 전형으로 입학 지원서를 제출했고 당당하게 합격했다.

    버지니아 군사대학교에서의 생활은 대만족이었다. 육군과 해군, 공군이 다 모여 있어 선의의 경쟁을 할 수밖에 없었기 때문에 각 군의 예비 장교들은 자부심이 넘쳤다. 또한 미국의 그 어떤 군사 관련 학교보다 강도 높은 훈련과 방대한 군사 지식을 쌓고 있다는 점에 다들 만족해했다.

    학과 시험을 마치고 홀가분한 마음으로 집에 갔던 어느 주말이었다. 아버지께서 나를 불러 앉히시고는 말씀하셨다.

    "너는 한국인의 피가 흐르니 군인이 되고 싶다면 한국으로 가거라."

    나는 아버지께서 노파심에 하시는 잔소리라고 생각했다. 하지만 아버지의 태도는 단호하셨고 어투에서 강한 의지가 느껴졌다.

    사실 버지니아 군사대학교를 다니면서 시민권을 신청할 계획이었다. 하지만 한국으로 가라는 아버지의 말씀은 이제껏 내가 꿈꾸고 준비하던 미래를 또 한 번 뒤엎는 일이었다. 이후로도 아버지께서는 내가 한국인임을 절대 잊어서는 안 된다고 말씀하시며, 한국에서 군인의 길을 가라고 조언하셨다. 나는 오랜 시간 아버지 말씀을 곱씹었고 결국에는 그 뜻에 따랐다.

왜냐하면 내가 되고자 하는 길이 군인이었기 때문이었다. 군인은 국가의 안보와 국민의 생명과 재산을 지키는 업이다. 사실 어렸을 적부터 차별과 멸시 속에 자라온 나에게 조국의 의미는 상당히 중요했다. 한국인이 한국 군인으로 살아가는 게 맞는 일이라고 생각했다. 결국 나는 한국으로 가기로 결심했다. 그리하여 미 SEAL이 아닌 한국의 UDT/SEAL이 되기로 마음먹었다.

한국행을 결정하면서 모든 것을 새롭게 준비해야 했다. 미국군에서 한국군으로 국적이 바뀐 것은 아주 큰 변화였지만, 조국을 위해 봉사하는 군인이 되고 싶은 마음은 그대로였다. 버지니아 군사대학교의 현대언어문학 전공자들은 재학 중 최소 1회 이상 유학을 다녀와야 했다. 나는 3학년 때 모로코로 한 학기 동안 교환학생을 다녀왔지만 고려대학교로 한 번 더 신청했다. 한국어 실력도 키우며 해군 장교가 되기 위한 준비를 할 목적이었다. 이미 나의 조국 대한민국에서 군인이 되기로 마음을 먹은 상태였기 때문에 모든 게 착착 이뤄졌다.

고려대학교 부근에 있는 5층 건물 옥탑방에서 꿈을 향한 새로운 도전이 시작되었다. 오래된 건물이라 시설이 좋지는 않았지만 꿈이 있었기 때문에 항상 내일이 기다려질 정도였다. 무엇보다 버지니아 군사대학교 병영 생활에 비하면 천국이나 마찬가지였다.

고려대학교에서 두 학기와 여름 학기까지 거의 1년 동안 교환학생 과정을 마치고 다시 미국으로 돌아와 졸업했다. 동기들은 졸업과 동시에 임관했지만 나는 사실상 실업자가 되었다. 십여 년을 오로지 임관이라는 꿈을 위해 달려왔지만 졸업 후 현실은 실업자였다. 한국에서 군인이 되지 못한다면 모든 게 물거품이 될 수도 있었다. 그때는 아주 잠시 부모님을 원망하기도 했다. 애초에 내가 미국 시민권자였다면, 혹은 내가 한국에서 군인이 되기를 바라지 않으셨다면 나도 동기들과 함께 임관하고 환호성을 질렀을 테니 말이다. 하지만 그런 생각으로 인생을 허비할 시간이 없었다. 바로 한국으로 돌아가 해군 사관후보생 시험을 준비해야 했다.

초심자의 행운

한국의 많은 것들이 낯설고 어려웠지만 나를 가장 애먹인 건 바로 언어였다. 미국에서 생활할 때도 집에서는 아주 간단한 한국어들만 사용했을 뿐이었다. 다행히 수업의 경우 영어로 진행되는 국제학부 수업을 들었기 때문에 학점을 받는 건 문제없었다. 하지만 해군 사관후보생 시험이 큰 문제였다. 시험은 둘째 치고 홈페이지에 공지된 해군 사관후보생 모집 공고문을 해석하는 일조차 버거웠다.

고려대학교 국제교류실과 한국어교육센터에서 진행하는 프로그램을 통해 한국어 도우미를 만났다. 외국인 유학생의 적응을 위해 한국 학생을 일대일로 연결해주는 프로그램이었다. 나는 해군 사관후보생 시험을 치르기 위한 정보를 얻고 싶었고, 도우미는 나에게 영어를 배우고 싶어 했다. 하지만 서로 잘 맞지 않아 원하는 정보를 얻을 수 없었다. 나는 어려움을 느꼈고 이 난관을 어떻게든 헤쳐 나가고 싶었다.

어느 날 캠퍼스를 걷던 중 호구를 착용하고 기합 소리를 내며 구보하는 학생들을 보았다. 그들은 요란하게 캠퍼스를 돌고 나서는 운동장 한편에서 죽도를 가지고 타돌 연습을 했다. 검도를 직접 본 건 처음이었다. 시험 준비도 잘되지 않고 한국어 능력도 생각처럼 늘지 않아 사기가 많이 떨어진 상태였다.

호기심에 검도부를 찾았다. 입구에 들어서자마자 도장을 쿵쿵 울리는 발소리와 죽도가 호구를 치는 경쾌한 대나무 소리, 사람들의 기합 소리와 땀 냄새가 강하게 느껴졌다. 벽에는 한자 팻말과 우승 깃발 여러 개가 걸려 있었다. 나는 당장 검도를 시작했다.

검도부 활동은 지친 캠퍼스 생활에 활력을 주었다. 기합을 외치며 기분 좋은 구보를 하고 땀방울이 맺힐 때까지 운동을 하고 나면 온몸에 활기가 돌았다. 운동을 마치면 검도부원들과 술을 마시며 서로의 꿈을 독려했다. 버지니아 군사대학교에서는 경험할 수 없었던 최고의 캠퍼스 생활이었다. 학교생활도 자취 생활도 그럭저럭 적응이 되었다.

나는 한국인이었지만 한국이라는 새로운 곳에서 많은 걸 배우고 있었다. 이미 경험했던 것들도 한국에서는 새롭게 다가왔다. 예전에는 익숙해서 그저 지나쳤던 일들 속에서 많은 것을 깨달았다. 꿈을 위해 도전한 여행이었기에 나에게도 '초심자의 행운'이 찾아온 거라고 생각했다. 나의 꿈과 목표를 위해 끊임없이 나아가다 보면 또 좋은 기회와 인연이 찾아올 거란 확신이 들었다. 그 기회가 찾아오도록 만드는 것은 나의 몫이었다. 멀게 느껴졌던 고지가 조금씩 가까워지고 있는 느낌이 들었다. 고지에 깃발을 꽂기 위해 다시금 심기일전했다.

나는 다시 공부에 매진하기 위해서 한국어 과외 선생님을 수소문했다. 다행히도 고려대학교 어학당 선생님을 통해 한국외국어대학교에서 석사과정 중이신 선생님을 만났다. 과외 선생님을 만났다고 모든 것이 한순간에 해결되는 건 아니었

다. 해군 사관후보생의 경우 복무 기간은 3년으로 병사보다
는 길지만 장교로 군복무를 할 수 있어 경쟁률이 높았다. 나의
해군 사관후보생 동기들의 면면만 봐도 서울대, 고려대, 연세
대 출신들이 제법 많았다. 당시 해군 사관후보생 시험 과목은
국어, 국사, 영어였는데 문제는 나의 한국어 실력이었다.

　과외 선생님이 처음 추천한 책은 만화로 보는 역사였다.
나의 한국어 실력에 맞춘 나름의 해법이었다. 중학생 정도
가 읽는 역사 교양서였는데 큰 도움은 되지 않았다. 재미 위
주로 읽기에는 마음도 급했고 무엇보다 공부해야 할 양이
많았다. 너무 어려워하는 나를 보면서 과외 선생님은 전략
을 바꾸자고 제안했다. 사실 과외비만 받고 대충 시간만 때
울 수도 있었지만 그분은 달랐다. 그러면서 나에게 7급 공
무원 시험 기출 문제를 뽑아다 주었다. 처음에는 그 의도
를 알 수 없어 의아했다. 하지만 선생님은 한국에서 이뤄
지는 시험의 형태에 대해서는 누구보다 잘 알고 있었다.

　기출 문제를 뚫어져라 쳐다봤다. 지문을 이해하는 것은 둘
째 치고 읽는 것조차 어려웠다. 무엇보다 군인이 되고자 하는
데, 도대체 왜 민무늬 토기와 고려청자의 특징을 외워야 하는
지 이해할 수 없었다. 하지만 다른 방법이 없다는 생각이 들었
고 일단 선생님을 믿기로 했다. 해군 사관후보생 시험은 1년

에 딱 한 번 치를 수 있었는데, 만약 시험에서 떨어지면 1년을 또 기다려야 했다.

공무원 기출문제집을 사기 위해 광화문에 있는 교보문고를 찾았다. 한국에 와서 처음으로 방문한 서점이었다. 서가에 빼곡한 책들과 저마다 관심 있는 책을 읽고 있는 사람들의 모습을 보면서 어렸을 적 반스앤드노블 한구석에서 군사 관련 책을 읽으며 행복했던 시간들이 떠올랐다. 초롱초롱한 눈망울로 책을 보았던 이전과는 달리 이제는 이글거리는 눈으로 두 손 가득 기출문제집을 가득 들고 있었다. 하지만 그때처럼 마음은 행복했다.

기출문제집을 보면서 '내가 왜 이런 문제를 풀어야 하는지'에 대한 생각은 더 이상 하지 않기로 했다. 로마에 가면 로마법에 따르듯 지금 내가 할 수 있는 일에만 최선을 다하기로 했다. 내가 보게 될 시험과 가장 가까운 유형의 문제들이었고 짧은 준비 시간과 남들보다 부족한 한국어 능력을 극복하기 위한 가장 효율적인 방법이었다. 수업 시간을 빼고는 도서관과 집에서 공부에만 집중했다.

이른 새벽 옥탑방 근처에서 들려오는 스님들의 염불 소리에 눈을 뜨면, 술에 취해 비틀거리는 학생들의 고함 소리가 들릴 때까지 공부했다. 눈이 뻐근해질 때쯤이면 방 밖으로 나와 맑은 공기를 마시며 마음을 다잡았다. 내가 할 수 없을 거

라던 사람들의 말을 머릿속으로 떠올리며 반드시 그들에게
꿈을 이루는 모습을 보여주겠다고 다짐했다.

계속 전진하라

2006년 대방역 근처의 병무청에서 해군 사관후보생 필기
시험을 치렀다. 돌이켜 보면 하나의 시험에 불과했지만 나에
게는 인생의 방향을 결정짓는 일생일대의 기로였다. 시험을
보는 내내 이런저런 생각에 휩싸여 집중하기 어려웠다.

시험을 마치고 다시 안암동 옥탑방으로 향하는 내내 기분
이 착잡했다. 시험을 보고 나면 마음이 홀가분할 줄 알았지만
그렇지 않았다. 떨어질 수도 있다는 생각에 부모님께 연락도
드리지 못했다. 하지만 어떻게든 살아남아야 한다는 생각으
로 다음 계획을 준비했다.

필기시험을 보고 한 달이 채 되지 않았을 때 합격 통보를
받았다. 나는 그제야 한숨을 돌렸다. 말로 표현할 수 없을 정
도로 기뻤지만 아직 달성할 과제가 많았기에 축배는 뒤로 미
루기로 했다. 이제 2차 면접 시험을 준비해야 했다. 1차 필기
평가와 2차 면접 평가 점수를 합산하여 고득점자 순으로 선
발하는데, 필기보다 상대적으로 비중이 높았던 면접에서 좋
은 점수를 얻지 못하면 최종적으로 탈락할 수 있었다.

면접은 다섯 명이 한 조를 이뤘다. 면접장에 들어가기 전 예비 동기들과 짧게 자기소개를 나눴다. 다들 해군 장교가 되기 위해 준비한 과정이 실로 대단했다. 서울대와 연세대 학생, 그리고 외국에서 공부 중인 30세의 박사 등 쟁쟁한 면접자들의 화려한 스펙에 내 자신이 초라해 보일 정도였다. 면접자 모두는 나름의 이유로 반드시 합격해야만 했고, 내가 붙을 확률은 25%, 많아야 30% 정도라고 생각했다.

면접장에 들어서자 중령 계급의 면접관 두 명이 앉아 있었다. 간단한 자기소개로 시작해 왜 해군이 되고 싶은지 등 기본적인 질문을 받았다. 또 자리에서 일어서서 외적 군기를 확립할 신체 조건도 확인했다. 그러다 기습적으로 마지막 질문을 받았다. 그런데 질문을 제대로 이해하지 못했다. 정말 아찔한 순간이었다. 하지만 기죽지 않고, 질문을 제대로 이해하지 못했으니 다시 물어달라고 요청했다. 면접관 한 명이 고개를 갸우뚱하며 의아하다는 표정을 지었다. 다행히 다른 면접관은 서류 전형을 통해 내 이력에 대해서 아는 눈치였다. 그는 간단명료하게 물었다.

"당신에게 해군은 무엇인가?"

매우 짧은 물음이었지만, 나는 이 물음이 얼마나 중요한 것인지 단번에 알아챘다. 내가 속할 조직에 대한 신뢰를 보이고 비전을 제시하는 것, 나는 이게 마지막 물음의 핵심이라고 생각했다.

"저에게 해군이란 대한민국의 힘, 그 자체입니다. 앞으로 대한민국 해군은 대양해군으로 나아가야 하고 그럴 수 있다고 믿습니다. 제가 대양해군의 일원이 된다면 우리 해군이 세계적으로 발전하는 데 결정적인 역할을 하고 싶습니다."

찰나에 나온 대답치고 생각보다 적절했다. 면접관은 고개를 끄덕이며 서로 눈짓을 나누더니 채점을 마쳤다.

3주 후, 해군으로부터 문자 통지를 받았다. 최종 결과는 합격이었다. 혹시 몰라 홈페이지에서 합격자 명단을 다시 확인했다. 그동안 묵은 체증이 쑥 내려가는 느낌이었다. 가장 먼저 부모님께 전화를 걸었다. 부모님께서는 담담하게 그동안 수고했다는 말씀과 함께 진심으로 축하해주셨다. 그리고 바로 과외 선생님께도 전화를 걸었다. 만약 그 선생님이 없었다면 솔직히 1차 시험이었던 필기도 통과하지 못했을 것이다.

입영을 준비하며 여러 가지 생각으로 감정이 북받쳤다. 이제 막 레이스를 위한 출발선에 섰을 뿐이지만 나의 마음은 그 어느 때보다 비장했다. 힘들고 고통스러운 시간을 견디며 이 자리까지 왔다는 게 감격스러웠다. 나는 그때 절대 뒤돌아서지 않겠다는 의연함이 꿈을 현실로 만든 거라고 믿었다. 포기하지 않고 계속 전진했던 태도가 준 쾌거였다.

장교로 임관하기 위한 4개월의 모든 교육훈련 과정을 마치고 드디어 대망의 임관식을 코앞에 두고 있었다. 진해 해군사관학교 연병장에서 임관식이 열렸다. 곧이어 임관 선서문을 낭독했다.

"소위 이근은 대한민국의 장교로서
국가와 국민을 위해 충성을 다하고
헌법과 법규를 준수하며 부여된 직책과 임무를
성실히 수행할 것을 엄숙히 선서합니다."

그 순간 나에게도 나라가 생겼다고 느껴졌다. 진짜 조국을 만나기까지 너무나 오랜 시간이 걸렸지만, 많은 시간이 소요된 만큼 나라를 위해 더 희생하고 헌신하겠다고 다짐했다. 갖은 어려움으로 강한 사람이 되고 싶었을 때, 모든 순간이 나와의 싸움이었다. 어제의 나를 이기지 못했더라면 임관은 불가능했을 일이었다.

반스앤드노블 구석에서 군인이 되겠다는 꿈을 가졌던 소년은, 꿈을 품은 지 16년 만에 자신의 조국으로 돌아와 군인이 되었다. 하지만 아직 꿈이 더 남아 있었다. 세계 최강의 특수부대 UDT가 되는 것이었다. 다시 가슴이 뛰기 시작했다.

실패에 대하여

"넌 절대 할 수 없을 거야. 절대로!"

고려대학교 교환학생 시절, 친구들과 술자리를 가질 기회가 많았는데 그때마다 가장 많이 들었던 말이다. 해군 사관후보생이 되는 것도 불가능하지만, 만에 하나 해군에 들어가더라도 버티기 힘들 테니 일찌감치 포기하라고 종용했다. 나를 걱정하는 마음에서 한 말이겠지만, 솔직히 들을 때마다 기분이 좋지 않았다. 나는 고등학생 때 성실하게 주니어 ROTC로 활동했고, 버지니아 군사대학교에 입학해 군인이 되기 위한 교육과정을 충실하게 밟고 있었다. 그래서 누구보다 최고의 군인이 될 수 있다는 자신감은 절대 변하지 않았다.

하지만 친구들의 말도 어느 정도 수긍할 수밖에 없었다. 왜냐하면 누가 보더라도 내 한국어 실력은 형편없었고, 그런 실력으로 시험을 본다면 불합격은 당연했다. 하다못해 해군 사관후보생에 대한 정보를 알아보는 일조차 힘들어했으니, 친구들 입장에서는 당연히 그렇게 느껴졌을 것이다. 하지만 내 머릿속에 포기라는 단어는 없었다. 포기할 거라면 애초에 시작하지도 않았을 일이었다.

인간은 사는 동안 숱한 실패를 겪는다. 나도 목표를 이루는 과정에서 수많은 실패와 좌절을 경험했다. 실패를 딛고 일어서려는 시도는 그 자체만으로도 대단한 일이다. 무엇보다 자기에 대한 신뢰를 잃지 않고 정신적인 승리를 거머쥐는 일은 쉬운 게 아니다.

대부분의 사람이 목표를 이루지 못하거나 계획했던 일이 틀어졌을 때를 실패라고 여긴다. 하지만 단언컨대 실패란 포기했을 때를 말한다. 그 외의 것들은 모두 실수일 뿐이다. 이런 실수를 통해 무언가를 배운다면, 그 순간 실수도 좋은 경험이 된다. 목표를 달성하기 위한 자양분이 되는 것이다.

그렇다고 자신을 다독이는 것만으로는 부족하다. 결국 우리는 짜릿한 성공을 맛봐야 한다. 자신이 세운 목표를 이룰 때까지 넘어져도 일어나고 결국엔 목적지에 깃발을 꽂으려면 실수에 좌절하지 않는 마음가짐을 가져야 한다. 당신이 약한 존재라서가 아니라 앞으로 더 잘 살아가기 위해 반드시 그래야 한다.

'실패는 성공의 어머니'라는 말을 잘 알 것이다. 이 말만큼 실패가 곧 성공이 되는 필연성을 강조한 말도 없다. 모든 인간이 부모가 있어야 존재할 수 있듯이 성공도 실패가 있어야 가능한 일이다. 이 오래된 진리에 공명하려면 자신의 삶에 대한 무한한 신뢰가 필요하다. 특히 세상을 조금 더 거시적으로 보고 겸허한 태도를 유지해야 한다.

마음먹은 일을 단번에 해내는 사람들을 보면 여러 감정이 교차할 때가 있다. 중요한 건 결과가 아니라 과정에 있음을 깨달아야 한다. 그런 걸 부러워하거나 시기하기에는 삶은 너무 짧다. 대부분 성공의 뒷면을 실패라고 단정 짓고 포기를 일삼지만, 성공과 실패는 하나의 둥근 덩어리다. 뗄 수 없는 관계라는 것이다.

우리는 하루에도 셀 수 없이 많은 실패를 경험한다. 그렇기 때문에 자신이 세운 성공의 기준과 다르다는 이유로 좌절할 필요가 없다. 당신은 이미 실패에 단련되어 있고, 아무렇지 않게 털고 일어날 수 있는 의지와 다시 나아갈 추진력을 충분히 가지고 있다는 걸 잊어선 안 된다.

무엇보다 실패는 다시 시작할 수 있는 유일한 기회다. 사회적으로 이미 성공했다고 평가받는 사람들도 돌아가고 싶은 순간이 있다고 한다. 그들은 삶의 어떤 순간으로 돌아갈 수 있다면 다른 선택을 해보고 싶다고 말한다. 하지만 그 순간은 우리가 생각하는 것처럼 거창한 순간이 아니다. 그들이 성공해 온 길과는 다른 아주 작은 길이다. 실패하면서 배운다는 수준 높은 경지에 이르렀기 때문이다.

실패야말로 자신의 실수를 인정하고 다시 성공할 기회를 엿볼 수 있는 순간이다. 실패의 진정한 의미를 아는 사람들은 실패 자체에 좌절하지 않는다. 단, 그 실패를 다시 반복하게 되는 것을 경계한다. 실패의 힘은 바로 여기에 있다. 실수를 다시 반복하지 않으려는 의지, 이게 바로 성공에 가까워지는 방법이다. 그러므로 기회가 오지 않는다고 애먼 당신의 삶을 탓하지 마라. 오늘 겪은 당신의 쓰라린 실패가 삶의 전환점으로 삼을 가장 큰 기회일 수도 있다.

PART 2

나를 포기하지 않는
곧은 정신

우리가 하는 선택과 행동들이
우리의 길을 결정짓고 만들어 나가며
무엇보다 지금의 나를
완성하는 것이라고 생각합니다.
_연합뉴스 <KOREA NOW>에서

패배할 순 있어도
포기할 순 없다

작은 성공이 당신을 지킨다

태어난 순간부터 지금까지의 인생 곡선을 그려보면, 크고 작은 성공과 실패가 촘촘하게 자리 잡고 있다는 걸 알 수 있다. 물론 그 곡선의 모양이 규칙적이지는 않다. 간절하게 일을 해나가면서도 뭔가 꼬이는 상황이 자꾸만 생겨나기 때문이다. 하지만 그럼에도 불구하고 자신의 일에 몰두할 수 있다면, 작은 성공을 이루게 되고 곡선이 바닥으로 곤두박질치는 걸 멈출 수 있다.

나는 네 살 때부터 수영을 배웠다. 나에게 수영은 다른 친구들처럼 여가를 위한 운동이나 체력 단련의 수단이 아니었다. 수영을 열심히 할 수밖에 없었던 건 그것을 통해 느끼는 성취와 보람 때문이었다. 어제의 기록보다 단 0.01초라도 앞당기겠다는 열망은 나를 더 성장하게 만들었다. 학창 시절 나의 주된 루트는 집, 학교, 수영장이었다. 정해진 일과를 마쳐야 서점에 가거나 친구들을 만날 때 마음에 불편함이 없었다.

고등학교에 진학 후, 나는 자연스럽게 교내 수영팀에 들어갔다. 다른 학교와의 대항전이나 지역에서 열리는 여러 대회에 참가했지만 선수들의 수준이 그렇게 높지 않았다. 그래서 방과 후에는 따로 프로 수영팀에서 수영을 했다. 2016년 브라질 리우데자네이루 올림픽 남자 수영 50미터 자유형에서 금메달을 목에 건 앤서니 어빈도 당시 같은 프로팀의 선배였다. 이런 사람들이 수두룩할 정도로 프로팀의 수준은 확실히 달랐다.

고등학교 시절, 매주 수영대회에 참가했다. LA에서 열리는 제법 규모가 큰 대회도 참가했기 때문에 매일같이 긴장의 연속이었다. 학교 시험보다 수영 시합이 주는 부담감이 훨씬 컸다. 수영은 다른 선수와의 경쟁이지만 자기 자신과 싸우는 엄격한 기록경기이기도 하다. 그래서 누구의 간섭과 방해도 받지 않고 결과는 오로지 기록으로만 증명된다.

고등학생 시절 LA 챔피언십 경기에서

레이스에 대한 부담과 기록은 오롯이 나의 몫이었다. 심적으로 괴로움을 느끼기도 했다. 마음을 다잡고 물속으로 몸을 던져도 결과는 변하지 않았다. 그렇다고 포기할 순 없었다. 나는 언제나 성공이 필요했고, 그것을 기점으로 삼아 분위기를 반전시켜야 했다.

유난히 컨디션이 좋았던 어느 날이었다. 몸도 가볍게 느껴졌고 평소보다 자신감이 더 넘쳤다. 할 수 있다는 느낌이 온몸을 휘감았다. 사람들에게 뭔가를 보여주고 싶다는 마음에 수영모를 벗었다. 지금도 그렇지만 내 앞머리는 남들보다 월등하게 힘이 세서 샤워할 때를 빼고는 잘 내려오지 않는다. 그날도 그랬다.

수영은 0.1초가 아니라 0.01초로 승부가 나기 때문에 팔다리 제모는 필수였다. 다른 선수들은 전신을 제모하는 경우도 흔했고, 기록이 안 좋아지면 조금이라도 터치 패드에 빨리 닿기 위해 손톱을 기르기도 했다. 그래서 수영모를 벗는다는 건 누가 봐도 미친 짓이었다.

준비 신호와 함께 스타팅 블록 위에 섰다. 스타팅 블록을 손으로 잡고 멀리 뛰기 위해 몸을 최대한 움츠렸다. 마지막으로 숨을 깊게 들이마셨다. 그 순간 주위 풍경은 뿌옇게 흐려지고 시간이 멈춘 듯했다. 수영장의 찰랑거리는 움직임만이 눈에 들어왔다. 휘슬을 기다리며 레이스를 어떻게 해야 할지 머릿속으로 그렸다.

기록을 줄이기 위해 거쳐야 했던 숱한 훈련, 컨디션을 유지하려 노력했던 시간들은 모두 지난 과거일 뿐이었다. 지금 이 순간의 레이스에 온 정신을 집중하고 젖 먹던 힘까지 쏟아부어야 했다. 오직 기록만이 그간의 과정을 증명해줄 수 있었다. 스타팅 블록에서 발을 떼는 순간부터 터치 패드를 찍는 순간까지 다른 생각은 필요 없었다. 나는 오직 앞으로 나아가야만 했다.

결과는 1등이었다. 숨도 차지 않았고 몇 번이고 더 경기를 할 수 있을 것 같았다. 기록도 상당히 단축되었다. 하지만 코치의 표정은 딱 봐도 좋지 않았다. 나는 코치에게 불려가 크게 혼이 났다. 수영모를 쓰지 않고도 1등을 했지만 코치는 만약에 내가 수영모를 썼다면 기록을 더 단축시켰을 거라고 다그쳤다. 맞는 말이었다. 하지만 나는 그렇게 생각하지 않았다. 만약 내가 수영모를 썼다면 평소와 다른 에너지가 솟구치지 않았을 테고 기록을 단축시키지도 못했을 것이다.

성공이란 무엇일까? 우리가 생각하는 성공의 개념은 잘못되었다. 어릴 때부터 대성만을 좇으며 누구나 선망하는 유명인이 되거나 많은 돈을 벌어 큰 기업을 세우는 것을 성공의 기준으로 삼는다. 그래서 큰 성공을 거둬야 삶의 보람과 의미를 찾는다고 생각한다. 하지만 큰 성공을 이룬 사람들도 단번에 목표를 달성하고 남들이 부러워할 만한 성과를 낸 것은 아니다. 그들의 인생 곡선에도 무수히 많은 실패와 작은 성공이 있었다.

큰 성공을 달성하지 못한다면 우리의 노력과 삶은 무가치한 것일까? 그렇지 않다. 큰 성공만 성공으로 인정된다면 대부분의 사람이 성공을 이루지 못하고 포기하게 될 것이다. 지속의 힘을 얻을 수 없기 때문이다. 작은 성공은 어떤 일을 포기하지 않게 하는 중요한 매개체다. 작은 나무들이 모여 큰 숲을 이루듯 큰 성공을 위해서는 작은 성공이 필수다. 백 번의 실패가 모여야 한 번의 작은 성공을 이루고, 백 번의 작은 성공을 거두어야 한 번의 큰 성공을 이룰 수 있다고 생각한다.

최종 목표는 크게 두되 그 과정에서 성공의 기준은 작게 잡아야 이루기 쉽다. 목표는 작을수록 달성하기 쉽고, 작은 목표가 이뤄져야 다음 목표를 또 이루고 싶어진다. 목표가 크면, 목표의 무게에 짓눌리기 쉽다. 하루아침에 수영 기록을 10초나 단축하는 일은 어렵다. 나 또한 그랬다. 남들보다 더 빨리 기록을 단축하고 제일 먼저 터치 패드를 찍고 싶어 늘 마음이 급했다. 그럴수록 오버페이스를 범하고 흐름을 놓쳐 전체 경기를 놓쳐버리곤 했다. 동료들이 기록을 단축하고 나보다 높은 시상대에 오르는 것에 좌절하고 화가 나기도 했다. 아무리 발버둥을 쳐도 10초를 단번에 줄이는 방법은 없었다.

그래서 10초를 작게 나눴다. 1초, 2초로 줄여서 최종적으로 10초를 줄이는 길을 택했다. 그러자 몸도 마음도 가벼워졌고 오히려 시간도 단축되었다. 경기를 망치는 일도 없었다. 작은 성공을 이루자 다음 목표까지 이루고 싶은 열망도 높아졌다. 보기에는 작은 목표였지만 결국에는 남들이 놀랄 만한 결과를 이루어내는 도전이었기에 작은 승리의 기억은 더 멀리 그리고 오래갈 수 있는 원동력이 되기도 했다.

한 번에 너무 대단한 일을 이루려고 하면 쉽게 포기하게 된다. 모든 일은 충분한 시간이 필요하다. 일확하겠다고 생각하는 순간, 보이지도 않는 결승선 너머의 것들을 상상하게 되면서 발걸음이 꼬여버린다. 멘탈이 무너지면 다시 패턴을 찾는 일도 어렵고 체력 부담은 더 늘어난다. 꾸준히 노력한다면 일정한 시간 안에 목표를 반드시 이룰 수 있다고 믿어도 좋다. 처음부터 목표치를 높게 잡거나 어려운 방법을 선택하면 쉽게 포기하게 되고 다시 시작하는 일은 더 어려워진다. 결국 성공은 작은 승리를 꾸준히 이룬 사람이 차지할 확률이 높다.

그토록 바라던 결과가 당장 나타나지 않으면 마음이 초조해지고 걱정부터 앞설 것이다. 하지만 세상의 그 어떤 일도 충분한 시간 없이는 이루어지지 않는다. 모든 일에는 그 일에 맞는 시간과 노력이 필요하다. 큰 성공은 그만큼 더 많은 땀의 과정을 필요로 한다. 그러므로 결과가 쉬이 나오지 않는다고 해서 초조해하기보다 삶에 주어진 미션들을 해내며 인내하는 태도를 지녀야 한다.

작은 성공을 경험했다면 다음 성공을 이루는 일에 주저하지 말아야 한다. 우리의 마음은 기회만 된다면 그 자리에 눌러앉고 싶어 한다. 그럴수록 작은 승리의 기쁨을 떠올리며 다음 목표를 위해 도전해야 한다. 그렇게 승리가 모이고 모이면 어느새 최종적으로 이루고자 했던 성공이 눈앞에 다가와 있을 것이다. 목표를 달성하는 데 지름길은 없다. 행운도 자신의 길을 착실히 걷고 있는 사람에게만 기꺼이 자기를 내어준다는 사실을 잊지 마라.

검이 짧으면 일보 전진하라

자신이 처한 상황을 부정적으로만 생각하는 습관을 가진 사람들이 있다. 그들은 놀라울 정도로 자신이 안되는 이유를 잘도 찾아낸다. 이런 태도를 지닌 사람은 제아무리 신식 무기나 견고한 방어구를 가지고 있다고 한들 절대로 승리할 수 없다. 시작하기도 전에 이미 진 상태이기 때문이다.

자기 자신의 능력을 이성적으로 판단하고 세상을 냉철하게 볼 줄 아는 자세는 중요하다. 하지만 그래서 무엇을 바꿀 수 있는가? 우리를 성장시키고 더 나은 곳으로 데려가는 힘은 환경을 극복하고 불가능에 도전하겠다는 뜨거운 마음에서 비롯된다. 도전하지 않는 것, 현실에 안주하는 것, 변화를 도모하지 않는 것, 위기를 무시하는 것처럼 당신이 환경을 탓하며 타성에 젖을 때 적들은 승리의 축배를 든다.

인종차별, 정체성 혼란, 미 해사 지원 실패, 대한민국 해군으로의 선회 그리고 헤이터Hater들의 공격 …. 나에게 이런 일들이 발생했을 때, 오히려 잘된 일이라고 스스로를 독려했다. 나에 대한 강건한 믿음을 가지고 본질에 조금 더 가까이 다가가고자 했다. 내가 UDT와 미 SEAL이라는 목표를 달성했기 때문에 군인이 된 후로는 어려운 시절이 없었다고 생각할 수도 있겠다. 하지만 군인이 되어서도 나를 곤경에 빠뜨리는 상황은 늘 있었다.

나는 아주 어릴 때부터 군인을 동경해왔고, 본격적으로 군사학을 공부하면서 강한 군대를 만드는 데 관심이 많았다. 그래서 임관 후 비효율적이고 비전술적인 시스템을 바꾸려고 상부에 수없이 건의했지만 생각처럼 쉬운 일이 아니었다.

오히려 당시 지휘관은 나의 진취적이고 도전적인 태도를 부정적으로 평가했다. 그 어떤 일이든 우리 군의 현실과 맞지 않는다면서 나의 뜻을 관철하지 못하도록 막아섰다. 하지만 온갖 시련을 이겨내고 이 자리까지 오게 된 나에게 그런 말이 먹힐 리가 없었다. 나는 그런 말을 들을 때마다 더 강해졌고, 할 수 있는 것들을 해냈다.

검이 짧으면 일보 전진하라는 말이 있다. 주어진 상황을 극복하라는 의미다. 우리가 태어나면서부터 부여받은 환경은 어찌할 도리가 없다. 그것은 그 누구의 탓도 아니며 조금 어려운 상황일 뿐이다. 이미 정해진 환경을 바꿀 수 없다면 앞으로 다가올 상황을 바꿔야 하지 않겠는가. 안 되는 이유를 찾을 시간에 될 방법을 고민하는 게 더 건설적이다. 오히려 인간은 위기의 순간에 비범한 능력을 발휘하게 된다는 걸 기억해야 한다.

질문 하나를 하고 싶다. 현재의 상황이 별로 좋지 않다고 당신의 삶을 새드 엔딩으로 끝마칠 작정인가? 결코 그렇지 않을 것이다. 당신이 해피 엔딩을 바란다는 것을 나는 알고 있다. 어쩌면 그 마음이 당신의 삶을 급격하게 성장시킬 자양분이 될지도 모른다. 고로 당신의 배경 때문에 지레 겁먹을 필요는 없다. '시작이 반'이라는 말은 시작의 중요성을 뜻하지만, 나머지 반만 채우면 된다는 뜻으로 해석할 수도 있다. 목표만 놓지 않으면 당신의 상황은 그리 문제되지 않는다.

한 가지 분야에서 성공을 거둔 사람들을 보면, 극한의 상황을 이겨낸 그들만의 비법이 있다. 바로 어떠한 상황에도 굴하지 않는 강한 멘탈이다. 목표라는 그 지루한 종점까지의 과정을 견뎌내기 위해 가장 필요한 요소다. 무엇보다 자신의 신념에서부터 비롯된 강한 멘탈이 필요하다.

꿈은 원대하게 갖되 그 실천 방법은 간단하고 구체적인 것에서부터 시작해라. 당신에게 주어진 상황을 핑곗거리로 삼지 마라. 하면 된다는 마음으로 목표를 향해 부단히 나아가야 한다. 다른 사람의 검은 길고 나의 검은 짧다는 것에 집중하면, 미래는 두려운 것이 된다. 이런 마음은 모든 일을 복잡하고 어렵게 만든다. 알면서도 속는 함정 같은 것이다.

당신의 목표는 긍정적인 자세로 건강하게 달성되어야 한다. 당신이 성공한 모습을 마음껏 상상하는 것도 도움이 된다. 경기에서 우승하거나 중요한 시험에서 최고 점수를 받는 일과 프로젝트를 성공적으로 완수해서 동료들의 환호를 받는 순간을 상상하라. 그로 인해 얻게 될 경제적 이득과 보상을 떠올리는 것도 중요하다.

승리는 누구나 거둘 수 있고 작은 승리는 생각보다 쉽게 찾아오기도 한다. 문제는 승리의 순간을 즐기고 그것을 목표 달성을 위한 원동력으로 만드는 일이다. 작은 성공을 반복하다 보면 그보다 더 큰 성공을 이룰 수 있다는 자신감이 생긴다.

지금 아무것도 하지 않고 남들보다 이룬 것이 없다고 좌절하거나 조바심을 가질 필요는 없다. 급할수록 마음을 다잡고 자기 자신에게만 집중하자. 내가 정말 원하는 것이 무엇인지 생각하고 나서 다시 출발해도 늦지 않다. 그리고 목표를 이루고 얻게 될 만족과 보상에 대해서 표현하는 것을 주저하지 말자. 당신은 할 수 있고 반드시 원하는 뜻을 이루게 될 것이다.

오직 한 가지에 전념하라

우리가 한 가지 일에 끈기를 갖는 데 실패하는 이유가 하나 더 있다. 바로 목표에 전념하지 않기 때문이다. 전념은 머리와 몸 그리고 마음을 일치시키는 일이다. 이 세 가지를 하나로 만들지 못하면 기회와 성공은 당신 곁을 영원히 떠날지도 모른다. 전념하지 않는다는 것은 언제든 포기할 여지를 남기는 일이기 때문이다.

누구나 목표 하나쯤은 다 가지고 살아간다. 그런데 왜 당신만 안 된다고 생각하는가? 당신이 한 가지 목표를 품었다고 하더라도, 목표를 이루기 위한 구체적인 기획과 불같은 추진력이 없다면 그것은 목표라는 단어 안에 갇힌 개념일 뿐이다. 무엇보다 목표를 이루고 싶다는 간절한 마음이 없다면, 그 즉시 당신이 연거푸 말했던 목표는 거짓이 된다.

정신력과 집중력은 비슷한 말로 쓰이지만 조금 다르다. 정신력은 '정신적 활동의 힘'이라는 사전적 의미가 있고 우리의 자세와 태도, 사리를 분별하는 판단 능력도 포함된다. 집중력은 '마음이나 주의를 집중할 수 있는 힘'이라는 뜻이다. 정신력 안에 집중력이 포함되고 정신력을 유지하기 위해서는 집중력이 필요하다. 목표를 향해 오래 갈 수 있도록 하는 힘이 정신력이라면, 지금 바로 눈앞의 일에 마음을 쏟는 게 집중력이다.

실로 하나에 집중하기 어려운 시대다. 어느 하나를 이루겠다는 뜻을 세우더라도 현실적인 생각들로 몸이 주춤하게 된다. 그래서 많은 사람이 이것저것 해볼 만한 목표를 설정한다. 그러나 여러 가지 목표를 병행하면 삶의 피로도가 높다. 내가 여기서 말하는 목표는 인생에서 이뤄야 할 궁극의 목적을 의미한다.

독서나 운동 같은 삶의 질을 높이기 위한 목표들은 철저한 시간 관리를 통해 그것에 대한 집중도를 조절할 수 있다. 하지만 당신 삶의 이유가 되는 궁극의 목적에 대해서는 한순간도 집중력을 잃어서는 안 된다. 고도의 집중력을 지속하며 목적에 전념해야 한다.

자기 직업과 전문 지식에 강한 자부심이 있는 사람, 즉 프로 의식을 지닌 사람은 자신의 궁극적인 목표에 대한 심도 있는 통찰을 가지고 있다. 대부분 오랜 시간 강도 높은 훈련을 통해 이러한 능력을 갖는다. 이들은 오직 하나의 목표를 위해 자신의 머리와 몸 그리고 마음을 하나로 만든다. 일과 일상의 경계가 없으며 온 힘을 다해 목표에 집중한다.

한번은 ROKSEAL 채널을 통해 라이브 방송을 진행하는데 이런 질문을 받은 적이 있다.

"주말에도 일하면 힘들지 않으세요?"

항상 새벽까지 일하고 주말에도 스케줄이 꽉 찬 나를 걱정해주신 팬의 순수한 물음이었다. 나는 질문의 요지를 잘 이해하고 전혀 힘들지 않다고 답변했다. 자신이 좋아하는 일, 무엇보다 자신의 신념과 철학을 실현시키는 사람에게는 시간이나 요일이라는 개념이 존재하지 않는다. 시간과 요일은 오직 약속과 데드라인을 위해서만 필요하다.

자신의 일에 전념하며 프로 의식을 가진 사람에게 이런 개념이 없는 이유는 사회적 책임을 자각하기 때문이다. 자기가 하는 일이 사회를 구성하는 단 한 사람에게라도 영향을 끼친다면, 그 일은 사회적 책임이 있는 일이다. 그리고 대부분의 일이 이 범주에 속한다. 그럼에도 대부분의 사람이 자기 일에 프로 의식을 느끼지 못하는 건 전념하지 않았기 때문이다.

내가 함께했던 전우들, 특히 지금 이 시간에도 국가와 국민을 위해 헌신하고 있는 군인들은 작전 투입 전에 목숨을 잃을 수도 있다는 최악의 상황을 가정하고 작전에 임한다. 늘 죽음을 상기한다는 건 전념에 큰 도움이 된다. 목숨까지 걸 수 있다면 더 이상 두려운 일이 무엇이 있겠는가. 죽을 각오로 임했기에 그만큼 집중력도 높아져 임무를 완수할 수 있는 것이다.

물론 당신도 군인처럼 살라는 이야기는 아니다. 자신의 삶에 대해 애정을 갖고 아주 조금만 더 미쳐보라는 조언이다. 모르긴 몰라도 죽기 살기로 당신의 일에 몰입하는 것은 당신에게 기존에는 느낄 수 없었던 강한 긍지를 심어줄 것이다.

목표를 위해 전념할 때 한 가지 주의해야 할 사항이 있다. 바로 조바심을 갖지 않는 것이다. 조바심은 사람의 마음을 나약하게 만든다. 우리말의 조바심은 농사에서 비롯되었는데, 바로 조 이삭을 털어내는 일을 말한다. 그런데 조의 이삭은 얼마나 질긴지 잘 떨어지지 않는다. 그래서 시간과 노력만 많이 들고 마음대로 되지 않아 마음이 조급해진다. 조바심을 갖는다고 일이 잘되는 것은 아니다. 오히려 급한 마음에 일을 그르칠 수 있다. 마음에 조바심이 든다면 무작정 앞으로 나아가기보다 잠시 멈추고 심적 상태를 환기시킬 필요가 있다.

성공한 사람들도 슬럼프를 겪는다면 당신은 믿겠는가? 돈만 많으면, 승진만 하면 아무 걱정 없이 살겠다고 입버릇처럼 말하는 사람은 믿지 않을 수도 있다. 하지만 성공한 사람들도 슬럼프를 겪는다. 다만, 그들이 쓰러지지 않는 이유는 슬럼프를 지혜롭게 극복하기 때문이다.

흔히 어려운 일을 겪거나 해결하기 힘든 상황에 맞닥뜨리게 되면 그대로 주저앉거나 도망친다. 모든 게 끝났고 이 난관을 극복할 방법이 없다고 생각하기 때문이다. 하지만 성공하는 사람들은 그 상황에서 앞으로 나아가려고 발버둥치지 않는다. 더 나아가려고 힘 빼지 않는 것, 이게 바로 핵심이다.

이런 모습을 실패라고 생각할지도 모르겠지만, 그들은 단 한 가지 목표에 전념하는 것을 잊지 않는다. 고난의 길을 걷고 있다고 해서 포기하지 않는다는 말이다. 성공한 사람들도 매일이 생존을 위한 무한 경쟁이다. 하지만 어려움을 딛고 단 한 가지에 전념하겠다는 투지가 있는 그들에게 실패가 범접할 틈은 없다.

투사의 정신

너희도 만일 피가 있고 뼈가 있다면

반드시 조선을 위하여

용감한 투사가 되어라.

태극의 깃발을 높이 드날리고

나의 빈 무덤 앞에 찾아와

한 잔 술을 부어 놓으라.

그리고 너희들은

아비 없음을 슬퍼하지 말아라.

_윤봉길, '강보襁褓에 싸인 두 병정兵丁에게' 중에서

이 글은 매헌 윤봉길 의사가 중국의 홍커우 공원에서 죽기로 결심하고 나서 쓴 편지다. 일제의 만행을 전 세계에 규탄하고, 나라의 독립을 위해 거사를 치르겠다는 투사의 결단을 내린 것이다. 결단 후, 청년 윤봉길의 눈에는 이제 갓 피를 걸어낸 두 아들이 아른거렸다. 그리고 아비로서 붓을 들어 위대한 유산을 남겼다. 그것은 오로지 부모만 줄 수 있는 정신적 기백이었다.

윤봉길 의사는 1932년 4월 29일, 일본군 적장을 향해 폭탄을 던지고 순국하기까지 의연한 모습을 잃지 않았다. 심지어 재판 중 최후의 발언 때에는 "사형은 이미 각오했으므로 하등 말할 바 없다"라고 말하며, 재판장을 술렁이게 만들었다.

그가 죽음 앞에서 그토록 당당할 수 있었던 이유는 무엇일까? 그것은 목숨과 맞바꿔서라도 승리를 쟁취하겠다는 투사의 정신 때문이었다. 아들들에게 남긴 편지를 읽다 보면, 윤봉길 의사의 투지와 기백에 압도된다. 그리고 한 가지 메시지가 가슴에 강렬하게 남는다. 바로 투사의 정신으로 살아야 한다는 것이다.

나는 어렸을 때부터 지는 게 너무나 싫었다. 조금이라도 꼬투리가 잡히면 백인 동급생들이 하이에나처럼 몰려들었기 때문이다. 기질의 영향도 있었겠지만, 확실한 건 이런 상황에서 살아남으려면 내가 그들보다 잘하는 게 많아야 했다.

수영 선수로 활동하면서 승부욕은 더 강해졌다. 시합에서 라이벌에게 지거나 평소 기록보다 적게 나오면, 나 자신에게 실망할지언정 결코 좌절하거나 포기하지 않았다. 오히려 그 상황에 더 자극을 받아 더 많은 시간을 연습했다. 최선을 다했으면 그걸로 충분하다는 식의 위로를 스스로에게 하지 않았다. 나는 이번에 졌지만 다음에는 반드시 이기겠다는 승부욕으로 불탔다.

승부욕의 이면에는 인간의 생존 본능이 담겨 있다. 문명사회 이전의 인간에게 패배는 곧 죽음을 의미했다. 현대사회로 넘어오면서는 죽음에 대한 걱정은 많이 사라졌지만, 그렇다고 생존의 본질까지 사라진 것은 아니다. 어쨌든 살아남아야 하는 건 같기 때문이다.

하지만 이런 승부욕도 올바른 가치관이 정립된 상태에서 발휘해야 삶이 좋은 쪽으로 흘러갈 수 있다. 오로지 승리에 눈이 멀어 맹목적인 승부욕을 가진 사람은 삶이 피폐해질 수밖에 없다. 그런 사람들의 특징은 강자에게는 약하고 약자에게는 강하다는 것이다. 승리를 위해서는 무엇이든 할 수 있다고 생각하며, 필요하면 불법도 자행한다. 이런 승부욕은 필히 삶을 좀먹는다.

윤봉길 의사는 도덕적인 가치관과 옳은 일을 한다는 신념을 기반으로 투사의 정신을 발휘했다. 우리의 삶도 반드시 이래야 한다. 승부욕이란 그 누가 보더라도 합당하고, 고개를 끄덕일 수 있을 만한 가치를 담아야 한다. 그런 정신이라면 어느 누구라도 당신을 지지하고 응원할 것이다. 절대로 광란의 독주를 위해 광기를 부려선 안 된다.

목표를 이루는 과정에서 수많은 승리와 패배를 겪게 된다. 이 때, 건강한 승부욕이 필히 동반되어야 한다. 작은 가능성이라도 있다면 무엇이든 행동하라. 죽음 앞에서도 의연할 수 있는 당신만의 승부욕을 보여라. 투사의 정신으로 무장한다면 그 어떤 것도 못 할 이유는 없으며, 당신의 호기에 세상은 놀랄 것이다.

스스로 동기부여의
주체가 되어라

나만이 나를 구원한다

『칭찬은 고래도 춤추게 한다』라는 책에서는 3톤이 넘는 범고래가 환상적인 쇼를 펼칠 수 있는 이유에 대해 '고래 반응'이란 개념으로 설명한다. 이는 범고래가 쇼를 멋지게 해냈을 때는 즉각적으로 칭찬하고, 실수를 했을 때는 질책하는 대신 격려하고 긍정적인 방향으로 이끄는 방식이다. 이게 바로 바다의 포식자로 알려진 거대한 범고래가 환상적인 점프와 쇼를 펼칠 수 있는 이유다.

칭찬이 비단 고래에게만 긍정적 효과를 주는 건 아니다. 사람도 인정과 칭찬을 통해 강한 동기부여를 얻는다. 포기하고픈 결정적 순간에 의지를 심어줌으로써 다시 시도할 수 있도록 독려할 수 있다.

솔직히 말해 유년 시절부터 학창 시절까지 누군가에게 칭찬을 들은 기억이 거의 없다. 학교에서 늘 문제아 취급을 받다보니 칭찬보다는 꾸지람을 듣는 시간이 더 많았고, 나의 뇌리에는 그런 기억들이 깊이 박혀 있다. 부모님께도 기억에 남을만한 칭찬을 들은 적이 없다. 아버지께서는 보통의 한국 아버지들처럼 과묵하셨다.

어머니는 내가 어떤 일에 적극적으로 나서거나 남들 사이에서 튀는 일을 하는 걸 좋아하지 않으셨다. 내가 한국에서 임관했을 때도 절대 남들 앞에 나서지 말라고 조언하셨다. 전역하지 말고 안정적인 삶을 살라며 강한 어조로 말씀하셨다. 그런 어머니의 마음은 충분히 이해했지만, 한편으로는 왜 나를 믿어주시지 않는지 서운하기도 했다.

칭찬은 고래도 춤추게 했지만 나에게는 춤을 출 수 있는 기회가 주어지지 않았다. 누구나 칭찬만 받으면 고래처럼 수면 밖으로 비상하는 멋진 쇼를 할 수 있다는 게 부러웠다. 어느 날 나는, 나에게 용기를 불어넣어야 할 사람이 다른 누구도 아닌 바로 나 자신이라는 사실을 깨달았다. 그 누구도 나의 삶을 응원하지 않는다면, 내 삶을 이끌어가는 주체인 나라도 힘을 내야 한다고 생각했다. 스스로 동기부여의 주체가 되기로 한 것이다.

나는 스스로 동기를 부여하는 방법을 자연스레 터득해나갔다. 누군가 나를 칭찬하고 힘을 실어줬다면 불가능했을 일이다. 나는 살아야만 했고, 내 뜻을 반드시 이뤄야 했기에 내가 하고 싶어 하는 것을 찾고 그때마다 실천할 수 있는 방법에 대해 깊이 고민했다. 나의 생각을 행동으로 실천하면서 깊은 만족을 느꼈다. 나에게 힘을 불어넣는 패턴과 즐거움을 찾으며 스스로 의욕을 불태웠다.

중학생이 되자마자 초등학생을 대상으로 수영 과외 아르바이트를 시작했다. 뉴욕에서 한인 학생을 대상으로 한글을 가르치는 학원이 있었는데 스포츠도 함께 가르쳤다. 중학생이 아르바이트를 해봤자 얼마나 벌 수 있냐고 의아해할 수도 있지만, 당시 나는 시간당 50불을 벌었다. 꽤 큰돈이었다. 아르바이트로 얻은 수입은 거의 자기계발을 위해 사용했다. 나를 발전시키는 것, 이를 통해 내가 성장하고 있다는 기운을 느끼는 일도 동기부여 방법 중 하나였다.

얼마간의 돈이 모이자 나는 주저하지 않고 서바이벌 게임 동호회에 가입했다. 총기 관련 서적을 탐독하고 모의 병기를 다뤄보며 많은 지식이 쌓인 상태여서, 실질적인 현장 감각을 경험해보고 싶었다. 내가 가입한 곳은 회원 수가 100여 명이 넘는 꽤나 큰 동호회였다. 주로 백인이 많았지만, 나처럼 이민을 오거나 교포인 사람들도 제법 있었다. 흔히 '밀리터리 덕후'라고 불리는 백인 남성들이 많았는데, 군 출신도 있었고 나처럼 군인이 되고 싶어 하는 학생들도 있었다.

처음에는 페인트볼을 삽입하는 병기를 사용했다. 나중엔 실력이 향상해 비비탄 총기를 사용했다. 시간이 지나면서 헬멧부터 방탄복, 탄창, 소총과 액세서리 그리고 동호회 작전복과 작전화까지 장비를 제대로 갖췄다. 장비를 하나하나 맞춰간다는 것 또한 나를 들뜨게 만들었던 순간이었다. 직접 땀 흘려 번 돈으로 장비를 구입했기에 더 큰 애착을 느꼈다. 매주 서바이벌 게임 장소가 변경되어 거리가 상당한 곳도 있었지만 그건 별로 중요하지 않았다. 참석할 때마다 군인이 되고 싶다는 열망이 더 커져갔기 때문이다.

그곳에 모인 사람들 모두가 밀리터리 추종자들이었다. 밀리터리와 관련 있는 책, 영화, 병기, 전략, 전술 등을 공유하며 서로가 서로를 성장시켰다. 나는 내가 좋아하는 것을 누군가도 이렇게 좋아할 수 있다는 사실에 놀랐고, 모임에 나가면 나갈수록 나 자신이 무엇이라도 된 것 같은 기분이 들었다. 한때는 정말로 작은 존재였지만 나도 왠지 의미 있는 일을 할 수 있을 것 같은 확신이 생겼다.

고등학생이 되어 미 서부로 넘어와서는 수영장 안전 요원으로 활동하며 돈을 벌었다. 그때는 서바이벌 게임 동호회를 그만두고 새롭게 종합격투기를 배웠다. 군인이라면 병기가 없는 상황에서 생존할 수 있는 기술이 필요하다고 생각했다. 당시 이소룡의 파트너이자 영화배우로 알려진 댄 이노산토의 도장에서 MMA^{Mixed Martial Arts}를 2년간 수련했는데, 삶의 많은 것을 깨달았던 시간이었다. 힘들었지만 너무나 즐거웠고 무엇보다 나의 꿈에 조금씩 가까워지고 있다는 걸 느낄 수 있었다.

서바이벌 게임이나 MMA 도장에 다녔던 것은 유년 시절 누구나 겪었을 단순한 경험일 수도 있다. 하지만 나에게는 군인, 미 SEAL이 되기 위한 하나의 과정이었다. 무엇보다 나를 다독이며 꿈을 포기하지 않을 수 있었던 동기부여 방법이었다. 나는 이런 식으로 그 누구도 기대하지 않는 나의 삶을 스스로 기대하고 지지했다.

사람들은 대부분 타인에게 자기의 삶과 미래를 응원 받지 못하면 속수무책으로 무너진다. 타인의 공감을 얻지 못하면 최악의 상황이라고 판단하기 때문이다. 당신은 강한 존재다. 삶을 생존 상태로 유지하는 것은 타인의 달콤한 언행이 아니라 우리 안에 있는 내적 의지다. 타인이 인정하지 않는다고 하여 당신의 삶이 무의미해지는 건 아니다.

그러므로 스스로 동기부여의 주체가 되어라.
그리고 나만이 나를 구원한다는
이 뜨거운 진리를 잊지 않길 바란다.

동기부여는 전염된다

누군가에게 긍정적인 자극을 주어 기대 이상의 행동을 이끄는 것은 가치 있는 일이다. 타인에게 동기를 부여할 줄 아는 사람은 이미 자기 삶의 주체로 살아가는 사람이다. 나뿐만 아니라 나와 연관된 사람에게 용기를 주는 일은 도전을 조금 더 아름답게 만들 수 있다. 이는 한 단계 높은 수준의 삶을 추구하는 것이며, 인간으로서 연결의 중요성을 이해할 수 있는 좋은 기회가 된다. 그래서 타인을 독려하고 가슴에 뜨거움을 주는 일을 반드시 경험해봐야 한다.

우리는 어떻게 살아야 하는지를 끊임없이 고민한다. 그리고 대부분의 이야기는 하나로 귀결된다. 결국 모든 일은 사람이 한다는 사실이다. 이런 사실을 인생의 항해에서 길잡이로 활용하면 어떤 깨달음을 얻을 수 있을까? 진정한 의미의 성장을 위해 나 혼자만 잘 사는 것이 아닌 모두의 행복을 도모하게 될 것이다. 그렇게 함으로써 우리는 조금 더 의미 있고 훨씬 가치 있는 삶을 살게 된다.

중학교 때부터 프로 수영팀에서 활동하면서 동기부여의 중요성을 체감했다. 프로 수영팀은 교내 수영팀과는 수준 자체가 달랐고 훈련의 강도나 성적에 대한 압박도 컸다. 중학교와 고등학교 프로팀의 차이도 엄청났다. 프로팀의 강점은 막강한 라이벌들이 존재한다는 사실이었다.

내가 몸담았던 고등학교 수영팀에는 네 명의 동급생 라이벌이 있었는데 실력은 엇비슷했다. 다만 누가 그날 컨디션이 좋았느냐에 따라 매번 순위가 바뀌었다. 덕분에 일어나는 긴장과 승부욕은 동기부여 그 자체였다. 당시 나는 LA에서 개인 랭킹 1위를 달리고 있었고, 단체전에서만 좋은 성적을 거둔다면 다른 소원이 없을 정도였다.

나를 포함한 라이벌들은 개인별 경기를 마치면 한 팀이 되어 단체 경기에 참가했다. 네 명이 한 팀을 이루어 자유형으로 헤엄치는 계영 경기였다. 팀으로 이룬 최고 성적은 그다지 좋은 성적이 아니었다. 더 큰 목표를 위해서는 분발해서 반드시 상위권에 진입해야 했다. 어려운 순간이 많았지만 감사하게도 우리 팀은 서로 협동하여 결선까지 오르게 되었다.

캡틴이었던 나는 시합 전에 항상 팀원들을 불러 모았다. 개인 경기 전에는 약간의 긴장을 유지하며 레이스 외의 다른 생각들은 떨쳐버리도록 자신만의 시간을 갖는다. 오로지 경기에만 집중할 수 있도록 환경을 조성하는 것이다. 하지만 단체 경기에서 집중하는 방식은 조금 달랐다. 나는 캡틴으로서 팀원의 상태를 확인하고 승리를 위해 동기를 끌어올리는 일도 해야 했다. 나는 팀원들에게 예선전에서 팀원들이 펼쳤던 레이스에 대한 의견과 더불어 이번 결선에서 우리가 해야 할 것들에 대해 이야기했다. 그리고 딱 세 가지의 동기를 심어줬다.

첫째, 자신의 능력을 믿고 최선을 다할 것.
둘째, 다음 주자를 믿을 것.
셋째, 우리는 반드시 우승할 것.

군이 따로 설명할 필요가 없는 메시지였다. 우리는 팀으로서 모든 주자가 최고의 기록을 내야만 전체 결과도 좋을 수 있었다. 개인 경기에서는 우리 모두 라이벌이었지만 지금 이 순간만큼은 하나라고 생각하는 강한 소속감도 중요했다. 혼자서 욕심 부린다고 될 일이 아니었기 때문이다. 나는 서로에 대한 믿음을 강조했고 팀원들에게 할 수 있다고 말했다.

경기장으로 입장하려고 기다리던 중에 나는 팀원들의 이름을 한 번씩 부르며 "오늘은 우리가 만들 수 있는 최고의 날이 될 것이다"라고 말했다. 팀원들의 눈빛은 평소보다 빛났고 의지에 차 있었다. 마지막으로 손을 모아 서로를 격려하며 힘을 모았다. 좋은 예감이 들었다. 사실 결과가 좋지 않더라도 상관없었다. 이미 우리의 기세만큼은 우승한 것이나 마찬가지였다.

나는 첫 번째 주자였는데 내 역할이 정말 중요했다. 그래서 작전을 짰다. 팀에서 내가 제일 좋은 기록을 가지고 있어서, 경기 초반에 상당한 격차를 벌린 후 팀원들의 심적 부담을 줄이는 게 작전이었다. 하지만 아직 레이스가 시작한 게 아니었기 때문에 낙관하기는 일렀다. 마지막으로 숨을 깊게 들이 마시고 휘슬이 울리는 순간 스타팅 블록을 강하게 차고 점프했다.

나는 손끝이 물에 닿는 느낌을 받자마자 무아지경이 되었다. 옆 레인 주자가 시야에 들어왔다 사라졌다를 반복했다. 어느 순간 주자가 보이지 않았고 반환점을 돌아 터치 패드에 가까워질수록 격차가 벌어지기 시작했다. 수영은 보통 옆 레인에 주자가 있어야 속도가 빨라지지만, 나는 오히려 옆 주자가 시야에서 사라졌다고 느끼자 속도가 더 빨라졌다.

1위로 터치 패드를 찍고 퇴수해 기록을 살펴보았는데 좋은 예감이 들었다. 팀원들도 옆 라인의 주자가 없는 상태로 질주했다. 이대로라면 팀 신기록도 가능해 보였다. 마지막 주자를 함께 기다리며 서로 어깨동무를 했다. 주자를 믿고 진심을 다해 응원했다. 서로가 라이벌이라는 생각은 잊고 한 팀이 되었다. 1위로 들어오는 마지막 주자를 보며 심장이 요동치기 시작했다. 다행히 이변은 없었고 1위였다. 우리는 환호성을 질렀다. 팀 최고 기록을 경신했다.

타인에게 따뜻한 칭찬을 받아본 적이 없는 나였지만 이상하게도 나는 타인을 인정하고 칭찬하는 데 인색하지 않았다. 스스로 동기부여의 주체가 되며 신뢰라는 게 얼마나 중요한 것이지 알았던 것 같다. 나에 대한 신뢰가 다른 사람에 대한 신뢰로 이어져 팀 단위의 활동에서 좋은 성적으로 이어질 때가 많았다.

동기부여는 눈에 보이지는 않지만 전염된다. 내가 흔들리지 않고 굳게 서 있으면 주변 사람들도 그렇게 된다. 처음에는 왜 그렇게까지 강하게 살아야 하는지 의아해하지만, 결국

엔 그들도 강해져 있다. 그래서 만약 당신이 조직의 일원이라면 불만과 불평, 저주 등 부정적인 것들과 손절해야 한다. 당신의 태도에 따라 목표에 대한 동료들의 애착이 달라지기 때문이다.

마차에 네 개의 바퀴가 달려 있고 당신이 이 바퀴 중 한 개라면, 타인에게 동기를 부여한다는 것은 다른 세 개의 바퀴에 추진력을 더하는 일이다. 중요한 건 세 개의 바퀴가 추진력을 얻으면서 당신 또한 또 다른 의지를 얻는다는 것이다. 그러므로 당신이 목표를 향해 나아가는 데 타인과 협력해야 한다면 이 말을 반드시 기억하길 바란다.

멋진 놈이 돼라

나는 VMI에 입학하기 전까지만 하더라도 타인의 조언을 주의 깊게 듣지 않았다. 안 그래도 생존을 위해 치열한 경쟁을 벌이던 때에 누군가의 조언에 귀 기울이는 걸 시간 낭비라고 여겼다. 오히려 누군가의 조언을 나에 대한 시기심이라고 여겼다. 하지만 그 결과는 생각보다 처참했다. 장애물을 맞닥뜨렸을 때 능히 해결할 수 없었던 적이 있었기 때문이다.

성공의 거센 물결을 타는 건 생각보다 매우 간단한 일이다. 바로 당신의 심장을 뜨겁게 달구는 롤 모델을 그대로 따라 하는 것이다. 당신이 최종적으로 원하는 모습에 가장 가까운 사람을 정하고 따라 하면 당신도 그처럼 될 확률이 높다. 성공하는 방법은 놀라울 정도로 쉽고 단순하다. 롤 모델을 따라 하는 것도 중요하지만 핵심은 얼마나 지속할 수 있느냐의 문제다. 시도 때도 없이 마음에서 일어나는 포기의 욕망을 통제할 수 없다면 아무런 의미가 없다.

롤 모델은 아득한 어둠처럼 느껴지는 꿈을 밝게 만드는 사람이다. 또한 당신 안에 잠든 진정한 강자를 깨워주는 사람이다. 그래서 당신의 인생에 나침반이 되어줄 롤 모델을 반드시 찾아야만 한다. 그들이 이미 이룬 성공 법칙을 벤치마킹하는 게 목표에 도달하는 지름길이다. 당신이 만약 성공하고 싶다면 이 점을 명심해야 한다.

VMI에 입학한 후 꿈에 조금 더 가까워진 느낌이 들었다. VMI는 4년 동안 철저하게 교내에서 지내야 한다. 흔히 생각하는 기숙사와는 전혀 다르고 군대의 병영 생활^{Barracks}에 가깝다. 외관은 중세시대의 성처럼 생긴 곳이었는데 침대도 없고 헤이^{Hay}라고 불리는 매트 한 장이 전부다. 원래 외박 자체가 거의 불가능하지만, 신입생은 1년간 외박이 아예 불가하며 매주 치르는 학과 시험에 매달려야 한다.

학업 공간 외에서 텔레비전을 보거나 음악을 듣는 것도 불가능하다. 수료해야 할 전공과목이 많고, 체력 단련을 포함한 군사훈련 강도도 세다. 또 교내 규칙이나 규율이 매우 엄격하여 입학생의 절반 정도만 졸업하는 것으로도 유명했다. 나는 이점이 아주 마음에 들었다. 아무나 할 수 없다는 것, 그게 나를 더 자극시켰다.

VMI 신입생은 딱 봐도 한눈에 알아볼 수 있다. 머리를 삭발하고 입학하기 때문이다. 신입생은 쥐Rat라고 불리는데, 이 별명은 1830년대 VMI 생도들과 함께 훈련했던 타 대학교 생도들이 VMI의 회색 유니폼을 보고 지었다고 한다. 신입생은 수업에 참석하기 위해 강의 장소로 가는 일조차 힘들다. 왜냐하면 수업에 가는 길에 상급 생도들이 가만두지 않기 때문이다.

상급 생도들은 신입생을 붙잡고 제자리에서 할 수 있는 체력 단련을 시키는데 무엇을 몇 시간 동안 시키든 무조건 따라야 한다. 오죽하면 신입생들 사이에서는 상급 생도들에게 몇 번 걸렸는지, 생각보다 일찍 풀려나 수업에 지각하지 않았다는 게 자랑으로 여겨질 정도였다.

신입생이 지켜야 할 또 다른 규칙이 있었는데 바로 교내 안에서는 통제된 길Rat Line을 따라 이동해야 한다는 것이었다. 상급 생도들은 전우애와 자부심을 심어주기 위한 규칙이라고 말했지만 신입생들은 이를 마치 고난의 길로 여겼다. 이 길을 지날 때는 언제든 상급 생도들의 검열에 성실히 임해야 했다.

구두는 반짝이는지 유니폼의 주름은 완벽하게 잡혀 있는지 검사했고, VMI 교가는 물론 사명과 가치에 대해서도 줄줄 외워야 했다. 그 어떤 미션과 질문을 받더라도 완벽하게 답할 준비가 되어 있어야 했다. 만약 외적 군기에 대해 꼬투리를 잡히거나 물음에 답하지 못하면, 언제 끝날지 모르는 체력 단련이 시작되었다.

그래도 이 정도는 양호한 편이었다. 말을 안 듣거나 벌점을 받은 신입생들은 상급 생도들에게 일주일에 한 번씩 신입생 투어를 받아야 했다. 말이 좋아 투어지 실상은 체력 단련과 다를 바 없는 얼차려였다. 나는 상급 생도들에게 책잡힌 적은 없었지만, 체력 단련을 너무 받고 싶어 자진해서 찾아갔다가 미친놈 소리를 듣기도 했다. 그때는 그런 생활조차 즐거웠고 꿈으로 나아가는 힘찬 동력이 되었다.

VMI 생활을 열심히 해낼 수 있었던 건 오랫동안 꿈꿔왔던 군인이 될 수 있다는 희망 때문이었지만 다른 이유도 있었다. 누가 보더라도 멋있는 몇몇의 상급 생도 때문이었다. 체력이면 체력, 공부면 공부, 외모면 외모, 인성까지 어느 하

VMI 생도 시절 신입생 교육

나 빠지는 게 없이 완벽했다. 신입생 동기들은 그런 상급 생
도를 배대스^{Badass}라고 불렀다. 배대스는 나쁜 의미가 아니라
끝내주게 멋진 사람을 뜻한다.

후배 생도들에게 추앙 받던 상급 생도들의 가장 강력한 힘
은 겸손에서 비롯되었다. 전교 체력 기록을 경신하고, 시험에
서도 늘 상위권을 유지했지만 절대 우쭐거리지 않았다. 만약
이런 사람들이 나의 상관이라면 죽음을 불사하고 따를 수 있
겠다는 생각이 들었다. VMI에 들어오기 전에는 오로지 군인
이 되는 것이 목표였지만, 훌륭한 상급 생도들을 보며 부하들
이 전장에서 믿고 따를 수 있는 군인이 되고 싶었고, 특히 국

가와 국민이 보기에 믿음직한 전사가 되고 싶었다.

내가 신입 생도 시절, 배대스를 보며 그렇게 되고 싶었듯이 당신에게도 그렇게 되고 싶은 그 누군가가 있어야 한다. 당신이 따르고 싶다는 마음이 생기기도 전에 이미 따르고 있는 사람이 진정한 롤 모델이다. 롤 모델을 정하고 그의 행적을 따르라. 포기하지 않는다면 최후에 당신도 그의 위치에 도달해 있을 것이다. 물론 롤 모델을 그대로 따라 하는 것에 그치지 않고 자신만의 길을 찾을 수 있다면 더 좋다.

이미 성공한 것처럼 행동하라

외부의 기준으로 자신을 판단하는 사람은 성공하기 어렵다. 그 무엇에도 흔들리지 않는 자기의 기준으로 자신을 판단해야 진정한 성공에 도달할 수 있다. 삶에 대한 자기의 기준이 약하면 포기가 빠르고 어떤 일을 시도하는 것에 두려움을 느끼게 된다. 자신이 중요하다고 생각하는 가치를 기준 삼아 단단해져야 외부로부터 유입되는 온갖 것들에서 자유로워질 수 있다. 자기 기준이 생존을 위한 원초적인 힘이 되는 것이다.

스스로 동기부여의 주체가 되는 마지막 방법은 이미 성공한 것처럼 행동하라는 것이다. 이는 외부의 기준으로부터 자신을 지키는 유용한 방법이다. 나는 군인이 되기로 마음먹고 열두 살 때부터 군화를 신고 다녔다. 한창 성장할 나이에 고집했던 군화 때문에 발은 아주 엉망이 되었지만, 당시 나에겐 군인이 되고 싶은 의지의 표현이자 상징이었다.

군화를 신으며 굳게 다져온 의지는 나를 UDT로 만들고 미 SEAL의 일원으로 만들었다. 나는 매일 아침 군화 끈을 매며 스스로를 군인이라고 생각했다. 그리고 삶에 대해 진지한 태도로 임하며 비장한 마음으로 전진했다. 임관하려면 많은 시간이 필요했지만 그것은 형식일 뿐 나의 마인드셋은 이미 군인이나 마찬가지였다.

이미 군인이 된 것처럼 행동했던 것은 외부의 기준을 쉽게 차단하는 나만의 기술이었다. 나는 군인이 되겠다고 다짐한 뒤로 단 한 번도 다른 생각을 한 적이 없었다. 오로지 한 가지 목표에 심취해서 매사에 열정을 쏟았고 남들에게 나의 이런 목표를 자랑스럽게 드러냈다.

이런 나를 남들이 이상하게 보더라도 상관없었다. 그들이 나의 인생을 대신 살아줄 것은 아니었다. 흔들림 없이 내가 맞다고 생각한 길을 가면 결과의 성패를 떠나 귀중한 깨달음을 얻었다. 처음에는 나를 이상하게 봤던 사람들도 나의 일관성 있는 태도와 투지를 보고 박수를 보내왔다. 인간이라면 당연히 가져야 할 도전 정신을 보여줬기 때문이다.

물론 나처럼 자신의 기준으로 삶을 이끄는 태도를 당신도 충분히 가질 수 있다. 당신이 만약 외부의 기준에 흔들리지 않고 자신만의 길을 묵묵히 걷고 싶다면 다음의 태도를 지니길 바란다.

첫째, 한계를 무시하라.
자신의 부족함을 아는 것과 한계를 규정하는 것은 다른 차원의 일이다. 단점은 내가 파악하고 극복해야 하는 객관적인 현실이다. 하지만 한계란 스스로의 가능성을 규정짓는 주관적인 기준이다. 대부분의 사람은 자신이 할 수 있는 것과 할 수 없는 것을 미리 정해둔다. 미리 정함으로써 할 수 없는 것은 아예 시도조차 하지 않는다.

도전하지 않는 사람은 실패하기를 두려워하고 그 모습을 남들에게 보이기 싫어하는 특징을 가지고 있다. 그래서 안정적인 길을 찾고 만약에 문제가 생기면 내가 아닌 환경이나 남을 탓한다. 내 경험에 의하면 이런 태도는 삶에 유익을 주지 못한다. 발전이 없기 때문이다.

실패는 누구의 탓도 아닌 자신의 문제다. 자신의 단점과 실패를 인정하고 나면 선택할 수 있는 길은 다양해지고 마음도 훨씬 편안해진다. 한계를 정하지 않는다면 실패해도 다시 도전할 수 있는 충분한 이유가 된다. 무엇보다 한계를 뛰어넘었을 때 느끼는 성취감과 감정은 또 다른 도전을 시도하게 만드는 원동력이 된다.

둘째, 완벽을 추구하라.

한계를 정하지 말라는 말의 의미는 현재에 안주하라는 뜻이 아니다. 정하지 않은 한계는 그 깊이와 끝을 알 수 없다. 그러므로 완벽에 가까워지기 위해 노력하고 자기 분야에서 최고가 되어야 한다.

누구나 도전하지만 아무나 달성할 수 없는 이유는 완벽해지려고 하지 않기 때문이다. 남들보다 압도적으로 앞서기 위해서는 그 누구도 범접할 수 없을 정도의 완벽을 추구해야 한다. 반드시 자신의 기준을 가지고 완벽해져야 한다. 그런 당신에게 누구도 함부로 말할 수 없을 것이다.

셋째, 타인의 말은 참고만 하라.

누군가 당신에게 부정적인 말을 했다고 의기소침해지거나 좌절할 필요 없다. 남들이 당신을 쓰러뜨리기 위해 하는 소리의 절반은 듣기 싫은 말이고 나머지 절반은 헛소리다. 듣기 싫은 말이란 자신이 숨기고 싶은 단점과 부족함에 대한 것들이다. 평생 같은 소리를 들어도 된다면 매번 그저 웃으며 넘기는 것이 편할 수도 있다. 하지만 그게 아니라면 그 말을 내가 극복해야 하는 1순위로 삼고 온 힘을 쏟아보자. 이는 다른 사람들이 뱉은 부정적인 에너지를 긍정적인 에너지로 바꾸는 방법이다.

참고한다는 것은 취할 것과 버릴 것을 가린다는 뜻이다. 같은 말도 상황과 화자에 따라 수용 여부가 달라질 수 있다. 그러나 중요한 건 당신이 느끼기에도 문제가 있는 부분은 과감하게 수용하라는 것이다. 반대로 문제가 없다고 생각한다면 당신의 뜻대로 밀고 나가라. 이미 성공한 것처럼 행동하고 세상을 향해 당차게 나아가라.

절대로
패닉하지 마라

미 SEAL 그리고 위기

미 SEAL이 되기 위한 훈련은 크게 두 가지가 있다. 해군 특수전 초급반인 BUD/S와 미 SEAL 자격 훈련으로 고공강하 교육이 포함된 SQT^SEAL Qualification Training다. 장교들은 BUD/S와 SQT 사이에 8주간 JOTC^Junior Officer Training Course라는 별도의 훈련을 받는다.

BUD/S가 본격적으로 시작하기 전에 3주간의 오리엔테이션이 있다. 아무런 준비 없이 BUD/S 과정에 들어가면 강도 높은 훈련에 충격을 받을 수 있어 입교 전 준비 단계라고 보면 된다. 오리엔테이션에는 4마일 기록 구보, 2마일 바다 수영, 장애물 코스 등이 편성되어 있고, BUD/S는 총 21주 동안 3단계로 나눠 진행된다. 1단계는 '베이직 컨디셔닝Basic Conditioning', 2단계는 '다이빙 Diving', 3단계 '랜드 워페어 Land Warfare'로 그 유명한 지옥주가 1단계 3주차에 진행된다.

SQT는 약 9개월 정도 진행되는데 이 과정에서는 본격적으로 특수전을 교육받기 위해 CQCClose Quarters Combat 등 전술 훈련을 배운다. 이렇게 총 62주의 훈련을 무사히 완수하면, 미 SEAL을 상징하는 휘장을 받고 정식 대원이 된 후 바로 작전에 투입될 수 있다.

사실 미 SEAL이 창설된 초창기에는 그 존재가 대중에게는 잘 알려지지 않아 특수부대원이 아니라면 잘 모르는 비밀스러운 부대였다. 그때까지만 해도 미국의 대표적인 특수부대는 그린베레였다. 하지만 1990년대에 미 SEAL이 매스컴과 영화에 등장하면서 '세상에서 가장 강력한 엘리트 특수부대'라는 대중적인 인지도와 인기를 얻게 되었다. 내가 처음 접한 미 SEAL 영화였던 〈특전대 네이비 씰〉도 그즈음 개봉했다. 영화 〈액트 오브 밸러: 최정예 특수부대〉는 미 해군의 전폭적인 지지를 받아 제작되기도 했다.

이러한 명성과 인기 덕분에 미 SEAL의 BUD/S 과정에 입소하는 것 자체가 엄청난 일이다. 입소하고 싶다고 아무나 할 수 있는 게 아니다. 전 세계에서 내로라하는 인재, 일명 슈퍼스타들이 지원한다. 그중에는 현직 군인도 있고 프로 운동선수부터 국가대표까지 소위 '강한 남자'임을 자처하는 사람들이 자신을 증명해 보이기 위해 줄을 선다.

매년 2만여 명이 넘는 지원자 중에서 1200명만이 BUD/S에 입소할 수 있고, 이 중에서도 극히 일부만 모든 과정을 수료하며 미 SEAL이 된다. 우스갯소리로 하버드 대학교보다 들어가기 어렵다는 말이나 미 SEAL이라면 세상에서 가장 강한 사람이라는 수식어가 어떤 측면에서는 틀린 말은 아니다.

그런 의미에서 이렇게 명예와 전통에 빛나는 미 SEAL 입소 기회가 나에게 주어졌다는 사실은 그 자체로 영광스러운 일이었다. 특히 대한민국 해군 장교로 임관하면서 사실상 미 SEAL이 된다는 것은 불가능하다고 생각했다. 하지만 너무나도 간절히 원했던 나에게 절호의 기회가 찾아왔고 나는 절대 포기할 수 없었다. 그날로 나는 훈련을 소화하기 위한 기초 체력을 쌓기 위해 강도 높은 운동을 시작했다.

그런데 문제가 생기고 말았다. 미 SEAL 입소를 2주 앞두고 오른쪽 무릎에 이상 증세가 나타난 것이다. 유년 시절부터 꿈꿔왔던 미 SEAL이었기에 잘 준비하고픈 마음이 강했다. 그래서 달리기 훈련을 많이 했다. 결국 매일같이 무릎을 혹사한 게 원인이었다. 계단을 오르내리거나 차에 타고 내리는 일조차 힘들었다. 빠른 시간에 치료하기 위해 별의별 방법을 시도해 보았지만 상태는 더욱 악화되었다. 입교할 수 있을지 걱정이 들기 시작했다. 시간은 얼마 남지 않았고 마음만 급해졌다.

무릎 통증을 줄이기 위해 나름의 처치를 했지만 내 선에서 할 수 있는 일이 아님을 직감했다. 그래서 무릎 치료에 일가견이 있는 병원을 수소문해 그리로 향했다. 많은 스포츠 선수들이 진료받았던 병원이라고 알려진 곳이었다.

나는 의사에게 곧 미 SEAL 훈련에 가야 해서 반드시 무릎이 치료되어야 한다고 말했다. 그 말을 들은 의사는 진지한 표정으로 지금 상태로는 미 SEAL 훈련은커녕 간단한 구보도 힘들 거라고 딱 잘라 말했다. 마음속에서 울분이 일어나기 시작했다. 어떻게 얻은 기회인데, 다시는 오지 않을 순간을 잃기 싫었다. 나는 의사에게 단호하게 말했다.

"저는 퇴교를 당하거나 설령 무릎을 다시 못쓰게 된다고 하더라도 무조건 갈 겁니다."

의사는 내 진심을 느꼈는지 재생 주사를 권했다. 무릎에서 피를 뽑아 재생한 뒤 다시 무릎에 넣는 원리였다. 슈퍼 무릎을 만들어준다는 말에 가진 돈을 모두 털어 양쪽 무릎에 주사를 맞았다. 마치 뱀파이어라도 된 것 같은 기분이 들었다. 그리고 얼마 지나지 않아 그토록 바라던 미 SEAL에 입소하기 위해 샌디에이고로 가는 비행기에 올라탔다.

정신이 육체를 지배한다

첫날부터 장애물 극복 훈련이 시작되었다. 미 SEAL의 장애물은 세계 최고의 수준과 난도를 자랑했다. 높은 곳으로 오르고 그곳에서 뛰어 내리고 매달리고 기어 다녀야 했다.

당시 내 무릎 상태가 어땠는지 궁금하다면 정말 예상 밖이었다. 슈퍼 무릎을 만든다는 주사까지 맞았지만 첫날부터 심한 통증에 걷기조차 힘들었다. 마치 날카로운 송곳으로 무릎을 계속 찌르는 것 같은 통증이었다. 일생일대의 소중한 기회였기 때문에 퇴소란 있을 수 없는 일이었다. 그래서 무릎 통증 따위는 나에게 아무것도 아니라고 생각했다. 더한 고통이 찾아오더라도 나를 막을 순 없었다.

그런데 장애물 극복 훈련을 하던 중 문제가 발생했다. 온전하지 못한 무릎 탓에 실수로 통나무 장애물에 갈비뼈를 부딪힌 것이다. 통증은 물론 숨조차 쉬기 어려웠다.

그때 교관이 성큼성큼 다가왔다. 나는 숨을 쉴 수 없다고 했지만 그는 아랑곳하지 않았다. 그는 나에게 '한국 군인이 이것밖에 안 되냐'고 소리 질렀다. 그는 한미연합훈련에도 여러 번 참가했던 교관이라 한국군의 실력과 패기를 잘 알고 있었다. 그런데 한국군 장교 한 명이 숨을 쉴 수 없다고 바닥에 죽치고 있으니 그의 마음이 오죽했겠는가. 그때 그의 결정적인 한마디가 나의 속을 뒤집어 놓았다.

"빌어먹을 드라마 퀸처럼 굴지 마!"Don't be a fucking drama queen!

그 한마디에 나는 자리에서 벌떡 일어났다. 한국 최고의 특수부대인 UDT 장교에게 드라마 퀸이라니 속이 부글부글 끓어올랐다. 이를 갈며 다시 장애물 위로 올라가 훈련을 마무리했다. 그 순간만큼은 고통이 느껴지지 않았다.

훈련을 마치고 엑스레이를 찍은 결과 갈비뼈 두 개가 부러졌다. 부러진 갈비뼈가 폐를 찌를 수 있어 위험한 상태였다. 사실, 갈비뼈가 두 개나 부러질 정도면 안전을 위해 강제 퇴소 사유였지만 나는 무조건 괜찮다고 했다. 훈련 내내 숨 쉬기가 힘들었다. 숨을 헐떡이고 통증 때문에 가슴을 움켜쥐면서도 훈련을 소화해냈다. 다행히 상태는 조금씩 나아졌다. 훈련을 하면서 저절로 갈비뼈가 붙은 거나 다름없었다.

미 SEAL 과정 중 커팅Cutting한 부츠

갈비뼈가 어느 정도 붙자 다음은 발이 말썽을 일으켰다. 정확하게 말하면 군화와 발뒤꿈치의 마찰로 생긴 물집이 문제였다. 너무 견딜 수 없어서 군화의 뒤꿈치 부분을 칼과 가위를 사용해 오려냈다. 뒤꿈치를 짓누르던 통증은 없어졌지만 그 때문에 군화 전체를 지탱하던 지지대가 없어지면서 무릎 통증이 심해지고 발바닥에 물집이 잡혔다.

열두 살 때부터 미 SEAL 교육생들이 훈련 때 신는 '베이츠 924 부츠'라는 군화를 신으며 단련된 발이었지만, 역시 미 SEAL의 훈련은 명성대로였다. 훈련을 마치고 오면 얼음찜질하는 게 필수였다. 효과는 미미했지만 어떻게든 부기를 가라앉혀서 다음 훈련을 소화해내는 데 집중했다.

나뿐만 아니라 동기들의 발도 문제가 많았다. 하루 종일 달리고 항상 물에 젖은 상태로 있으니 발이 성할 틈이 없었다. 그래서 동기들마다 자신만의 노하우로 군화를 개조했다. 군화를 길들이거나 깔창 교체는 기본이었다. 서로 방법을 공유하며 육체의 고통을 덜어내려고 안간힘을 썼다. 우리는 육체적인 고통을 모두 정신력으로 이겨내고 있었다.

정신이 육체를 지배한다고 말할 때면 미 SEAL 동기였던 웬디가 떠오른다. 웬디는 260여 명 동기 중에서 나이가 가장 어렸다. 열여덟 살로 고등학교를 졸업하자마자 BUD/S에 입소한 케이스였다.

훈련을 받다 보면 발 다음으로 문제가 많이 생기는 부분이 샅이다. 다리 안쪽의 마찰로 인해 쓸리거나 물집이 생기는 경우가 다반사였다. 그중 웬디의 경우는 상당히 심각했다. 웬디는 샅은 물론이고 성기 부위에 통증이 있었다. 훈련을 마치고 돌아오면 피범벅이 된 그의 속옷을 보고 모두가 기겁했다. 그 모습을 보고 있자니 내가 겪는 발과 가슴, 무릎 통증은 아무것도 아닌 일처럼 느껴졌다.

웬디는 자신의 상태가 교관들에게 알려지기를 바라지 않았다. 교관들이 알게 되면 안전상의 문제로 퇴교가 불 보듯 뻔했기 때문이다. 그는 늘 괜찮다고 얘기했고 우리와 함께 반드시 미 SEAL이 되겠다며 강한 의지를 보였다. 우리 동기들은 그 모습을 보며 감동했고 그 사실을 비밀에 부쳤다.

우리는 훈련이 시작되면 웬디를 대형의 가장 안쪽에 배치해 교관들이 볼 수 없도록 했다. 행군과 기동할 때도 마찬가지였다. BUD/S에 오기까지의 과정과 노력을 모두가 알고 있었기에 걱정을 하면서도 퇴교를 당하도록 둘 수 없었다. 그곳에 모인 모두가 그랬다. 각자 자기만의 이유가 있어 미 SEAL이 되려고 했고 이를 통해 다시 태어나고자 했다. 그래서 웬디의 마음을 잘 헤아릴 수 있었다.

위낙 특출난 동기들이 많아서 웬디의 모든 조건은 평균 이하에 가까웠다. 나이가 어려 경험이 부족했고 지식보다는 패기에 더 의존하는 스타일이었다. 하지만 그는 멘탈만큼은 누구보다 강한 친구였다. 내가 여태까지 만난 사람 중 정신이 육체를 지배한다는 말에 가장 적합한 사람이었다. 그는 끝내 BUD/S 과정을 모두 수료하고 우리와 함께 미 SEAL이 되었다.

육체의 고통을 정신력으로 승화하려는 시도는 삶을 지키는 최후의 보루다. 그래서 정신력이 강한 사람은 절대로 굴복하지 않는다. 정신력은 의식적으로든 무의식적으로든 당신의 삶을 성장시키는 강력한 무기가 된다. 미 SEAL에 입소한 교육생들이 육체의 고통을 감내하고 승리할 수 있었던 이유가 바로 여기에 있다.

당신이 고통 속에 있고 무엇보다 그 고통에서 벗어나고 싶다면 강한 정신력으로 무장해야 한다. 강한 정신력이란 죽어도 포기하지 않는 멘탈이다. 멘탈은 철저하게 당신의 의지로 생성되고 소멸된다. 당신이 얻고자 하는 최후의 목표를 고통에게 내어주지 마라. 모든 일은 고통이 뒤따르기 마련이며 고통 없이 얻을 수 있는 건 아무것도 없다는 사실을 기억하라.

지옥주, 체력이 아닌 정신력

미 SEAL의 지옥주는 굳이 설명하지 않아도 이름에서 풍기는 분위기로 훈련의 강도와 극한의 고통을 미리 유추할 수 있다. 기수마다 조금씩 차이는 있지만 보통 6일 동안 무박으로 고된 훈련을 진행한다. 우리 기수의 교관은 기분이 좋을 때면 아주 짧은 시간 재워주기도 했다. 동기들은 시간이 주어지면 곧바로 곯아떨어졌지만 난 자려고 안간힘을 써도 잠이 오지 않아서 거의 깨어 있었다.

지옥주는 미 SEAL의 전신인 NCDU^{Naval Combat Demolition Units}에서 시작되었다. NCDU에서는 인재를 뽑을 시간이 너무 촉박하여 극한의 상황을 겪는 일주일짜리 프로그램을 만들었다. 인간의 한계를 시험해볼 수 있을 정도로 힘든 코스였다. 이 과정을 버티는 사람은 10%도 되지 않았지만 이 프로그램의 진짜 목표는 짧은 시간에 보다 많은 사람들을 떨어져나가게 하는 것이었다. 전사에 적합한 인재를 빠르게 선발하기 위해서였다. 이 과정이 미 SEAL을 거치며 세분화되면서 훈련 과정이 길어지고 구체화되었다. 우리나라 UDT의 지옥주 훈련도 이를 토대로 만들어졌다.

UDT와 미 SEAL 지옥주 훈련은 비슷한데 조금 다른 점은 IBS^{Inflatable Boat Small}를 머리에 이고 훈련할 때, UDT는 산을 오르고 미 SEAL은 해변의 모래 위를 뛴다는 것이다. 당연히 강도는 UDT가 더 세다. IBS는 제2차 세계대전 당시 수중폭파팀이 사용했던 고무보트다. 미 해군이 사용하는 보트 중 가장 작은 사이즈지만 보기와 달리 무게만 100킬로그램에 달한다. 여기에 모래를 채우거나 교관이 올라가면 그야말로 지옥이 따로 없다. 지옥주 내내 6~7명이 한 팀이 되어 머리에 IBS를 이고 하루 종일 뛴다. 그것도 잠을 못 잔 상태에서 말이다.

흔히들 사람이 얼마 동안 잠을 안 자고 버틸 수 있을지 궁금해한다. 제2차 세계대전 중에 미 육군에서 군사적인 목적으로 얼마나 오랫동안 잠을 안 자고 버틸 수 있는지 군인들을 대상으로 실험했다.

그들은 하루에 단 1분의 수면도 허용되지 않은 채 계속 눈을 뜨고 있어야 했다. 대부분 이틀까지는 견뎌냈지만 사흘째에 이르자 녹초가 되었고, 나흘이 지나자 전원이 쓰러졌으며 몇 명은 정신착란 증세를 일으켰다. 1965년 스탠퍼드대학교 연구팀이 무려 11일간 잠을 자지 않은 사람의 사례를 발표했지만 의학계에서는 사람이 잠을 안 자고 버틸 수 있는 시간을 평균 3일로 보고 있다.

그렇기에 수면욕이 채워지지 않은 상태에서의 고된 지옥주 훈련은 교육생들에게 말 그대로 지옥 같은 기간이다. 지옥주를 버티기 위해서 가장 필요한 것은 강한 체력이라고 생각하지만 이는 잘못된 생각이다. 어느 정도 체력이 필요한 것은 맞지만 가장 중요한 건 정신력이다. 신체 및 운동 능력이 뛰어난 동기들도 지옥주를 견디지 못하고 탈락하는 경우가 매우 흔하기 때문이다.

BUD/S 클래스 장교가 '완벽한 SEAL 요원'이라고 표현한 동기가 있었다. 스타 운동선수 출신에 키도 크고 신체 조건도 완벽했다. 다른 동기들도 그를 미 SEAL에 꼭 맞는 사람이라고 평가했다. 하지만 지옥주가 시작하고 몇 시간이 되지 않아 그는 포기하고 말았다. 뛰어난 신체 조건과는 다르게 정신력이 이를 뒷받침해주지 못했다.

나는 이를 통해 체력과 정신력 중에서 우위에 있는 것이 정신력이라는 걸 깨달았다. 물론 멘탈의 중요성에 대해서는 다양한 훈련과 실전을 통해 익히 알고 있었지만, 모두에게 추앙받던 슈퍼스타의 포기 선언은 나에게 신선한 충격이었다.

260여 명으로 시작한 우리 기수는 지옥주를 거치면서 30여 명만이 살아남았다. 정말 놀랍지 않은가? 이미 나를 아는 사람이라면 〈가짜 사나이〉라는 콘텐츠를 통해 종을 치는 것의 의미를 잘 알고 있을 것이다. 미 SEAL 교장에는 곳곳에 종이 설치되어 있다. 교관은 교육생들이 아주 잘 볼 수 있는 곳에 종을 두고 끊임없이 내적 갈등을 유도한다. 특수전 요원으로 적합한 사람만 데리고 가겠다는 일종의 철학이 투영된 장치다.

포기하고 싶으면 각 훈련장이나 막사 앞에 설치된 종을 세 번 치면 된다. 종을 바라보게 되는 건 체력적인 부담 탓이지만 종을 치게 만드는 건 정신력의 한계 때문이다. 종은 곧 포기를 의미하는데, 나는 미 SEAL을 수료하고 UDT 대원을 양성하는 전문교육대장으로 임무를 수행할 때 이 문화를 벤치마킹했을 정도로 종을 중요하게 생각했다.

종을 칠지 말지 교육생들에게 내적인 싸움을 일으킴으로써 결국 이 싸움의 핵심은 나와의 전투라는 걸 깨닫게 해주고 싶었다. 나를 이겨내는 것만큼 강한 자부심을 주는 일도 없기 때문이다. 많은 교육생이 한 순간의 판단으로 종을 치지만 그 결과는 생각보다 충격이 크다. 그래서 다음 기수에 다시 도전하는 경우가 많았다.

정신력은 목표 달성의 과정에서 큰 부분을 차지한다. 아무리 힘든 훈련이라고 해도 총탄이 날아다니고 폭탄을 실은 자동차들이 돌진하는 실전에 비하면 아무것도 아니다. 지옥주를 버티지 못한 사람이 그보다 상황이 더 안 좋은 전장에서 위험을 무릅쓰고 동료의 목숨을 구할 수 있을까? 나는 불가능하다고 본다.

신체 조건이 훌륭한 사람을 숱하게 봤지만 생존을 위한 필수 조건은 정신력이라고 말하고 싶다. 급변하는 상황에 유연하게 대처하고 고통스러운 순간에 포기하지 않아야 생존할 수 있다는 말이다.

패닉은 곧 죽음이다

우리는 실패라는 단어를 두려워한다. 실패 후 경험하게 되는 좌절감과 절망감을 피하려고 현실에 만족하며 도전 자체를 하지 않는 경우도 많다. 무서움과 두려움은 의미가 조금 다르다. 무서움은 실체가 없는 막연한 감정에 가깝지만 두려움은 자신이 경험했거나 예측 가능한 일들에 대한 감정이다. 무서움의 공간이 머릿속이라면 두려움의 공간은 현실이다.

두려움은 과거에 겪은 아픈 경험이나 선천적으로 느끼는 불안감이 극대화되면서 시작된다. 뇌가 이러한 감정을 온몸에 신호로 보내고 결국 신체를 지배하게 된다. 심장박동이 빨라지고 극도로 불안해지면 작은 일에도 두려움을 느끼게 된다. 마음에 깃든 두려움을 극복하지 못하면 몸과 마음이 위축되고 결국 모든 것으로부터 회피하고 싶어진다.

미 SEAL BUD/S 과정에서 지급받은 수영 장비

불투명한 미래를 사는 우리에게 인생은 늘 불안과 두려움의 연속이다. 특히 치열하고 불확실한 시대에 살고 있는 젊은 청춘에게 현실은 냉혹하다. 이런 시대 상황 속에서 두려움에 당당하게 맞서는 일이 쉽지만은 않다. 그래서 용기를 가지고 나아가라는 조언이 쉬이 나오지 않는다.

그렇다고 불안 속에 전전긍긍하며 살라는 말은 더더욱 하기 어렵다. 그러기엔 우리 인생이 너무나도 짧기 때문이다. 두려움에 굴복해 통제 불능의 상태에 빠질 것인지 아니면 두려움을 극복해 이겨낼 것이지는 각자가 선택해야 할 사항이나 나는 후자를 지지하고 싶다. 삶의 내공이 부족해 잘은 모르겠지만 왠지 그렇게 하는 게 인간 된 도리인 듯하다.

미 SEAL이 되기 위한 18개월 동안 가장 힘든 건 극한까지 몰고 가는 신체적 고통만이 아니다. 전문적으로 훈련된 교관들에 의해 시작되는 내적 갈등도 고통이다. 교관들은 지칠 대로 지친 교육생들의 약점을 교묘하게 파고들면서 미 SEAL이 되는 것을 포기하게 만든다. 교육생들이 가진 크나큰 약점은 중도에 포기할지도 모른다고 생각하는 것이다. 항상 강한 사람이라고 믿어왔던 그들에게 포기란 인생에 큰 타격을 주는 사건이 되기도 한다.

하지만 그 과정은 자신의 약점을 받아들이고 혼돈과 실패

그리고 갖은 고난을 이겨내기 위한 연습일 뿐이다. 도전에 있어 두려움은 불필요한 감정이다. 고로 막연한 감정에 인생을 허비해서는 안 되며, 내 앞에 당면한 문제와 극복할 상황 자체만 보려고 의식적으로 노력해야 한다.

만약 어떤 일을 하기 전에 두려움을 느낀다면 굳이 숨을 필요는 없다. 두려움을 느끼는 것도 자신이고 그것을 해결할 수 있는 것도 오로지 자신뿐이다. 자신이 처한 상황을 객관적으로 바라보고 거기에서 두려움이라는 단어만 빼면, 도전과 성공 또는 실패라는 단어만 남게 된다. 성공과 실패는 능력과 경험, 노력의 문제이지 감정의 영역은 아니다. 두려움을 제거한 뒤 도전하는 게 중요하다. 성공한다면 자신 있게 축배를 들라. 만약 실패한다면 원인을 분석하고 약점을 보완해 다시 도전하면 그만이다.

두려움에 빠지지 않으려면 약점이 노출된 상황에서 침착함을 유지해야 한다. 침착하지 못하면 상황을 바라보는 이성적인 사고를 할 수 없다. 마치 물에 빠졌을 때 수영을 못하는 자신의 약점이 드러나 발버둥 치는 일과 같은 일이다. 그럴 때일수록 자신의 약점을 정확하게 파악한 후 그 힘을 역이용하는 게 중요하다.

누구나 자신의 약점을 직면하는 일을 피하고 싶어 한다. 하지만 이 과정을 회피하고 자신의 약점을 스스로 알지 못하면 아무것도 할 수 없다. UDT 교육생 중에는 수영을 하지 못하는 사람이 의외로 많다. UDT에게 수영은 생존을 넘어 임무 완수를 위해 필요한 전문적인 기술이다.

훈련 중에 처음 수영을 접하게 된 교육생들이 마주하게 되는 것은 내가 죽을지도 모른다는 두려움이다. 하지만 죽음을 생각하는 순간부터 몸은 굳어 버리고 호흡조차 제대로 할 수 없게 된다. 살고 싶은 마음이 오히려 죽음을 부르는 것이다.

죽음을 두려워하지 않는다면 못 해낼 것은 없다. 몸은 내가 원하는 대로 움직이게 되어 있다. 내가 뜨고 싶다고 마음먹으면 충분히 뜰 수 있고, 잠수하고 싶다면 가라앉을 수 있다. 삶도 마찬가지다. 처음에는 생각처럼 되지 않아 당황할 수 있지만 마음을 가다듬자. 당신이 두려워할 것은 이 세상에 없다.

생사의 기로에서 자신 약점을 무기로 사용할 수 있다. 자신의 약점을 인식하게 되면 우선 그것에 집중해야 한다. 무언가에 집중하면 주위의 것이 시야에서 사라지고 시간이 멈춘 듯한 경험을 하게 된다. 이때 우리 몸의 감각은 더 활성화된다. 약점에서 벗어나기 위해 본능적으로 무엇을 해야 하는지 알게 된다. 집중하게 되면 반응 속도가 더 빨라진다. 약점을 강점으로 전환하면 더 이상 두려울 게 없어진다. 세상 모든 일에는 양면이 있어 약점이 곧 강점도 될 수 있다는 걸 꼭 기억하라.

자신의 두려움을 잠재우고 이를 긍정적으로 이용하기로 했다면 바꿀 수 있는 결과를 상상해보자. 높은 곳을 두려워하기만 했다면 산을 정복했을 때의 짜릿함에 대해서, 자신과의 약속을 자꾸 어겨 도전하는 게 힘들었다면 그것을 지켜냈을 때 얼마나 성취감이 드는지 상상하라는 말이다.

당신이 두려워하는 것들은 어쩌면 작은 장애물일 수도 있다. 다만 그것을 마주하지 못했기 때문에 겁부터 먹고 있는 것일지도 모른다. 두려움에서 벗어나 다시 태어나려면 용기가 필요하다. 쉬운 삶은 없다. 하지만 당신이 마주한 어려움을 극복했을 때, 확실히 더 나은 삶이 될 것이다. 두려움 때문에 멈추지 말고 눈앞의 문제를 향해 담대하게 나아가라. 당신은 삶에 대한 무한한 가능성을 열고 진취적인 삶을 살 수 있다고 나는 믿는다.

결국은
생존 본능이 전부다

지나친 계획은 독이다

미 SEAL의 BUD/S 과정에 편성된 지옥주를 마치고 잠수 훈련을 받으면 생식주가 시작된다. 생식주 동안에는 극히 소량의 물을 제외하고는 아무것도 제공되지 않는다. UDT에도 생식주가 있는데 5일 동안 물 500밀리리터만 지급되고, 에너지를 공급할 식사는 주변에 있는 것들을 스스로 찾아서 먹어야 한다. 기본적인 욕구가 충족되지 않기 때문에 잠도 제대로 잘 수 없다. 눈을 감는 순간 생존과 멀어지기 때문이다. 생식주에는 오로지 스스로 살아남는 생존 훈련을 이겨내야 한다.

미 SEAL의 생식주는 알래스카에서 진행된다. 주어지는 것이라고는 나침반뿐이다. 텐트를 사용하지 못하기 때문에 지형지물을 이용해 밤을 지새워야 하는데, 보통은 얼음으로 이글루를 만들거나 눈 속에 구덩이를 만들고 들어가 저체온증을 막는다. 배를 채우는 일도 직접 야생 동물을 사냥해 굶주림을 극복하는데 그야말로 모든 상황이 생존과 직결된다.

이런 극한 상황과 마주하면 공포를 뛰어넘어 무엇을 해야 하는지조차 스스로 판단할 수 없게 된다. 경험해보지 못한 새로운 세계에 대한 두려움은 생각의 흐름을 죽음으로까지 이끈다. 생각이 죽음을 향해 있기 때문에 그런 사람은 필히 죽음에 가까워진다.

극한의 상황에서 가장 필요한 것은 상황을 보는 즉시 판단하는 직관력이다. 몸을 제대로 가눌 수도 없을 정도로 몰아치는 눈보라 속에서 계획하는 것은 무용지물이다. 게다가 굶주림까지 느낀다면 논리적으로 파악하고 판단할 수 있는 시간조차 허용되지 않는다. 이런 상황에서는 본능에 충실하면서 직감대로 선택하고 행동해야 생존 확률도 높아진다.

2014년에 EBS 〈세계 견문록 아틀라스〉 촬영차 몽골 알타이산맥에 갔을 때의 일이다. 알타이산맥은 몽골 북서부와 중남부로 뻗은 2000킬로미터의 산맥으로 동남부의 고비 알타이산맥은 옛적부터 유목민들이 생활하던 근거지다. 산의 높이는 평균 3000미터로 가장 높은 산이 4362미터에 달하며 산림은 적고 만년설과 산악 초원으로 뒤덮여 있다.

이렇게 멋진 조건을 가진 덕에 세계 여행자들이 1순위로 꼽는 경이로운 여행지다. 하지만 이곳에서 여행이 아닌 생존하는 일은 전혀 다른 문제였다. 나는 칼, 발화기, 낙하산 줄만 가지고 사막 한가운데로 들어섰다.

먼저 지형을 파악하려고 주변에서 가장 높은 바위산으로 걸음을 옮겼다. 생존을 위해 위치를 찾고 방향을 정하는 일은 가장 첫 번째로 해야 할 일이었다. 몽골의 산은 오랜 풍화 작용을 거쳐 암석이 노출된 지형이 많았다. 돌이 날카롭고 쉽게 부서지기 때문에 안전에 유의하며 올라가야 했다. 바위 꼭대기에 도착했을 때 눈에 들어온 것은 끝없이 펼쳐진 광활한 대지였다. 360도를 빙 둘러봐도 똑같은 모습이었다. 알타이 사막 지역은 겨울밤 기온이 영하 40도까지 떨어질 정도로 몽골에서 가장 추운 지역이었는데 날이 어두워지면 늑대까지 출몰해 상당히 위험했다.

더 이상 감상으로 지체할 시간이 없었다. 내 눈에는 모래가 보였고 그쪽 방향으로 나아가겠다고 결정했다. 보통 모래 근처에는 물이 있어 강을 만날 확률이 높았다. 시간이 갈수록 바람은 차가워지고 기온이 떨어지기 시작했다. 추위를 피해 쉴 곳을 찾고 불을 피우는 게 급선무였다. 주변에서 찾은 말똥과 나뭇가지를 모아 불을 붙이려 했지만 바람이 너무 강해 금세 꺼지기 일쑤였다. 바위틈에 겨우 불을 피워 작은 불로 밤을 지새웠다.

이튿날 나는 물을 찾는 일에 집중했다. 강이 있을 법한 계곡을 따라 걷고 또 걸었다. 이틀 동안 물을 마시지 못해 갈증에 시달렸고 약간의 위험 신호를 느꼈다. 사람이 물을 마시지 않고 버틸 수 있는 시간은 3일 정도지만 극한의 상황에서는 그 시간이 더 짧아진다. 반나절을 걸은 끝에 강을 만날 수 있었다. 허겁지겁 물을 마시고 나서야 잠시 누워 숨을 돌릴 수 있었다.

물을 찾고 나서는 어디로 갈지 선택해야 했다. 강을 따라가면 길을 잃을 염려는 없었다. 강의 하류에는 대개 사람들이 모여 살기 때문에 강줄기를 나침반 삼아 걸어가면 생존 확률을 높일 수 있었다. 문제는 강의 끝이 어디까지인지 알 수 없다는 것이었다. 강을 찾아 식수는 해결했지만 며칠 동안 아무것도 먹지 못했다. 이런 상태로 걷는다는 건 효율적이지 않았다.

그래서 물줄기에 몸을 맡기고 떠내려가기로 결심했다. 다행히 물살이 세지 않았다. 하지만 수온이 낮아 저체온증이 올수 있었고 바닥에 크고 작은 돌들이 많아 부상을 당할 확률이 높았다. 사실 이런 행동이 생존의 측면에서 봤을 때, 그리 좋은 행위는 아니었다. 하지만 무언가를 계획하기에 내 상황은 별로 좋지 않았다. 나는 강력한 생존 본능대로 물속으로 몸을 던졌다.

그 순간 '절대 끝나지 않는 것이 추위다'라고 말했던 미 SEAL 교관의 말이 떠올랐다. 나는 살아야 한다는 내적 의지로 충만해졌고 이 상황을 반드시 극복하겠다고 다짐했다. 체온이 급격하게 떨어지며 어려운 상황을 겪었지만 결과적으로 많은 거리를 이동하며 생존할 수 있었다.

생존은 단순해야 한다. 당신의 삶이라고 이 본질이 다르겠는가? 만약 당신이 삶의 우선순위를 가려내지 않은 채 의욕적으로 계획만 세운다면 생존할 수 있는 최적의 타이밍을 놓칠 수도 있다. 계획은 방향을 설정하는 것이지 그대로 보고 따라 할 수 있는 참고서를 만드는 일이 아니다. 계획을 세우는 일에 너무 많은 시간을 투자하는 것도 문제다. 계획은 계획일 뿐 아무 일도 일어나지 않기 때문이다. 나는 그럴 시간에 곧바로 행동하는 게 훨씬 생산적이라고 본다.

당신이 계획적이지 않다고 해서 삶 전체가 무너지는 것은 아니다. 이 사실을 깨닫기 위해서는 '계획은 곧 방향이다'라는 생각을 지녀야 한다. 그리고 다른 사람들과는 다른 삶을 추구해야 한다. 계획은 목표를 일관되게 유지시켜 주는 훌륭한 도구이지만 인생에서는 계획을 세우는 것보다 더 중요한 일이 있다. 그것은 바로 행동하는 것이고 오직 당신은 행동을 통해 원하는 수준에 도달할 수 있다.

직감을 무시하지 마라

나는 2014년에 대위로 예편하며 군을 떠났지만 국가 안보를 위해 헌신하겠다는 비전은 여전히 견지하고 있었다. 전역 후 서울 경찰특공대 대테러 교관, 어번 실드 Urban Shield 국가대표팀 대테러 교관, 군인 대상 고공강하 교관 등으로 활동하며 국내에서 나만의 전문성을 전수했다.

그러나 나는 워파이터 Warfighter 였다. 군에서 습득한 전문 기술을 전장에서 발휘하고 싶다는 마음이 컸고, 내가 가진 생존 및 전투 기술을 세계 평화를 위해 활용하고 싶었다. 나의 능력을 사용하기에는 우리나라 치안이 다른 나라보다 비교적 안전하다는 이유도 있었다. 그래서 내 능력이 필요한 곳으로 직접 가기로 했다.

나는 얼마 후 이라크 파병을 결심했다. 당시 이라크는 IS가 모술 지역을 점령하면서 민간인에 대한 살상과 고문이 일상인 상태였다. 이뿐만 아니라 IS는 모술 주민에게 빼앗은 재산과 강제 노역을 통해 운영 자금을 충당하고, 여성들을 사유화해 성적 유린을 자행했다. 그야말로 대혼란이었다.

나는 같은 인간이 다른 인간의 권리를 무참히 짓밟는 상황에 분노했고 내가 할 수 있는 일들이 있을 것이라고 확신했다. 영국에 본사를 둔 PMC^{Private Military Company, 민간군사기업}에 지원했다. 사실 PMC는 보안이 곧 조직의 운명을 좌지우지하기 때문에 검증되지 않은 사람을 잘 선발하지 않았다. 들어가고 싶다고 아무나 들어갈 수 있는 게 아니었다. 보통 인맥과 군 관련 네트워크를 통해서만 선발했다. 하지만 나는 인맥이나 네트워크가 없었기에 기대 반 걱정 반으로 지원서를 제출했다. 그런데 생각보다 빠르게 연락이 왔다. 담당자는 나에게 팀장을 맡아달라고 했다. 나는 파병 준비를 마치고 PMC 소속 용병 자격으로 이라크에 갔다.

내가 들어간 PMC는 전 세계적으로 손꼽히는 민간군사기업이었다. 개인은 물론 대기업, 정부가 주요 고객이었다. 병원과 학교를 만들기도 했고, 이라크 바그다드 국제공항의 경비 전반에 대한 업무도 맡고 있었다. 팀원들의 국적도 다양했다. 우리 팀에는 호주, 남아공, 미국, 캐나다인이 있었고 현지인들과 연합해 시행하는 작전도 많았다. 치안 때문에 늘 벽으로 둘러싸인 기지 안에서 생활해야 했는데, 작전이 있을 때만 밖으로 나갈 수 있었다.

주둔지에 도착한 후 전체적인 경과에 대한 브리핑을 받았다. 이라크의 상황은 생각보다 좋지 않았다. 도처에 위험이 도사리고 있었고 조금이라도 긴장의 끈을 놓으면 생명의 위협을 받을 수 있었다.

실제로 나는 이라크에서 1년 정도 파병 생활을 하면서 몇 번이나 죽을 고비를 넘겼다. 차량을 탑승해 기동하는데 길거리에서 종종 폭탄이 터지기도 했다. 폭탄이 터지면 우리만의 대응 방식에 따라 전술 기동을 펼치게 되는데, 대부분의 폭탄이 급조폭발물이라 발견하기도 어려웠고, 자살폭탄테러도 많아서 차량 가까이에서 터지는 경우도 많았다. 또한 적들은 일정한 조건이 만들어지면 폭발물이 터질 수 있도록 곳곳에 기폭 장치를 설치했다. 이는 내게 상당한 심적 부담감을 줬다. 아무리 훈련을 많이 하고 계획을 꼼꼼히 수립하더라도 운이 나쁘면 한 방에 죽을 수 있었기 때문이다.

PMC 소속으로 이라크 바그다드에서

한번은 시내를 통과하는 작전 중이었는데 당시 PMC에 대한 여론이 좋지 않은 게 문제가 되었다. 다른 PMC 용병이 실수로 코란을 떨어트려서 이방인에 대한 불신이 쌓인 상태였다. 게다가 같은 회사의 다른 용병이 멋모르고 이슬람 깃발을 제거하는 바람에 한바탕 난리가 났었다. 이런 상태에서 작전을 수행하려고 하니 개척해야 할 악조건이 또 하나 생긴 것이나 마찬가지였다.

방탄으로 된 우리 작전 차량 3대가 사거리에 갇히게 되었다. 그 모습을 보고 칼, 삽, 각목 등으로 무장한 시민들이 몰려들었다. 그 모습은 흡사 성난 물소들 같았다. 시민들은 몽둥이로 차를 때리고 밀치며 차를 흔들었다. 본부와도 무선으로 연락을 했지만 지원받을 상황이 아니었다. 시간을 더 지체했다가는 고객의 안전은 물론 팀원들에게 무슨 일이 일어날지 모르는 급박한 상황이었다.

나는 직감적으로 차량 3대에 무조건 돌파하라고 무전으로 지시했다. PMC에 대한 여론을 잠재우기 위해 시민들을 설득하는 방법도 있었다. 하지만 차에서 내려 주변 상황을 정리하는 것은 불가능하다고 판단했다. 우리는 경적을 올리고 그 상황을 벗어나고자 길을 만들었다. 놀란 시민들은 뒤로 물러났고 그 틈을 타 사거리를 빠져나왔다.

긴장의 끈은 기지 내에서도 놓을 수 없었다. 기지에는 내가 속한 PMC 말고도 다른 PMC 인원도 같이 있었다. 군대와 달랐던 점은 개인 총기류를 무기고가 아닌 개인이 소장한다는 것이었다. 나는 잘 때 서랍에 총을 두었는데 어떤 용병들은 베개 밑이나 스탠드 아래 두기도 했다.

기지 안의 식당에서 식사할 때는 총기를 모두 테이블 위로 올려야만 했다. 단 한 발이면 사람 목숨을 끝낼 수 있었기 때문에 그런 식으로 서로를 신뢰했다. 가끔 대원들끼리 시비가 붙기는 했지만 큰 싸움으로 번지지는 않았다. 모두가 총을 소지하고 있는 상황을 잘 알고 있었기 때문이다.

직감은 생존을 돕는 인간의 본능이다. 위험 요소를 빠르게 확인하여 피해 갈 수 있도록 알려주는 일종의 레이더와도 같다. 이라크에서 작전을 수행하며 배웠던 것은 바로 빠른 상황 파악과 이를 대처하는 판단력이 중요하다는 사실이었다. 작전 전에는 철저하게 계획을 세우지만 현장에서는 수많은 변수들이 발생했다. 지식과 경험을 통해 이성적인 판단을 내리기 불가능한 상황이 많았다. 그때는 직감대로 판단하고 행동했다. 그러는 편이 훨씬 이득이었다.

직관력은 지능보다 강력하다

직감과 직관을 혼동하여 사용하는 경우가 많으나 원래 그 의미는 서로 다르다. 직감은 사물이나 현상을 접했을 때 사유하지 않고 진상을 느끼는 감정이다. 하지만 직관은 이보다 수준이 높은 개념으로 어떤 상황이나 대상을 사유하지 않고 단번에 파악하는 걸 뜻한다. 직감은 느낌의 일종이지만 직관은 상황을 판단하고 행동을 이끌어내는 기술이다.

직관력은 생존에 위협을 받을 때 더 나은 결단을 내릴 수 있도록 돕는 힘이다. 살아가다 보면 예상치 못했던 일들이 일어난다. 옛날에는 사회의 전반적인 시스템이 단순해 생존에 필요한 것들도 단순했다. 하지만 시대가 많이 발전할수록 인간에게 생존이란 하나의 기술이 되었다. 무엇보다 직관력을 발휘해야 할 상황이 더 자주 출몰할 기회가 많아졌다.

가령 수렵과 채집을 통해 살아가던 시절에는 한 인생을 꾸려가는 방식이 그리 복잡하지 않았다. 그래서 거대 동물의 출몰이나 전투, 부상 등이 아니라면 직관력이 필요한 때가 별로 없었다. 그러나 당신도 이미 알고 있듯이 현 시대에서의 인생이란 말로 표현할 수 없을 정도로 복잡하다. 기회와 위험을 포착하고 행동해야 하는 직관의 순간이 예전보다 훨씬 더 많아졌다는 말이다.

위험 지역에서 적의 위협을 분석하는 데에도 직관은 중요한 역할을 한다. 내가 상대를 적으로 판단하고 쏠지 말지를 결정하는 게 직관에서 비롯되기 때문이다. 미 SEAL의 위협 분석 네 가지 단계를 예로 들어 설명하면 이렇다.

첫 번째는 '핸즈 Hands' 단계로 거수자의 손에 병기가 있는지에 대한 확인이다. 한 손이 아니라 두 손 모두 확인한다. 이때 만약 거수자가 병기를 손에 쥐고 조준하려고 한다면 사살 이유가 된다. 두 번째는 '웨이스트밴드 Waistband' 단계로 허리의 벨트나 가슴에 총이 있는지 무엇보다 급조폭발물이 있는지를 확인한다. 세 번째는 '윙스팬 Wingspan'으로 손이 닿는 거리에 위협될 만한 병기나 물품이 있는지 확인한다. 거수자가 병기가 있는 쪽으로 향하면 바로 제압한다.

마지막은 '인텐트 Intent'이다. 세 번째 단계까지 위협이 없는 것으로 판단했지만, 위협적으로 다가오거나 눈빛이 예사롭지 않다면 위협의 의도를 가지고 있는 것이다. 네 가지 중에서 한 가지라도 위협 상황에 해당되면 격발해야 하는데 이러한 분석은 직관적으로 아주 빠르게 진행되어야 한다. 아무리 철저하게 확인했다고 하더라고 적의 의도를 파악하지 못하면 죽을 수도 있다.

인간은 직관에 따라 더 효과적이고 좋은 결정을 내릴 수 있는 능력을 가지고 있다. 하지만 많은 사람은 직관에 따르는 것을 위험하다고 생각한다. 살아오면서 이성적 판단의 중요성에 대해 학습 받아 오랜 시간 고민하고 결정하는 것에 익숙해졌기 때문이다.

직관적인 사람들은 어려운 상황에서 자기 마음의 소리에 충실하고 기꺼이 자신의 본능을 따라 결정함으로써 결과의 차이를 만든다. 본능이 절대적인 진실은 아니다. 하지만 자신의 본능을 따르게 되면 자신에 대한 통제력은 높아진다.

우리는 하루에도 수백 번의 선택을 하게 된다. 중요한 것은 어떤 선택을 내리느냐다. 직관력의 핵심은 결정을 내리는 주체가 나라는 사실을 깨닫는 것이다. 많은 사람들이 도움을 줄 수 있지만 최종 결정을 내리는 사람은 오직 자신이다. 직관력은 자신에 대한 신뢰와 자신감을 높이고 이를 통해 목표를 이룰 수 있는 결정적인 차이이자 원동력이 된다.

직관이 당신에게 아주 새로운 지식이나 문제를 해결할 묘수를 제안하는 것은 아니다. 하지만 직관은 생존 본능에 가깝기 때문에 당신이 마지막까지 생존하는 데 결정적 역할을 한다. 특히 복잡하고 어지러운 세상 속에서 오히려 가장 당신다운 선택을 할 수 있도록 돕는다. 그런 의미에서 직관은 세상이 제시하는 규칙과 논리를 뒤집을 당신만의 기준이 될 수 있다.

물론 고도의 직관력을 발휘하려면 당신이 속한 분야에서의 상당한 전문성을 쌓기 위한 시간이 뒷받침되어야 할 것이다.

생존 본능에 솔직해져라

인간은 누구나 자신이 가진 능력으로 이루고 싶은 목표를 갈망한다. 목표는 삶을 유지하는 원동력이고 이를 기반으로 도전하며 완성된 인간이 된다. 목표는 생존 본능이 만들어내는 원초적인 가치다. 생존 본능이 곧 목표를 설정하게 하고, 이를 이루기 위해 노력하는 과정에서 삶의 이유를 느끼게 된다. 그래서 목표를 세우고 이를 행동으로 옮긴다는 것은 생존 본능에 솔직해지는 일이다.

당신이 원하는 궁극적인 삶의 목표가 없다면 어느 순간 방향을 잃고 헤매게 될 확률이 높다. 삶의 이유 자체를 찾지 못해 하루하루가 지옥이라고 생각할 수도 있다. 당신의 삶을 더 나은 상태로 발전시키고 싶은가? 아직 목표는 없지만 어떻게든 살아내고 싶은가? 그렇다면 당신은 더 멀리, 더 빨리, 더 많은 것을 할 수 있고, 어떤 고난이 와도 이겨낼 마음가짐은 준비된 상태다.

만약 당신이 뚜렷한 목표를 찾지 못해 걱정하고 있다면,

자신의 마음이 무엇을 원하는지 주의 깊게 귀 기울이고 최선을 다해 그것을 선택해야 한다. 어려움에 처하고 일이 잘 안 풀릴수록 외부 요인을 탓하지 말고 스스로를 돌아봐야 한다. 나는 어려운 선택을 내려야 할 때 더욱 신중해지려고 노력한다. 중요한 건 스스로의 내면에 깊숙하게 들어가 정말 원하는 것이 무엇인지 답을 내려야 한다는 점이다.

내가 어려운 상황 속에서도 지금의 자리까지 올 수 있었던 것은 하나의 가치를 향했기 때문이다. 강한 사람이 되고 싶다는 궁극의 목표가 있었기 때문에 이를 이루기 위한 방법을 찾고 실천했다. '어떤 사람이 되고 싶은가'를 스스로 묻고 답하면서 나만의 길을 개척한 것이다.

목표는 늘 현실에서 멀리 떨어져 있다. 당신이 어떤 사람이 되고 싶든 목표를 높게 설정한 것은 별로 문제가 되지 않는다. 앞서 말했듯이 목표는 원래 멀리 있다. 그보다는 목표를 낮게 잡고 거기에 만족하는 걸 염려해야 한다.

더 나은 삶을 살고 싶다면 먼저 본능에 솔직해질 필요가 있다. 본능을 따르는 것은 부끄러운 일이 아니다. 본능은 우리가 태어나면서 얻게 되는 가장 원초적인 본질이다. 우리가 생각하는 것보다 광범위하고 복잡한 반응이다. 본능을 따를 때 오히려 합리적이고 나다운 의사결정을 할 수 있다. 자신이 내린 선택이 잘못되었다고 느껴지더라도 자책할 필요는 없다. 그럼에도 내가 내린 결정을 존중할 때 본능의 목소리는 더욱 커지고 명확해진다. 물론 당신이 따라야 할 생존 본능은 반드시 도덕적이어야 한다.

둘째로 타인을 깊게 이해하려는 노력이 필요하다. 목표를 이루는 데 타인에 대한 이해가 왜 필요하냐고 의아해할 수 있겠지만, 내가 수영 단체전에서 느꼈던 깨달음을 이야기했듯이 모든 일은 사람이 하기 때문에 인간에 대한 기본적인 공감 능력을 가져야 한다. 당신 혼자서 목표를 이루는 게 아니기 때문이다. 목표를 달성한 사람들은 자기 내면의 목소리를 들을 뿐만 아니라 타인에 대한 공감 능력도 탁월하다. 그래서 다른 사람이 어떤 생각을 하는지 무엇을 말하려고 하는지 궁금해하며 어느 정도 예측까지 할 수 있다.

예전에 EBS 〈천재들의 전쟁〉에 출연했을 때 '딕싯'이라는 보드게임을 한 적이 있다. 참가자들은 각각 칩과 그림 카드를 받고 한 사람이 이야기꾼이 되어 카드를 선택해 그 카드에 대해 한 문장으로 이야기한다. 그 문장을 청취한 참가자들은 자신이 가진 그림 카드 중에서 그 문장과 가장 잘 어울린다고 생각하는 카드를 제출하는 방식이다. 이 게임에서 중요한 것은 다른 사람에게 공감을 얻을 수 있는 카드를 제출하는 일이다. 하지만 내가 다른 사람의 입장이 되어 그 사람의 감성을 이해하려고 노력하는 일이 가장 큰 핵심이다.

목표는 당신의 능력만으로 이룰 수 있는 게 아니다. 목표 달성은 인간관계에 따라 결정되는 경우가 많다. 그래서 바른 인성과 좋은 감성을 가진 사람들과 깊은 관계를 유지해야 하며, 당신 또한 그들에게 그런 사람이 되어줘야 한다. 그렇지 않으면 중요한 순간에 일을 그르칠 수 있다.

마지막으로 때로는 혼자만의 시간을 갖고 사색하라는 것이다. 나는 사람들과 함께하는 걸 좋아하지만 혼자만의 시간도 가지려고 노력하는 편이다. 내면에 집중하는 시간을 갖다 보면 숨어 있는 지혜를 끌어올릴 수 있다. 지나왔던 길과 앞으로 가야 할 길을 떠올리며 나름의 반성을 통해 추진력을 얻기도 한다.

육체는 운동을 통해 단련시키지만 마음은 사색을 통해 건강하게 만든다. 사색하지 않으면 충동적이 되거나 분노하기 쉽다. 눈앞에 놓인 이득에 취하기 때문이다. 그러므로 너무 열심히 사느라 놓쳤던 가치들을 다시 한번 되돌아보며 스스로에게 머무는 시간을 늘려야 한다. 스스로 자기 자신과 만나는 시간을 늘리면 조급함이 온데간데없이 사라질 것이다. 결국 삶이란 생존하려는 마음에서 모든 게 비롯되는 것 아니겠는가. 그런 의미에서 당신에게 묻고 싶다.

궁극적으로 당신은
어떤 사람이 되고 싶은가?

PART 3

팀을 강화시키는
궁극의 멘탈

작전 중 팀원이 부상을 당했다면
어떻게 할 겁니까?
우린 팀원을 버리지 않습니다.
죽었어도 데려가야 합니다.
_SBS <집사부일체>에서

앞장서라,
그리고 행동으로 증명하라

준비된 팀은 행동으로 말한다

2009년 3월 13일, 나는 전우들과 함께 소말리아 해역에서 자국의 선박들을 해적들로부터 보호하는 청해부대 1진으로 아덴만에 파견되었다. 문무대왕함을 타고 한국을 떠나 아덴만까지 한 달, 4개월 동안의 작전을 수행하고 다시 한 달에 걸쳐 돌아오는 총 6개월간의 임무였다.

청해부대는 장보고가 완도에 설치한 해상무역기지인 청해

진에서 따온 이름이다. 해상무역을 통해 통일신라를 부흥시켰던 장보고의 정신을 이어받아 국가 발전에 기여하겠다는 우리 해군의 강한 수호 의지를 상징한다.

아덴만은 홍해와 아라비아해 사이에 있는 해역으로 인근에 위치한 중동, 아시아, 유럽을 잇는 해양 운송로의 요지다. 동서 길이가 1480킬로미터, 평균 너비는 480킬로미터에 이르는데, 서쪽에는 유라시아의 해상 실크로드라고 불리며 홍해와 지중해, 인도양을 연결하는 수에즈 운하가 있어 아시아와 유럽의 최단거리 뱃길을 연결하는 길목이다.

아덴만 주변에는 원유 생산국들이 몰려 있어 전 세계의 유조선이 드나든다. 아덴만 근처에 위치한 소말리아는 20년 넘게 내전을 겪으면서 국내 경제가 완전히 붕괴되었는데, 정부까지 제 기능을 하지 못하자 2008년부터 소말리아 해역에서 해적 활동이 급증하기 시작했다.

해적질은 그 자체로 위험성이 큰 범죄지만, 다른 생계 수단이 없는 해적들에게는 성공만 하면 수천 달러에서 수백만 달러에 달하는 재물을 거머쥘 수 있는 일이었다. 소말리아의 1인당 국민 평균소득이 상당히 낮은 상황임을 감안하면 어마어마한 돈이다. 이는 누구나 해적을 본업으로 삼는 기이한 현상으로 이어졌다.

소말리아를 근거지로 한 해적들은 기동성이 좋은 소형 선박으로 외국 선박을 기습 공격했다. 그리고 선원들을 인질로 잡고 몸값을 요구하는 일이 빈번해지면서 국제 문제로 부각되었다. 그리고 2008년 해적 퇴치를 위한 국제연합안전보장이사회의 결의안이 채택되었다. 모든 당사국에 함정과 항공기의 파견을 요청했고, 우리나라도 2009년 3월 '국군부대의 소말리아 해역 파견동의안'이 국회를 통과하면서 파견이 공식화되었다. 이 소말리아 파병은 해상 안전이라는 국제적 노력에 동참하기 위하여 우리 해군 전투함의 첫 해외 파병이라는 데 큰 의의가 있었다.

2009년 UDT 특수임무대대 중대장으로 근무하던 중 청해부대 1진 검문검색팀 팀장으로 발령받았다. 청해부대 창설과 팀 구성에 대한 이야기는 2008년 UDT 대테러 과정을 이수하면서 당시 부대장에게 자주 들었다. 개인적으로도 아덴만의 해적 상황에 대해 주시하고 있었기 때문에 당연히 내가 참여해야 할 운명적인 임무라고 생각했다.

왜 우리나라 해군이 그 먼 곳까지 가서 해적을 소탕해야 하는지에 의문을 갖는 사람도 있다. 우리나라 선박의 안전을 보장하는 것은 대한민국 국민의 안전을 지키는 일이기도 하다. 또 대한민국은 경제적으로나 군사적으로도 세계에서 뒤지지 않는 국가이기에 국제적인 사안에 책임이 있었다. 그런 일이라면 내가 앞장서서 행동하는 것이 당연했다. 무엇보다 우리 해군의 세계적인 위상을 높여 대양해군이 되는 중요한 일이라고 생각했다.

청해부대 1진으로 가장 먼저 임무를 수행한 문무대왕함은 한국 최초의 스텔스 구축함이다. 대공·대함 유도탄 수직 발사대, 대함 유도탄 방어용 무기, 5인치 포, 잠수함 공격 어뢰를 갖추었고, 해상 작전을 위한 2대의 헬리콥터를 탑재할 수 있었다.

함정·항공기·잠수함 및 육상기지 등에 대한 전방위 전투 능력이 가능해 뛰어난 기동성과 안전성을 바탕으로 거친 해상에서 장기간 임무 수행할 수 있었다. 또한 우리나라 최초로 전자파·적외선과 소음이 노출되지 않는 스텔스 기술을 적용해 생화학 방사선 공격에 대응할 수 있어 해군의 중요한 자산 중의 자산이다.

당시 문무대왕함에 탑승한 전 인원은 세계 평화를 위해 파병된 최정예 요원이었다. 매일 아침 작전 현황을 공유하고 아덴만을 통과하는 한국 상선을 보호했다. 혹시라도 보호를 요청하지 않은 배가 없는지 꼼꼼하게 확인했다. 이런 경우 국제

공조가 가능한지도 파악해 원활한 작전을 위하여 모두가 헌신했다.

보통 작전에 투입되지 않는 시간에는 체력과 정신력을 향상시키는 데 몰입했다. 망망한 바다에서 부여받은 임무를 완벽하게 완수하려면 시간이 날 때마다 가장 기초적인 부분을 다져야 했다. 갑판 위에서 UDT 검문검색팀의 체조가 시작되면 일순간 모두의 눈빛이 비장하게 변했다. 갑판 위를 달군 뜨거운 태양보다 우리의 열정이 더 뜨거웠다.

체조가 끝나면 다음으로 사격 훈련을 실시했다. 사격 훈련은 검문검색팀의 가장 중요한 일과 중 하나로 이름은 훈련이었지만 항상 실전처럼 임했다. 해상에서는 배의 움직임 때문에 육지에서처럼 아무런 저항 없이 사격하는 게 불가능하다. 그래서 자신의 병기를 각자의 몸에 맞추고 온전히 병기를 신뢰해야 실전에서 적을 신속하고 정확하게 제압할 수 있었다. 또 바다 위에서 해적을 직접 상대해야 하기 때문에 팀원들과의 완벽한 호흡이 정말 중요했다. 다양한 변수에 당황하지 않고 정확하게 임무를 수행하기 위해서는 끊임없는 훈련만이 살길이었다.

배에는 모두 300명이 타는데 그중 UDT는 소수정예로 편성되었다. 그 외에 다양한 기능을 가진 베테랑들이 모여 하나

청해부대 검문검색팀 브리핑

의 청해부대 TF를 이루었다. 다른 팀도 마찬가지였지만 특히
우리 팀은 해적을 소탕하는 작전에 대한 열망이 컸다. 해적으
로부터 자국민을 지키고 세계 평화에 일조한다는 것은 우리
모두의 가슴을 뜨겁게 했다.

　보통 인간은 목숨이 위태로운 상황에서 두려움을 느끼기
마련이다. 하지만 우리 팀이 일말의 두려움도 없이 자신감으
로 가득 찰 수 있었던 이유는 바로 완벽한 준비 덕분이었다.
우리 UDT뿐만 아니라 눈에 보이는 곳부터 보이지 않는 모
든 곳까지 작전이 준비된 인원들로 즐비했다. 일상을 훈련처

럼, 훈련은 실제처럼 대비해 언제든 실전 임무가 주어지기만을 기다렸다.

해적을 소탕하다

드디어 출동 명령이 떨어졌다. 민간 상선이 해적에게 공격을 받아 우리 쪽에 구조를 요청한 상황이었다. 나는 팀원들을 모아 상황을 공유했다. 급박한 상황이었기에 반드시 인지해야 할 간단한 상황만 공유했다. 해적선을 탔을 때 해야 할 일과 역할은 평소에 수많은 훈련으로 이미 숙지된 상태라 다른 구체적인 지시는 현장 상황에 따라 유동적으로 전달할 심산이었다.

출동 과정은 물 흐르듯 착착 이루어졌다. 신속하게 고속단정에 올라탔고 헬기와 저격수도 이륙 준비를 마쳤다. 매일같이 훈련하고 그토록 기다렸던 순간이었지만 실제 상황이었기 때문에 긴장의 끈을 놓을 수 없었다. 나는 팀원들과의 무전 상태를 확인하면서 특이사항이 있는지 준비는 완벽한지 점검했다. 결연한 팀원들의 목소리를 통해 모든 준비가 되었음을 알 수 있었다. 그 순간 우리는 지체 없이 거친 바다로 향했다.

구축함과 교신을 통해 받은 해적선의 위치를 따라 이동했는데 해적선이 보이지 않았다. 날씨는 좋았지만 파도가 높아 해적선이 가려진 것이었다. 구축함과 지속적인 교신을 통해 알려준 좌표대로 이동했고, 파도 사이에 가려져 있던 해적선이 마침내 시야에 들어왔다. 조금이라도 지체했다가는 해적들이 우리 쪽으로 대응사격을 할 확률이 높았기에 빠르게 접근하며 '손 들어!ᴴᵃⁿᵈˢ ᵘᵖ'를 외쳤다.

해적들은 예상하지 못했다는 듯이 우리의 신속한 접근에 놀라 바로 손을 들고 투항했다. 하지만 투항 의사를 내비치고도 막상 가까이 접근하면 사격하는 경우도 있어 긴장을 풀 수 없었다. 해적들은 주로 구소련의 자동소총인 AK-47을 가지고 있었는데 투항하는 척하면서 총을 숨겼다가 고속 단정이 접근하면 무차별 사격을 가하기도 했다. 또 흔히 바주카포라고 불리는 RPG-7도 소지하고 있어 유효 사거리 범위라면 고속 단정 정도는 한 방에 날려버리기에 충분했다.

고속 단정이 신속하게 해적선에 붙었다. 해적선의 크기가 작아 사다리는 필요 없었지만 배의 앞뒤에 빠르게 갈고리를 걸었다. 나는 배가 고정되자마자 가장 먼저 올라타 갑판부터 확보했다. 뒤이어 당시 팀원이었던 고 한주호 준위와 팀원들이 올라타 해적을 빠르게 제압하고 수색을 시작했다. 해적이 이미 투항한 상황이었지만 위험 요소가 많아 긴장을 늦추지 않았고 우리는 완벽하고 신속하게 임무를 완수했다.

사실 일반적인 작전 형태는 경험이 많고 실력이 뛰어난 베테랑 부사관이 해적선에 먼저 올라타 갑판을 확보해야 했다. 팀장은 보통 중간 순서에 올라탄다. 가장 먼저 타는 인원이 적의 위협에 노출될 확률이 높기 때문이다.

하지만 선두에 나서는 것이 나의 리더십 스타일이었다. 만약에 팀장이 먼저 올라탔다가 부상을 당하게 되면 작전 전체에 큰 손실을 입기 때문에 팀원들의 불만이 발생할 수도 있었다. 하지만 우리 팀은 누구보다 철저하게 훈련했고 팀원들이 나를 엄호해주고 있다는 믿음이 있었다. 나는 해적선에 가장 먼저 올라타 안전을 확보해야 했고 그것이 옳다고 판단했다.

1진 임무 수행을 거의 마쳐갈 즈음이었다. 지휘관은 나에게 2진에 남아서 노하우를 전달하고 경험을 더 쌓는 게 어떻겠냐고 제안했다. 5개월 동안 고생했던 터라 대부분 고국으로 돌아갈 기대에 차 있던 시기였다. 부대로 복귀할 수도 있었지만 흔쾌히 2진에 남기로 결정했다. 개인적으로 실전 경험을 더 쌓는 것도 의미가 있었지만, 대한민국 해군으로 자국민의 안전을 지키는 일을 또 할 수 있다는 것은 크나큰 영광이었다.

2진은 1진에 비해 해적 출몰이 조금 줄어든 것처럼 느껴졌다. 연합해군의 활약이 컸기 때문에 해적들의 활동이 줄어들 수밖에 없었다. 그렇다고 아덴만의 평화가 온 것은 아니었다. 크고 작은 해적들이 끊임없이 출몰했고 고요하고 평화로운 바다 위의 생활은 언제나 긴장의 연속이었다.

2진 활동을 시작하고 두 달 정도가 지난 시점이었다. 아덴만을 지나가던 사이프러스 국적 상선 알렉산드라호로부터 해적들에게 총격을 받고 있으니 도와달라는 요청을 받았다. 해적 출몰 지점에서 약 50킬로미터 떨어져 있던 청해부대가 즉각 출동하게 되었다.

먼저 출발한 헬기가 6분 만에 현장에 도착했다. 상선에 막 올라타려던 해적은 청해부대의 헬기를 보고 줄행랑을 치기 시작했다. 내가 탄 고속 단정은 달아나는 해적선을 포위하기 위해 빠르게 이동했다. 처음에는 1진 때와 비슷한 상황이라고 생각했는데 현장에 도착해보니 이번에는 배가 두 척이었다. 보트 크기의 자선과 조금 더 큰 고기잡이 배 모선이 있었다.

세 척의 고속 단정에 탄 20여 명의 팀원들은 두 척을 동시에 제압했다. 해적선에 올라탔는데 곳곳에서 무기들이 나왔다. 박격포, 탄창, 단검 그리고 7.62밀리미터 실탄이 쏟아져 나왔다. 해적들은 연합해군에게 포위당하고 승산이 없다고

소말리아 해역에서 예멘 인질 구출작전

판단하면, 무기를 버리고 어부라고 속이는 경우가 대부분인데 미처 버리지 못한 무기들이 남았던 것이다.

9명의 해적을 제압하고 상황이 정리된 것 같았지만 뭔가 이상했다. 그래서 나는 한 번 더 신원 확인을 지시했다. 확인해보니 인질이라고 생각했던 인원 중에 해적이 섞여 있었다. 헬기를 발견한 해적들이 도망을 치다가 일반 어선에 올라탔던 것이었다. 나는 즉시 해적과 인질을 분리하고 상황을 완벽하게 정리했다. 해적을 인질로 오인할 뻔했던 작전이었다.

청해부대 1진과 2진이 파병되어 작전을 완벽하게 수행할 수 있었던 것은 철저한 준비성과 거침없는 행동력 덕분이었다. 우리에게 주어진 임무를 완수하기 위해 준비와 행동은 필수적인 요소였다. 이 두 가지 요소는 마치 떼려야 뗄 수 없는 하나의 유기체와 같다. 제아무리 준비가 완벽하더라도 행동하지 않으면 무용지물이고, 진취적인 행동만 있고 준비가 되어 있지 않으면 필히 위태로워진다. 그래서 준비성과 행동력 중 그 어느 하나를 빼놓고 성취를 논할 수 없다.

팀의 목표를 달성하기 위해서는 생각과 말로 그쳐서는 안 된다. 아무것도 시도하지 않으면 아무것도 이룰 수 없다. 준비와 행동은 모두 실천의 영역이다. 실제로 행하지 않는다면 모든 생각과 말은 그저 신기루일 뿐이다. 특히 기회는 준비가 되지 않은 팀에게는 절대 나타나지 않는다. 준비가 된 팀만이 기회를 기회로 볼 줄 아는 혜안을 갖기 때문이다.

그러므로 내일 어떤 팀이 되고 싶은지 생각하라.
그리고 오늘 무엇을 해야 하는지 고민하고 실천하라.
오직 준비하고 행동하는 팀만이 성공을 거머쥘 수 있다.

가장 먼저 들어가고 마지막에 나와라

"우리가 전투에 투입되면
내가 맨 먼저 적진을 밟고
맨 마지막에 적진에서 나올 것이며
단 한 명도 내 뒤에 남겨두지 않겠다.
우린 살든 죽든 함께 고국으로 돌아온다."
_ 할 무어 중령

배우 멜 깁슨 주연의 영화 〈위 워 솔저스〉에 나오는 명대사다. 이 영화는 1965년 11월에 있었던 미국과 월맹의 베트남 전쟁 첫 정규 전투인 이아드랑 계곡을 배경으로 하고 있다. 이 연설은 당시 전투에 투입되었던 지휘관 할 무어 중령의 실제 연설 내용이다.

이아드랑 계곡은 전략적 요충지로 오직 헬기를 통해서만 침투가 가능한 험준한 협곡이었다. 정확한 적의 규모를 식별할 수 없을 뿐더러 월맹군이 지형을 꿰고 있었기 때문에 여러 면에서 불리한 작전이었다. 전장인 이아드랑 계곡의 사전 검토를 마친 할 무어 중령은 그곳이 예전에 프랑스 군인들이 몰살당한 일명 죽음의 협곡이라는 사실을 알게 된다. 상황이 좋지 않았지만 할 무어는 맡은 바 책임을 다하기 위해 생애 마지막 순간이 될지도 모르는 전투를 결심한다. 그리고 아내에게 유언장을 남긴 후 부하들 앞에 서 준비한 내용을 전한다.

할 무어 중령은 자신의 목숨조차 장담할 수 없는 상황에서 부하들의 사기를 올리려면 스스로 희생해야 한다고 생각했다. 그러기 위해서는 단언해야만 했다. 지휘관으로서 가장 먼저 적진에 들어가고, 가장 나중에 나오겠다고 약속해야 했고 죽음으로부터 초연한 모습을 보여줘야 했다. 부하들은 전투에 임하는 지휘관의 단호하고 진지한 태도를 보고 깊은 내면에서 꿈틀거렸던 죽음에 대한 두려움을 해소했다. 그리고 할 무어 중령은 그 약속을 지켰다.

'말보다는 행동으로 증명하라'는 말이 있다. 이 말은 개인보다 팀에서 그 가치가 드러난다. 솔선수범은 조직을 이끄는 사람에게 가장 필요한 덕목이다. 팀을 위대하게 만드는 가장 강력한 힘이 바로 리더의 솔선수범이다. 큰 조직이든 작은 조직이든 예외는 없다. 리더가 단상에 올라 권한만 행사하고 직접 행동하지 않으면 그 팀은 반드시 문제가 생긴다. 권한만 가지고 지시하기보다는 솔선수범하며 결과에 책임지는 자세를 보여야 한다. 이는 팀원들이 리더를 신뢰하고 자발적으로 따르게 하는 원동력이기 때문이다.

군대에서 부하들이 가장 무서워하는 지휘관은 고함을 지르는 사람이 아니라 자신들과 함께 연병장을 뛰는 사람이다. 미 SEAL이 유명한 이유 중 하나는 바로 솔선수범의 리더십 때문이다. 미 SEAL의 BUD/S 훈련은 계급을 막론하고 같이 훈련하면서 유대감을 강화한다. 이를 통해 상급자는 부하가 어떤 어려움을 겪는지 공감할 수 있다. 그렇기 때문에 자신의 이익을 위해서 부하를 이용하지 않는다. 반대로 부하들은 상급자를 불필요하게 경계하거나 멋대로 욕하지 않는다.

나는 항상 부하들과 함께했다. 책상에 앉아 있기보다는 그들과 흙먼지를 같이 마시며 땀흘리기를 마다하지 않았다. 하지만 선배 장교들은, 장교가 책상에 앉아 서류나 작성할 것이지 왜 밖에서 몸으로 지휘하냐고 타박했다. 진급하고 싶다면 행정 업무에 더 집중하라고 권고했다.

그러나 나는 선배들의 지휘 방식이 팀에 얼마나 큰 타격을 주는지 이미 알고 있었다. 그래서 말을 듣지 않았다. 오히려 더 현장에서 팀원들과 함께 보내는 시간을 늘려갔다. 나에게 중요한 건 진급이 아니라 팀과 함께 완전 작전을 이루는 것이었기 때문이다.

함께 고생하고 성취를 나눈다는 건 리더와 팀원의 관계를 돈독하게 만든다. 리더는 부하에 대한 존경심을 가지게 되고, 부하는 리더에게 진실된 마음으로 충성하게 된다. 솔선수범하는 리더는 성실하고 진실한 사람이다. 성실한 사람은 신뢰할 수 있고 변하지 않을 거라는 믿음이 구성원들에게 스며들게 된다. 팀원의 마음을 움직일 수 있을 때 리더의 영향력은 배로 증가하고 비로소 진정한 조직으로 거듭날 수 있다.

리더의 솔선수범이 얼마나 중요한 일인지 잘 설명한 고전이 있다.

"윗사람이 예를 좋아하면 백성들을 감히 공경하지 않을 수 없고, 윗사람이 의를 좋아하면 백성들은 감히 따르지 않을 수 없으며, 윗사람이 신의를 좋아하면 백성들은 감히 성실하게 행동하지 않을 수 없다. 이처럼 하면 사방의 백성들이 그의 자식을 등에 업고서 올 것이다."

이 이야기는 자로가 스승 공자에게 정치에 대해 물었을 때 공자가 답한 내용이다. 리더십을 말할 때 빠지지 않는 단어가 바로 솔선수범이다. 솔선수범의 솔率은 이끈다는 뜻이다. 선先은 먼저이고, 수垂는 드리운다, 범範은 모범 즉 기준이다. 즉 이끄는 데 먼저 기준을 세운다는 뜻이다.

하지만 리더로서 솔선수범의 중요성을 아는 것과 실천하는 것은 별개다. 아는 데에만 그치지 말고 반드시 실천으로 증명해야 한다. 리더가 앞장서서 행동하는 조직에서는 구성원들도 책임을 회피하지 않는다. 단순히 지시에 의한 행동이 아니라 능동적으로 무엇을 해야 할지 스스로 고민하고 행동하게 된다.

그 어떤 훌륭한 말이나 글이 있다고 하더라도 리더는 몸소 행동하며 솔선수범의 표본이 되어야 한다. 왜냐하면 아무리 좋은 말도 행동과 일치하지 않는다면 팀원들은 리더가 그런 말을 할 자격이 있는지를 따지기 때문이다. 한번 의심받은 리더십은 그 순간부터 나락의 길을 걷는다는 걸 잊지 마라.

리더의 필수 자질

책상에 앉아서 이룰 수 있는 일들도 많았지만, 나는 그보다 직접 현장에서 행동하고 몸으로 증명하는 것을 선호해왔다. 내가 할 수 있는 것을 통해 다른 사람들에게 영감을 줄 수 있다면 그보다 좋은 것은 없다고 생각하기 때문이다. 군대에 있을 때도 계급 뒤에 숨어 부하들에게 책임을 전가하거나 불리한 상황을 피하지 않았다. 그런 모습은 나뿐만 아니라 팀을 망칠 수 있었다. 나의 리더십 성향 때문에 힘든 점도 많았지만 군인이라면 계급에 상응하는 책임을 행동으로 보여줘야 하는 것이 당연했다.

리더란 자기를 내세우는 사람이 아니라 조직의 비전을 제시하고 이끌어가는 사람이다. 자기가 하고자 하는 일만 할 수 없고 그렇게 해서도 안 된다. 진정한 리더는 '나'보다 '우리'를 중요하게 여기기 때문에 팀원들에게 믿음을 주면서 깊은 신뢰를 얻는다. 자신을 헌신해서라도 팀이 제 기능을 다할 수 있도록 만든다.

사실 리더십이란 끊임없는 내적 갈등을 통해 얻는 관계의 종합체다. 그 누구도 리더로서 완벽한 사람은 없다. 그러나 조직을 위해 훌륭한 리더가 되려고 하는 것, 이게 바로 리더의 마음가짐이라고 생각한다. 리더란 태어나는 게 아니라 만들어지는 것이기 때문이다.

리더가 리더답기 위해서는 원칙을 고수하면서 구성원들에게 신뢰를 얻어야 한다. 만약 리더가 원칙을 시시때때로 바꾸고 원칙에 위배되는 행동을 한다면 그 팀은 실패할 수밖에 없다. 그렇다면 리더가 가져야 할 필수 자질은 무엇일까? 리더에게 요구되는 자질은 조직의 성격과 기능에 따라 달라지겠지만 기본 태도는 일맥상통한다고 본다.

첫째, 말한 대로 행동하라.

나는 말이 앞서는 사람들을 그다지 좋아하지 않는다. 단순히 말이 많은 걸 싫어한다기보다 과장된 말에 비해 행동이 비어 있는 경우를 경계한다. 만약 당신이 리더라면 입 밖으로 꺼낸 말은 반드시 지켜야 한다. 자기 말에 책임을 지고 실천하라는 뜻이다. 한마디 말을 하기에 앞서 내가 정말로 실천할 수 있는지 한번 생각해보자. 지금 당장 할 수 없는 일이라면 다른 사람들 앞에서 할 것처럼 떠벌리지 말고 기다리자. 스스로 준비가 됐다고 생각할 때 비로소 이야기하고 직접 행동으로 보여주는 게 좋다.

둘째, 행동하려는 의지가 우선이다.

실행력은 아무리 강조해도 지나치지 않을 정도로 삶에 유익하다. 행동으로 증명하라는 말은 무엇을 하고자 하는 의지를 확실하게 표명하라는 뜻이다. 리더로서 구성원에게 성과물을 보여줄 수 있다면 가장 좋다. 리더가 성과를 달성하는 과정에서 보이는 의지력과 행동력은 팀원들에게 좋은 본보기가 되기 때문이다.

실패가 두렵다고 아무것도 하지 않는 것보다는 실패하더라도 자신의 말을 증명하고자 노력하는 자세가 필요하다. 리더의 말이 논리적이라는 것을 보여주려면 그 방법은 행동뿐이다. 당신이 움직이지 않으면 팀원들도 멀뚱거리며 관성을 유지하려고 한다는 걸 기억하라.

셋째, 자기 자신에게 증명하라.

팀원들을 움직이게 하기 위해 보여주기식 행동을 하는 건 절대 옳지 않다. 그것은 결과적으로 당신을 속이는 일이다. 아예 행동하지 않는 것보다 나을 게 없는 행위다. 행동의 주체는 당신이고, 실천의 의지도 결국 당신으로부터 비롯된다. 팀원들을 움직이게 할 심산으로 팀을 갉아먹는 행동을 할 필요는 없다. 팀을 위한 모든 행동은 진실되고 정직해야 한다.

팀을 위한 일이고 당신의 가치와 신념에 부합하는 일이라면 그게 무엇이든 가치 있다. 그 과정은 오롯이 당신과의 싸움이다. 팀원들의 사기를 진작하고 그들에게 승리의 맛이 무엇인지 깨닫게 해주려면 당신이 먼저 승리의 깃발을 올려야 한다. 자기 자신에게 증명함으로써 팀원들을 따르게 하는 전략인 것이다. 신념대로 행동하고 증명할수록 경험의 가치는 더욱 높아지고 보다 발전할 수 있다. 그리고 그런 팀장을 팀원들은 따를 수밖에 없다.

리더는 원래 모호한 경계에 있는 자리다. 온전히 자기 고집으로만 사물을 탐구하고 세상을 바라보는 게 아니라 다양한 사람들의 의견을 청취하고, 정치, 사회, 문화, 역사를 참고한다. 리더가 '나는 이런 사람이야'라고 경계를 지으면 팀원들은 다가갈 수 없고 무엇보다 자기 분야에서 발전하기 어렵다.

리더의 자질에 대해 세 가지를 강조했지만 마지막으로 말하고 싶은 태도는 바로 수용성이다. 리더의 수용성은 조직에 커다란 영향을 미친다. 구성원들의 의견을 곧이곧대로 적용할 수는 없더라도 리더는 모든 의견을 수용할 줄 알아야 한다. 듣기 싫은 의견일수록 오히려 더 귀 기울여 듣는 편이 좋다.

수용적인 태도가 있나 없나에 따라 조직 분위기에서부터 성과까지 많은 부분에 영향을 끼친다. 리더의 수용 태도가 부정적이면 팀원들은 타성에 젖고 거짓을 말한다. 반대로 긍정적이면 팀원들은 늘 에너지가 넘치고 문제를 문제라고 말할 수 있게 된다.

나는 군 조직을 경험하며 가슴속 깊은 곳에서부터 끓어오르는 소속감과 애국심을 가지고 있었지만, 지휘관과 부하의 소통 체계는 발전시킬 부분이 많다고 생각했다. 부하들의 의견이 자신의 의견과 다르면 목소리를 지나치게 높이며 강압적인 분위기를 형성했다. 또한 외적인 모습에만 치중하느라 내적으로 발전해야 할 기회를 놓치기도 했다. 무엇보다 우유부단한 성격으로 타이밍을 놓칠 때가 있었다.

팀은 말 그대로 혼자가 아닌 다수가 협력하는 게 본질이라는 걸 알아야 한다. 구성원들의 불만과 문제를 식별하고 가능하다면 일하는 방식을 과감하게 바꿔야 한다. 경험이 적고 나이가 어리다고 해서 그들의 의견이 당신보다 하찮은 것은 아니다. 오히려 당신이 앞으로만 가는 데 시간을 쏟느라 보지 못했던 일들을 팀원들이 더 잘 알고 있을 수도 있다. 리더로서 이러한 팀의 본질을 알고 모르는 것이 얼마나 큰 차이를 만들겠는가?

리더의 수용성은 좋은 팀을 만들기 위한 필수 자질이다. 리더다운 수용성을 갖추지 못한다면 그 팀은 절대로 앞으로 나아갈 수 없을 것이다.

함께 가야
멀리 갈 수 있다

문제는 팀워크다

개미들은 서로의 힘을 모으지 않으면 아무것도 얻지 못한다. 개미들이 살을 에는 추위에도 굴하지 않고 겨울을 버틸 수 있는 것은 충분한 식량을 확보해서가 아니다. 식량을 모을 수 있는 팀워크가 있었기에 버틸 수 있는 것이다. 아프리카 열대우림에 개미떼가 나타나면 제아무리 덩치가 크고 사나운 맹수라고 하더라도 도망칠 수밖에 없다. 맹수들이 두려워하는 것은 개미가 가진 각각의 힘이 아니라 체계적이고 완벽한 팀워크다.

사람도 마찬가지다. 사람은 누구나 독립된 존재이지만 동시에 의존적인 성향을 지니고 있어 타인과 교류하며 살아가야 한다. 이는 타인과의 협력을 통해 개인의 불완전함을 채워가는 과정이며 각자로서는 이루어낼 수 없는 최고의 성과를 달성하는 길이다. 우리가 두 명 이상이 연대해 팀을 이루는 궁극적인 이유는 공통의 목적과 목표를 보다 쉽게 이루기 위해서다. 아무리 작은 힘이라고 하더라도 하나가 둘이 되고 둘이 셋이 되는 순간 엄청난 힘으로 변모한다.

이 과정에서 가장 중요한 마음가짐은 서로 뜻이 통하는 목적은 유지하면서 자기 자신의 욕심은 내려놓아야 한다는 것이다. 하나의 목적이 있다면 그것을 위해 기꺼이 헌신할 자세가 있어야 좋은 결과를 얻을 수 있다. 인내심과 타인에 대한 배려 없이는 팀워크를 완성하기 어렵다. 팀워크가 없는 사람이 이기주의로 흐르기 쉬운 이유다.

"팀으로 움직여!"

유튜브 콘텐츠 〈가짜 사나이〉 프로젝트에 교육대장으로 참가했을 때, 정말 중요하게 생각한 말이다. 〈가짜 사나이〉는 일반인들이 UDT 훈련을 리얼하게 체험하는 프로젝트였다. 이 프로젝트는 자신의 한계를 뛰어넘어 '진짜 사나이'가 되어

<가짜 사나이> 프로젝트 촬영

가는 과정이라는 메시지가 담겨 있었다.

〈가짜 사나이〉 프로젝트에서 가장 중요하게 여겼던 것은 교육생들의 안전이었다. 의료진이 대기하고 상시적으로 건강 상태를 체크했지만 일반인을 대상으로 하기 때문에 안전을 최우선으로 생각했다. 그 어떤 프로젝트든 안전사고를 미연에 방지하는 게 중요하기 때문이었다.

나를 비롯한 교관들이 훈련의 핵심적인 목표로 생각했던 부분은 개인의 능력이 아닌 바로 팀워크였다. 다양한 훈련이 진행되었지만 그중에서 팀워크를 볼 수 있는 훈련은 IBS 훈련이었다. UDT 훈련에서도 마찬가지지만 IBS 훈련의 가장 큰 목적은 바로 팀워크에 있다.

6~7명으로 이루어진 한 개의 팀이 IBS를 든 상태에서 누구 한 명이 엄살을 피운다고 생각해보라. 그 즉시 다른 훈련생에게 그 무게가 전가된다. 단 한 명이라도 힘을 제대로 써주지 않으면 IBS의 균형을 깨트리고 결국은 전체가 무너지게 되는 것이다.

UDT 훈련과 미 SEAL 훈련의 경우 마지막까지 살아남아 과정을 수료하는 게 더 중요한 것은 사실이다. 하지만 두 훈련을 실시하는 본질적인 목적은 따로 있다. 바로 위험한 전장에서 동료와 함께 끝까지 임무를 완수할 수 있는 사람을 구별하는 것이다.

영화에서 한 명의 히어로가 수많은 적을 상대하며 제압하는 장면과는 달리 실제 전장에는 6~7명으로 구성된 최정예 팀이 투입된다. 하나의 팀은 공통된 임무를 수행하기 때문에 자신만 생각하거나 팀을 위하지 않는 요원은 철저하게 배제한다. 주어진 역할에 충실하며 어떠한 경우라도 동료를 버리지 않고 임무를 완수하려는 사람을 뽑는 것이 두 훈련의 목표인 것이다.

앞서 UDT와 미 SEAL에서 종을 세 번 치는 것은 곧 포기를 의미한다고 말한 적이 있다. 종소리가 났다는 것은 IBS 훈련 중 누군가 포기했으며, 다른 누군가가 그 자리를 다시 메워야 한다는 것을 의미했다. 종소리가 세 번 울리면 교관은 훈련생들에게 모두 모이라고 외쳤다. 그리고 교관의 집합 명령에 미 SEAL BUD/S 훈련생들은 일사분란하게 정렬하고, 7명이 다시 하나의 팀이 되었다. 시간이 지날수록 종소리 때문에 외치는 교관의 집합 명령도 늘어났다.

미 SEAL BUD/S 과정은 계급장을 달고 훈련하지만 교육생을 부를 때는 계급이 아닌 각자의 이름으로 부른다. 주로 장교들이 '보트 크루 리더'라고 불리는 팀의 선임을 맡는다. 교관이 보트 크루 리더에게 지시하면 리더는 자신이 속한 팀의 강점과 약점을 파악하며 팀원들에게 명령했다. 그 말은 팀을 이끄는 책임 또한 보트 크루 리더에게 있다는 뜻이다. 나 또한 미 SEAL BUD/S 과정 때, 우리 팀의 보트 크루 리더로 나머지 6명의 팀원을 이끌었다.

IBS 훈련에서 키가 가장 작은 조를 '스머프'라고 부르는데, 키 순서대로 섰을 때 가장 작은 조라서 붙여진 별명이다. 스머프팀이 가진 신체적 약점 때문에 절대적으로 불리했을 것 같지만 그들의 행보는 아주 인상 깊었다.

처음에는 스머프팀이 주로 꼴지를 밥 먹듯이 하고 상대적으로 키가 컸던 팀이 상위 성적을 냈다. 아무리 체력적으로 뛰어난 훈련생들이었지만 신체적 조건 차이는 엄연히 존재했다. 하지만 시간이 지날수록 성적이 바뀌었는데 특이한 점은 가장 시끄러운 팀이 늘 꼴지를 한다는 것이었다.

IBS 아래에서 펼쳐지는 분위기는 팀마다 극과 극이었다. 경주에서 꼴찌를 하고 얼차려까지 받고 나면 그야말로 보트 밑은 아수라장이다. 키가 컸던 팀이 얼차려를 받자 서로가 서로를 욕하고 비난하는 소리가 고스란히 들려왔다. 가끔 보트 크루 리더와 팀원이 주먹다짐을 하는 경우도 있었다.

한번은 교관이 매번 꼴등하는 팀의 보트 크루 리더를 불렀다. 그리고 항상 꼴등을 하는 이유에 대해서 말하게 했다. 그때 꼴등팀의 보트 크루 리더는 자신은 제대로 지시를 내렸지만 팀원들이 자신의 말을 듣지 않는다고 말했다. 그 이야기를 들은 교관은 꼴등팀과 1등팀의 보트 크루 리더를 서로 바꿨다.

결과는 어땠을까? 매번 꼴등하던 팀이 1등이 되었다. 원래 1등 팀의 보트 크루 리더는 팀의 문제점을 파악해 좋은 방향을 제시했고 팀원들의 사기를 끌어올렸다. 그리고 무엇보다 절대 팀원을 비난하지 않았다. 원래 꼴등이었던 팀의 문제는 팀원이 아니라 팀워크를 이끌어내지 못한 보트 크루 리더의 문제였던 것이다.

자기는 남과 전혀 관련이 없으며 나의 힘으로 모든 것을 이뤄왔다고 착각하는 사람들이 있다. 나 혼자만 잘하면 되는 걸 왜 복잡하게 여러 사람이 모여 쉬운 일도 어렵게 하는 것인지 회의감이 들 수 있다. 하지만 이는 자신과 팀을 갉아먹는 옳지 못한 생각이다.

여러 사람과 팀워크를 이루면 자신이 이룰 수 있는 성과보다 더 높은 결과를 창출할 수 있다. 이뿐만 아니라 인간으로서 배워야 할 중요한 가치와 자신만의 철학을 깨닫게 된다. 팀워크는 평범한 사람들이 비범한 결과를 만드는 강력한 힘이다. 이것을 깨닫지 못하는 사람은 평생 자기만의 세상에 갇혀 삶의 진정한 가치를 모르고 살게 된다.

팀에서 발생하는 모든 문제는 팀워크에 있다. 팀워크란 각자가 가진 마음과 팀의 목표를 일치시키는 일이다. 일의 개념과 방식에 대한 팀장과 팀원의 생각이 일치하지 않는다면 반드시 문제가 생긴다.

혼자서는 결코 해낼 수 없다

내가 속한 IBS 팀은 키 순서로 봤을 때 중간 정도였지만 꾸준하게 중상위 성적을 유지했다. 다른 팀들보다 팀워크가 좋았다. 팀원들 간의 호흡이 제법 좋아 서로를 독려했고, 포기하는 사람이 생겨 팀을 다시 정렬할 때도 가급적이면 끝까지 같은 팀이 되려고 애썼다.

신체적으로는 너무 힘들었지만 정신적으로 강력한 유대감을 가지고 있었다. 우리 팀은 IBS 훈련 중 서로의 자리를 바꿔가며 훈련했다. IBS를 머리에 이고 달릴 때 대부분의 무게를 지탱하는 가운데가 가장 힘들었는데, 상대적으로 앞쪽과 뒤쪽은 그나마 상황이 괜찮았다. 그래서 앞쪽 두 자리는 드라이버로서 방향을 결정하는 자리로 정하고, 맨 뒤의 두 자리는 힘이 덜 들어 휴식 자리로 정했다.

나는 조금이라도 각자의 체력을 비축할 수 있도록 10분에서 30분 간격을 두고 자리를 바꿀 것을 지시했다. 사실 IBS 아래서는 모두가 극한의 고통을 느꼈다. 위치를 바꾼다고 해서 고통에서 벗어나는 건 아니었다. 그럼에도 내가 이런 결정을 한 이유는 서로의 위치에 대해 의심을 없애기 위함이었다. 서로가 서로의 고통을 인지한다는 것은 나에게 굉장히 중요한 부분이었다. 1차적으로는 자기 자신이 중요한 역할을 하고 있다는 것을 느끼게 해주고 싶었고, 2차적으로는 나와 함께하는 전우의 중요성을 깨닫게 해주고 싶었다.

나의 예상은 적중했다. 우리는 아주 잠깐의 휴식이 있을 때마다 서로를 격려했다. 국가, 종교, 정치, 출신을 떠나 모두 하나가 되는 순간이었다. 자신보다는 동료의 위치의 중요성을 강조하며 스스로를 낮췄다. 혼자서는 결코 해낼 수 없다는 사실을 알고 있었기에 팀의 목표를 향해 힘을 모았다.

야간 IBS 훈련 때는 상황이 조금 달랐다. IBS를 타고 밤바다로 나가는 훈련은 시야가 확보되지 않고 무엇보다 몸이 젖은 상태라서 더 힘들었다. 낮에는 악으로 깡으로 버텼지만 밤이 되면 잠이 밀려오고 그만큼 정신력도 흐려졌다. 지옥주 3일 차쯤 되면 겪게 되는 하나의 통과의례가 있는데 바로 환영이다. 잠을 자지 못하고 하루 종일 훈련하기 때문에 100% 환영을 보게 된다. 나는 이미 UDT 지옥주에서 환영을 겪어 미 SEAL에서는 극복할 줄 알았는데 예외가 아니었다.

IBS를 타고 깜깜한 바다 위에서 패들을 젓고 있었다. 그런데 팀원들의 머리카락이 길게 보였다. 복장이나 상황은 그대로였는데 머리카락만 길었다. 환영이라는 것을 알고 있었지만 너무나 실제처럼 보여서 앞 팀원의 긴 머리카락을 만져보려 했다. 당연히 환영이었다.

어떤 팀원은 야간 IBS 훈련 중 갑자기 시체가 보인다고 하면서 바다로 뛰어들었다. 나는 아무것도 보이지 않았지만 동료를 구하려고 무작정 바다로 몸을 던졌다. 상황이 별로 좋지 않은 상태에서 그 팀원을 구하기 위해 나도 많은 힘을 소비했다.

혼자서는 도무지 감당하기 힘든 순간이었다. 나는 이대로는 실패할 것임을 직감했다. 그래서 돌아가며 배 가운데에서 쪽잠을 취하도록 지시했다. 교관들이 보트를 타고 순찰했지만 야간에는 우리를 잘 볼 수 없었다. 교대로 쪽잠을 자다가 보트가 다가오면 얼른 깨우고 보트가 다시 멀어지면 누군가는 보트 가운데서 달콤한 휴식을 취했다. 함께 생존하기 위한 최고의 전략이었다. 덕분에 서로에 대한 믿음은 굳건해졌고 팀워크는 더 좋아졌다.

조직 생활을 하다 보면 자신의 능력만을 믿고 잘난 체하는 사람을 종종 보게 된다. 그런 사람들의 끝이 어떻게 되는지 우리는 아주 잘 알고 있다. 강력한 신체 조건뿐만 아니라 두뇌까지 명석했지만 동료들과 협동하지 않고 독불장군처럼 행동했던 모든 이들은 결국 목표에 도달하지 못했다. 그들이 초반부터 유리한 위치를 선점하고 있었음에도 불구하고 실패했던 이유는 바로 겸손하지 않았기 때문이다.

자기 자신에 대한 확신을 드러내고 진취적인 행동으로 팀의 분위기를 살리는 사람은 멋져 보이지만, 팀이 가고자 하는 방향과 반대로 가는 사람은 추해 보인다. 겸손은 인간관계를 원만하게 만드는 핵심이자 자신을 보호하는 방패 같은 것이다.

내가 미 SEAL 과정에서 만난 동료들과 칠흑 같은 어둠 속에서 생존할 수 있었던 이유는 바로 겸손이었다. 혼자서는 주어진 미션을 완벽하게 수행할 수 없다는 사실을 보트 위의 모든 동료들은 알고 있었다. 이런 이유로 자신이 가진 유리한 조건을 팀을 위해 헌신했으며 절대로 으스대거나 다른 동료를 무시하지 않았다. 그게 우리 팀이 가진 강점이었다.

당신이 어떤 조직의 팀장이거나 팀원이라면 겸손이 팀을 위한 기본적인 자세라는 걸 알아야 한다. 불가사의라고 여겨지는 만리장성이나 피라미드도 결국은 벽돌 한 장으로 시작된 일이다. 그것은 아무리 개인의 능력이 뛰어나다고 하더라도 혼자서 다 쌓을 수 없는 일이다. 물론 개인의 능력을 갖추는 건 기본 중의 기본이다. 그럼에도 겸손이 중요한 이유는 자신을 낮춤으로써 팀의 조화를 이루려는 데 있는 게 아니다. 그보다 혼자서는 결코 해낼 수 없다는 걸 인정하고 힘을 하나로 합치는 데 있다.

당시 나와 함께 교육받았던 우리 팀은 7명 중 6명이 미 SEAL이 되었다. 30% 정도의 BUD/S 최종 합격률에 비추어

봤을 때 실로 어마어마한 수치다. 이런 놀라운 결과가 가능했던 건 서로를 위한 배려와 믿음, 무엇보다 겸손한 태도로 팀을 우선하는 마음이 있었기 때문이다. 혼자서는 불가능하지만 함께하면 가능하다는 믿음으로 이뤄낸 결과였다.

물음으로써 하나가 된다

리더에게 간결성과 명확성은 본바탕이지만 그것만으로는 뛰어난 리더가 될 수 없다. 리더의 품격을 한 단계 격상시키고 수준을 다르게 만드는 것은 바로 '왜'라고 묻는 자세다. 좋은 리더는 구성원에게 문제에 대한 다양한 해결 방법을 제시한다. 하지만 뛰어난 리더는 구성원들에게 스스로 이유를 찾게 하고 조직의 비전에 공감하게 만든다.

손자는 장수를 맹장猛將과 지장智將, 덕장德將, 세 가지 유형으로 나눴다. 『삼국지』의 등장인물을 보면 리더의 유형을 쉽게 이해할 수 있다. 맹장은 용맹함과 뛰어난 전투력으로 전투에서 군사를 진두지휘하는 인물이다. 대표적 인물로 장비를 들 수 있다. 지장은 날카로운 예지력과 통찰력으로 부하를 지휘하고 다양한 전술 구사 능력을 갖춘 인물이다. 뛰어난 지략과 견문을 갖춘 전략가로 조조나 제갈량 등이 이에 해당한다. 덕장은 솔선수범하는 장수로 따뜻하고 부드러운 이미지로 부하를 통솔한다. 제갈량을 찾아가 삼고초려했던 유비와 같은 인물을 덕장의 대표적 예로 꼽는다.

실제로 어떤 장수가 제일 낫다고는 견줄 수 없지만 흔히 맹장은 지장을 이기지 못하고 지장은 덕장을 이기지 못한다고 말한다. 전투를 승리로 이끄는 뛰어난 지략과 용감한 전투력도 필수지만 부하의 마음을 사로잡는 마음이야말로 최고라는 의미다. 리더는 팀원들로 하여금 왜 싸워야 하는지, 왜 이겨야만 하는지에 대해 스스로 깨닫게 만들어야 한다. 또 뒤에서 작전을 지시하는 것만으로는 팀원들을 하나로 만들 수 없다. 팀원들을 이끌고 최전방에서 싸울 때 비로소 조직의 존재 이유와 개인의 비전을 일치시킬 수 있다.

군 생활 동안 수많은 작전 브리핑을 들었지만, 그때마다 가장 아쉬웠던 것이 바로 왜 이 작전을 수행해야 하는 지에 대한 이유의 부재였다. 수많은 페이지의 PPT에는 다양한 이미지와 정보들이 빽빽하게 들어가 있었지만 임무의 본질인 작전의 이유가 빠져 있었다. 외형적으로 또는 기술적으로 뛰어난 브리핑이라고 하더라도 '왜'가 빠진 브리핑은 매너리즘에 빠지기 마련이다. 군인에게는 조국과 국민을 지키는 것이 가장 큰 명분이다. 매번 반복적으로 하는 일일수록 마음가짐은 늘 본질에 닿아 있어야 한다.

의미와 명분은 구성원들에게 보람과 즐거움을 주고, 특히 자율성은 전체 조직의 성장을 이끈다. 리더는 구성원들에게 동기부여를 해주는 동시에 스스로 그 주체가 되어야 한다. 말만 번지르르하고 몸소 보여주지 않는 리더의 말은 설득력이 떨어진다. 하지만 솔선수범으로 앞장서는 리더의 말은 구성원의 공감을 얻을 수 있다.

나는 작전 브리핑을 할 때마다 죽음을 두려워하지 않고 동료를 위해 목숨을 바칠 수 있어야 한다고 말했다. 그리고 가장 위험한 순간에는 선두가 되어 작전에 임했다. 왜 이 작전을 성공시켜야 하는지, 왜 동료를 지켜야 하는지를 말과 더불어 행동으로 실천하려 노력했다. 이를 통해 팀원들의 신뢰를 얻을 수 있었고 많은 임무를 성공적으로 완수할 수 있었다.

강한 팀을 만드는 법

어느 팀이나 강한 조직력을 원하지만 때때로 리더의 원칙과 팀원의 업무 방향이 충돌할 때가 있다. 이런 상황은 어느 조직에서나 흔히 볼 수 있다. 원칙을 분명하게 지키는 조직이 될 것인지 아니면 유연하고 융통성 있는 조직이 될 것인지를 두고 우리는 늘 고민한다. 어느 조직에나 방침과 원칙은 존재한다. 다만 이 모든 것은 원활한 업무와 조직의 성과를 위해 존재한다는 것을 기억해야 한다.

수학적인 논리로는 1 더하기 1은 2가 되지만 조직은 1 더하기 1이 0이 될 수도 있고 또는 10이 될 수도 있다. 하나의 팀을 이루는 구성원 전체가 어떻게 행동하느냐에 따라 실패와 성공이 갈라진다는 말이다. 능력이 뛰어난 개개인을 데리고 팀을 구성했다고 해서 성과가 보장되는 것은 아니며, 반대로 능력이 부족한 팀원들로 팀이 구성되었다고 해서 항상 실패만 하는 것은 아니다. 성패는 각 구성원들을 관리하는 리더의 역할에 달려 있다.

팀을 단결하게 만드는 기본 요인은 바로 신뢰다. 신뢰는 조직의 거시적인 목표를 달성하는 데 가장 원초적인 힘이 된다. 그래서 만약 팀원들의 입장에서 정보가 부족하다거나 팀이 잘못된 방향으로 가고 있다고 느끼게 되면 그 조직은 와해된다. 자신의 팀원을 피로와 결핍, 두려움으로부터 지키고, 가장 먼저 어려움에 뛰어드는 리더는 팀원들에게 무한한 신뢰를 얻게 된다.

만약 당신의 팀이 위기 속에 있다면 그 문제를 팀원들의 탓으로 돌려선 안 된다. 왜 이런 문제가 일어났는지 스스로에게 물어야 한다. 팀원들이 원하는 리더는 자신을 편하게 해주는 사람이 아니라 힘들고 어렵지만 성과를 보장해주는 사람이다. 지금이라도 함께 멀리 갈 수 있는 조직을 만들고 싶다면 방법을 바꾸어보자. 팀원들이 가진 능력을 믿고 그들과 함께 만들어갈 팀의 최종 모습을 간절히 기대해보자.

내가 UDT와 미 SEAL을 통해 배운 것이 있다면 강한 팀은 팀장에 의해 만들어진다는 사실이다. 팀장의 능력이 아무리 뛰어나더라도 팀원들과 인간적인 관계를 맺지 못하면 그 팀은 결국에 탈락했다. 그러나 팀장 개인의 능력이 조금 부족하더라도 팀원들로부터 깊은 신뢰를 얻으면 그 팀은 어떻게든 살아남았다.

간혹 자신이 리더라고 무소불위의 권력을 행사하며 팀의 구성원들을 두렵게 만드는 사람이 있다. 또는 정보를 공유하지 않고 자신이 정보의 우위를 차지함으로써 팀원들을 강압적으로 이끄는 경우도 있다. 이는 강한 팀을 만드는 요건이 아니라 팀을 최약체로 만드는 지름길이다.

지금부터 내가 말하는 강한 팀의 요건은 내가 팀을 운영할 때 가장 중요하게 생각하는 것들이다. 조직의 성격과 특성에 따라 운영 방식에 조금의 변화가 있기는 하지만 기본적으로 나는 이 원칙을 추구한다.

첫째, 목표를 함께 공유하라.

확실한 목표는 기본적으로 흔들리지 않는 마음가짐을 지녔다는 것을 뜻한다. 흔들리지 않는 마음가짐은 목표 지점까지 갈 수 있는 원초적인 힘이다. 그래서 리더가 팀에 소속된 모두에게 공통의 목표를 심어주지 않는다면 조직이 흔들릴 수 있다.

팀의 목표는 길을 잃지 않고 목적지에 도달할 수 있도록 만드는 이정표와 같다. 리더는 명확한 목표를 제시하고 달성 시한을 정해 모든 힘이 응집될 수 있도록 해야 한다. 서로가 성공을 통해 이루고자 하는 인생의 비전은 다르더라도 인간이 가진 성공 의지를 독려해 팀이 가고자 하는 방향을 확실하게 공유하는 게 핵심이다.

둘째, 효율성을 높여라.

강한 팀을 만드는 데 효율성을 높인다는 말은 각자의 역할을 확실하게 구분한다는 의미와도 같다. 구성원들끼리 임무가 중복되거나 구분이 없으면 불필요한 노력과 시간을 소모하게 된다. 또 문제가 발생할 경우 책임을 묻기 어렵고 이에 따라 사기 저하를 불러올 수 있다.

리더는 구성원의 장점에 따라 역할을 분배하여 각자가 최고의 결과물을 낼 수 있는 여건을 만들어야 한다. 또 구성원

은 자신의 역할을 충실하게 이행해 팀 전체의 목표가 이루어
질 수 있도록 최선을 다해야 한다.

　셋째, 서로를 비난하지 마라.
　팀워크를 위한 기본 조건은 서로를 존중하는 것에서부터
시작된다. 인간은 누구나 스스로에 대한 자긍심을 가지고 산
다. 그래서 다양성을 인정하지 않으면 팀이 한 방향으로 나아
가는 데 상당한 걸림돌이 된다. 누구나 조직 내에서 존중받기
를 원한다는 걸 기억해야 한다.
　존중의 시작은 비난하지 않는 것이다. 작전이나 프로젝트
를 진행하면 개개인에 따라 작업의 스타일이나 속도가 다르
다. 프로젝트 초창기 업무 적응에 시간이 걸리는 팀원이 있
고, 시작할 때는 의욕이 넘치지만 마지막까지 밀어붙이는 힘
이 부족한 팀원도 있다. 서로의 장단점이 다른 것일 뿐 목표
는 같다.
　리더는 이런 상황이 팀원들 간의 비난으로 이어지지 않도
록 지혜롭게 행동해야 한다. 칭찬은 모두의 앞에서 하고 지적
은 따로 불러서 하되 어떤 경우에도 인격적인 모욕은 삼가야
한다. 팀원들의 개인적인 상황을 하나하나 확인하면서 문제
의 원인을 파악하고 그것을 해결해주는 결단이 필요하다. 무
엇보다 문제가 생긴다면 원인과 책임은 명확하게 밝혀내되

이를 개인의 문제로 치부해서는 안 된다.

넷째, 함께할 때 가능하다는 것을 믿어라.

구성원들이 서로를 비난하지 않는다면 팀워크를 저해하는 가장 큰 요소가 없다는 것이다. 그렇다고 팀워크가 저절로 생기지는 않는다. 그다음은 서로 간의 신뢰가 필요하다. 팀워크는 구성원들이 서로 소통하고 상호 신뢰할 때 비로소 생기게 된다. 특출난 몇몇의 능력으로 팀은 성공할 수 없다. 자신의 역할을 충실히 하고, 서로가 각자의 자리에서 최선을 다하고 있다는 믿음이 있어야 한다. 리더는 구성원들 각자의 업무를 팀 전체의 성과로 이끌어낼 수 있도록 방향을 제시하고 성공할 수 있다는 것을 보여줘야 한다.

이 모든 것은 진정성 있는 대화를 통해 이룰 수 있다. 팀원들은 팀의 문제가 무엇인지 어느 누구보다도 잘 알고 있다. 당신은 팀원들이 느꼈던 모든 감정을 수용하고 그들이 말하는 팀의 문제에 대해 알려고 노력해야 한다. 그래서 불필요한 것을 과감하게 바꾸고 필요하다면 원칙을 바꿀 수 있는 강단도 보여야 한다. 모든 성과가 팀원들을 통해 달성될 수 있다는 믿음을 가지고 팀을 이끌어야 한다.

그러므로 팀원들과 자주자주 대화를 나눠라. 처음에는 아무엇도 문제가 없는 척하지만, 대화를 하면 할수록 팀원을 통해 당신이 몰랐던 진실을 알게 될 것이다. 당신은 그 진실을 용기 있게 끄집어내 변화를 도모하면 된다. 우리는 혼자서는 갈 수 없다. 하지만 팀이 있다면 상상도 하지 못한 곳까지 갈 수 있다.

리더는 결단과 책임의 종합체다

리더의 숙명에 따르라

어느 날, PKM^{Patrol Killer Medium} 고속정을 타고 동해의 거친 바다 위에서 작전을 준비 중이었다. 팀 훈련의 목표는 고무보트를 타고 해안까지 20여 킬로미터를 이동하는 것이지만 기상조건이 최악이었다. 고무보트로 강풍과 파도를 뚫고 목적지에 침투하기엔 역부족이었다. 나는 훈련의 진행 여부를 결정해야만 했다. 작전의 성공도 중요하지만 팀원들의 안전을 지키는 것 또한 지휘관의 가장 기본적인 의무였다. 그래서 약간의 부담도 있었다.

순간 그런 생각이 들었다. 전장에서 기상을 어떻게 바라볼 것인가에 대한 짧은 생각이었다. 항상 우리가 원하는 대로 유리한 기상 조건이 만들어지는 건 아니었다. 기상이 우리에게 불리하다는 건 적에게도 좋지 않은 상황일 수 있었다. 나는 기상은 적응하는 게 아니라 극복하는 것이라고 팀원들에게 말했다. 부담스러운 기상 조건이었지만 UDT에게 불가능은 없었다. 팀원들의 의욕과 컨디션을 최종 고려해서 훈련을 진행하기로 결정했다.

체감 온도는 영하 30도, 자칫 강추위에 팀원들이 위축될 수 있어 계속 독려했다. 안전을 위해 평소보다 무전 장비와 개인화기 등은 물론 고무보트 엔진까지 꼼꼼하게 확인했다. 모든 준비를 마치고 PKM 고속정에서 고무보트를 바다로 내리는 순간이었다. 순간 높은 파도가 덮치면서 고무보트에 물이 가득 찼다. 순식간에 일어난 일에 속수무책이었다.

고무보트가 바다에 닿자마자 우리 팀은 신속하게 탑승했다. 인원 체크만 빠르게 진행했는데 더 큰 문제가 발생했다. 팀원 한 명이 자신의 개인화기를 잃어버린 것이었다. 군대에서 총기를 잃어버린다는 일이 어떤 상황인지 아마 다들 잘 알 것이다. 고무보트가 이미 가라앉기 시작한 상황에서 총기까지 찾아야 하는 순간이었다.

가뜩이나 강추위로 어려운 상황에서 우리 팀 모두는 맨손으로 고무보트에 찬 물을 퍼내기 시작했다. 정말로 최악의 상황이었다. 개인화기를 잃어버린 팀원은, 혹시나 고무보트에 가득 찬 물 때문에 자신의 총기가 보이지 않는다고 생각해 보트 바닥을 샅샅이 훑었다. 그러나 찾을 수 없었다.

나는 또 한 번 결단해야만 했다. 이미 고무보트는 보트만의 고유한 기능을 상실한 상태였다. 이대로 훈련을 진행했다간 인명 피해까지 일어날 수 있는 상황이었다. 나는 훈련 철수를 명했다. 우리 팀은 기상을 극복하겠다는 호기와는 반대로 기가 죽은 채 고속정에 복귀했다.

부대에 복귀해 방금 전 있었던 상황을 브리핑했다. 각 팀원들이 자신의 역할과 책임에 대해 보고했다. 게다가 헌병 조사까지 받으면서 팀의 사기는 아주 바닥을 쳤다. 물론 예기치 못한 상황이었지만 최악의 상황까지 고려했다면 충분히 막을 수 있는 사고였기에 지휘관으로서 책임을 피할 수 없었다. 앞으로의 군 생활에 큰 타격을 입을 수 있었고 어쩔 수 없는 부분이었다.

지휘관으로서 결정을 내렸다면 그에 대한 책임은 당연했기에 모든 책임과 징계를 받겠다고 했다. 며칠 후 징계 결과가 나왔는데 내가 아닌 개인화기를 분실한 팀원에게 징계가 내려졌다. 나는 말도 안 되는 결과에 분개했고, 지휘관으로서 팀원들을 책임지지 못했다는 생각에 얼굴을 들 수가 없었다. 다른 이유를 떠나 어쨌든 나의 불찰과 결단으로 생긴 일이었기 때문이다.

> "무엇인가를 결정하고 실행할 때 위험과 비용이 따른다. 하지만 그것은 장기적으로 안락한 정체에 빠지는 위험과 비용보다 훨씬 적다."
> _존 F. 케네디

나는 이 말을 통해 리더의 선택에 대한 통찰을 얻었다. 리더는 무언가를 결단하는 자리다. 결정과 결단은 의미상 비슷해 보이지만 조금 다르다. 결정이 행동이나 태도를 분명하게 정한다는 의미라면 결단은 결정적인 판단을 하거나 단정을 내리는 것이다. 결단의 '단斷'은 이어놓은 실絲을 도끼斤로 끊는다는 뜻이다. '단호한 결단', '결단의 시간'이라는 표현이 있는 것도 이러한 결단의 의미를 방증한다.

그만큼 과감하게 끊어내고 덜어내는 것이 리더의 숙명인 것이다. 때로는 열에 아홉이 반대하더라도 앞으로 나아가야 할 경우가 있고, 대부분이 찬성하더라도 멈춰야 할 때가 있다. 리더가 모든 사람들의 이해관계를 보장하거나 이익을 대변해줄 수는 없다. 누군가는 손해를 보기도 하고 어떤 이들은 리더의 결정에 불만과 비판을 제기도 한다.

그날 기상 악조건 속에서도 훈련을 강행한 건 결과적으로 봤을 때 분명히 잘못된 선택이었다. 팀의 총 책임자로서 더 신중해야만 했고 팀원들의 열의를 조절해줘야 했다. 상부의 지시와 팀의 의지를 적절히 배합해 더 나은 쪽으로 결단하는 게 옳았다. 그럼에도 불구하고 한편으로는 잊을 수 없는 깨달음을 얻기도 했다.

모든 사람을 만족시키는 결정은 있을 수 없다. 그래서 리더의 결단이 중요한 것이다. 만장일치인 상황에서는 누구나 쉽게 결정할 수 있다. 하지만 리더가 마주하는 상황은 대부분 애매모호한 상황이다. 어느 쪽을 선택하든 반드시 희생과 불이익이 발생한다는 것이다. 그렇다고 결단하지 않을 수 없다. 조직의 문제는 복합적으로 또 동시다발적으로 발생한다. 리더는 조직의 이익을 위하여 필요한 순간에 선택해야만 한다.

이미 좋은 결과가 예상되는 결단이라고 해서 꼭 그렇게 되는 것도 아니다. 보통 신중하게 의사결정을 해야 한다는 핑계로 확신이 들 때까지 결정을 미루게 된다. 100% 확신이 들고 나서 내린 선택은 오랜 시간 공을 들였기 때문에 다시 바꾸기 어렵다. 하지만 이러한 실수 또한 받아들이고 더 큰 피해를 막기 위해 또 다른 결단을 내려야만 한다. 흔히 소처럼 한 가지 일을 우직하게 밀고 나가는 것을 높게 평가하기도 하지만 그러한 행동이 항상 좋은 결과를 가져다주지는 않는다.

우리 팀은 그날 분명히 실패했지만 이후 모든 일에서 성공적으로 임무를 완수했다. 큰 실패를 경험했기 때문이었고 무엇보다 우리의 선택을 부정적으로 치부하거나 폄하하지 않았다. 우리는 결과를 받아들였고 다시는 그런 행동을 하지 않기 위해 각자의 몫을 충실히 해냈다. 실패가 또 다른 성공이 되는 순간이었다.

하나의 조직에서 리더는 대부분 한 명이다. 수많은 임원과 직원으로 구성되어 있다고 하더라도 팀 단위의 리더에게는 중압감이 있을 수밖에 없다. 나는 그런 사람들에게 결단하기를 숙명처럼 받아들이라고 말하고 싶다. 피할 수 없다면 즐기는 게 상책이다. 조직은 성공과 실패를 반복하며 목표에 도달한다. 당신의 결정이 실패하더라도 포기하지 마라. 오히려 실패를 통해 또 다른 기회를 발견할 때 당신의 팀은 승리하게 될 것이다.

모든 것을 책임지는 자

인간이 자신의 일에 책임을 지는 것은 당연지사다. 그것은 고결한 행동이며 인간이 인간으로서 할 수 있는 수준 높은 가치다. 우리가 사는 세상은 공동체를 기반으로 발전하기 때문에 각 개인의 책임 의식이 없다면 큰 혼란에 빠질 것이다. 책임을 다하려는 자세와 행동을 통해 사회가 발전하기 때문이다.

책임감이 있는 리더와 그렇지 않은 리더의 차이는 천양지차다. 리더는 개인의 책임 외에도 조직에서 발생하는 문제에 책임 의식을 지녀야 한다. 자신이 저지른 실수나 실패가 아니더라도 리더는 모든 책임에 대해 통감하며 조직을 발전시켜야 한다. 만약 리더가 자리만 차지하고 책임지지 않는다면 그 조직은 살아도 죽은 것이나 다름없기 때문이다.

『네이비씰 승리의 기술』의 저자로 잘 알려진 조코 윌링크는 1990년부터 2010년까지 20년간 미 SEAL에서 복무했던 전설적인 인물이다. 처음에는 8년 동안 미 SEAL 1팀과 2팀에서 부사관으로 임무를 수행했다. 이후 장교로 임관하여 아시아, 중동, 유럽 등지에서 복무하였고, 2006년 미 SEAL 3팀 예하 브루저 기동대 지휘관으로 전쟁이 한창이었던 이라크 라마디로 갔다. 공저자인 레이프 바빈은 브루저 기동대에 속한 2개 소대 중 하나인 찰리 소대 소대장이었다.

이들이 이끌던 브루저 기동대는 이라크 전쟁에서 가장 많은 훈장을 받은 부대가 되었다. 베트남전 이후 단 21명에게만 수여된 미군 최고 훈장인 '명예 훈장' 수훈자 마이크 몬수어를 비롯해, 클린트 이스트우드 감독의 영화 〈아메리칸 스나이퍼〉의 주인공으로 유명한 크리스 카일 등이 브루저 기동대 소속이었다. 조코 윌링크와 레이프 바빈 역시 은성 훈장을 받았다. 은성 훈장은 전쟁에서 큰 부상을 당하지 않고 귀환한 군인이 받을 수 있는 가장 최고 등급의 훈장이다.

그들이 이룬 가장 큰 업적은 바로 적군이 장악한 라마디를 탈환한 일이다. 라마디 전투는 미국 역사상 가장 패전 위험이 높던 전투로 꼽힐 정도로 위험하고 어려운 임무였다. 이렇게 역사적인 승리로 평가받는 전투에 참가한 조코였지만 그에게는 큰 사건이 하나 있었다.

조코가 라마디에서 치룬 첫 번째 작전에 아군 간 교전이라는 발생해서는 안 될 최악의 상황이 일어났다. 결국 그 전투에서 승리를 거두었지만 같이 작전에 참가한 이라크 병사 한 명이 사망, 두어 명이 부상을 당했고 팀원 한 명이 얼굴에 파편을 맞는 부상을 당했다.

조코는 임무를 완수했음에도 불구하고 자신의 지휘 아래

일어난 사고로 인해 모든 작전을 중단당했다. 자신이 그동안 쌓아왔던 명성이 하루아침에 무너져버렸다. 미 SEAL에서 최악의 오점을 남긴 지휘관이 되었다. 직속상관인 함장은 조사관을 임명하고 주임원사와 함께 이 사건의 브리핑을 받기 위해 오고 있었다. 그 뜻은 누군가는 군복을 벗어야 한다는 의미였다.

그는 자신에 대한 실망과 분노를 머금고 작전에 대한 정보를 모으기 시작했다. 그 과정에서 여러 사람의 치명적인 실수가 있었지만, 그중에서도 작전 정보가 제대로 전달되지 못한 것을 알게 되었다. 그리고 교전 중에 지휘관인 자신에게 들어와야 할 상황 보고가 제대로 되지 않았다는 것도 알게 되었다. 그는 상세한 상황 보고서를 쓰면서 가장 중요한 한 가지가 빠져 있음을 알게 되었다. 그것은 바로 누가 책임을 지느냐에 대한 문제였다.

그는 팀원과 각 팀장, 이라크군 등이 저지른 수많은 실수에도 불구하고 아군 간 교전이라는 최악의 상황에 대한 책임은 자신이 져야 한다고 생각했다. 자신이 군복을 벗는 일이 생기더라도 현장을 책임진 선임 장교로 잘못된 일에 대해서 책임을 지는 것이 마땅하다고 판단했다. 그는 함장 앞에서 이렇게 말했다.

"비난받아야 할 사람이 딱 한 사람 있습니다. 바로 접니다. 제가 지휘관이므로 모든 작전에 대한 책임이 있습니다. 상관으로서 저는 전투 중 벌어지는 모든 사건에 대해 책임을 져야 합니다. 저 말고 비난받아야 할 사람은 없습니다."

그는 군복을 벗게 되어 명예가 더럽혀지고 자존심에 상처를 입더라도 그게 자신이 할 수 있는 유일한 선택이라고 생각했다. 모든 상황에 대한 책임을 짊어지고 팀원들에게 자유를 주고자 했다.

'이제 정말 군복을 벗게 되었구나'라고 생각했을 때 결과는 예상 밖으로 흘렀다. 그가 모든 책임을 떠안음으로써 오히려 그에 대한 함장과 주임원사의 신뢰가 더 커졌고 부대를 이끌 기회가 다시 한번 주어졌다. 그는 이라크 파병을 마친 뒤 파병 예정인 미 SEAL 대원을 훈련시키는 제1파병훈련소의 책임자가 되었다. 그는 교육생들에게 라마디에서 얻은 교훈에 대해 가르쳤다. 바로 군복을 벗는 순간이 오더라도 리더는 모든 일에 책임져야 한다는 교훈이었다.

리더는 '모든 것을 책임지는 자'다. 일이 잘못되거나 위기에 처했을 때 리더는 방패막이나 버팀목이 되어야 한다. 리더의 자리는 많은 특권과 특혜를 누리는 게 아닌 팀에서 일어나는 모든 일에 대해 책임을 지는 자리다.

보통 사람들은 성공은 자기의 것으로 만들면서 실패는 타인에게 돌리는 것이 일반적인 태도다. 하지만 책임은 나에게 있다는 마음가짐으로 팀을 운영하면 성공 이상의 몫을 얻게 된다. 구성원들로부터 신망을 얻게 되는 것은 덤이다.

책임을 다하기 위해서는 공과 사를 구분하여 사적인 이익을 추구해서는 안 된다. 해야 할 일을 미루지 않고 자신의 말에 팀원들이 영향을 받고 있다는 걸 늘 상기해야 한다. 책임감 있는 행동과 신뢰 있는 화술로 팀원들이 자신의 일을 펼칠 수 있도록 여건을 만드는 게 중요하다.

필드 리더십

팀이 위기를 맞는 것이 별로 유쾌한 일은 아니지만 위기의식은 필요하다. 성공 궤도에 있거나 현재의 상황에 만족한다면 위기가 오지 않을 것이라고 착각하기 쉽다. 그러다 조그만 위기라도 마주하면 사기가 급락해 포기하는 경우가 허다하다. 위기의식이 없다면 현실에 안주해 변화를 꾀하지 않는 게 인간의 속성임을 알아야 한다.

위기가 닥쳤을 때 이를 미리 대비한 팀은 살아남지만, 그렇지 못한 팀은 침몰할 수밖에 없다. 문제가 발생해 책임지고 사태를 수습해야 한다면 가장 먼저 우선순위를 정해야 한다. 객관적 시선을 유지하기 위해서 조급함은 버리고 평정심을 유지해야 한다. 리더로서의 중압감도 잠시 내려놓을 필요가 있다.

중대한 결정을 급박하게 내려야 하는 순간이라도 때로는 한 발짝 뒤로 물러나서 상황을 관망하는 시간이 필요하다. 모든 일은 욕심에서 시작되어 과욕으로 망쳐버리게 되기 때문이다. 마음의 안정을 찾고 이성적으로 상황을 정리하다 보면 아주 가까운 곳에서 실수를 발견할 수 있고, 추후 발생할 수 있는 여러 상황들에 대해서도 예상해볼 수 있다. 또 모든 문제를 한 번에 해결할 수 있다는 생각은 버려야 한다.

아무리 유능한 리더라도 실타래처럼 꼬인 문제를 단번에, 그것도 누구도 생각하지 못한 방법으로 풀어낼 확률은 극히 적다. 그렇기에 지금 당장 해야 할 일부터 순서를 정하는 것이 필요하다. 특히나 전장에서 리더가 당황하면 팀원들의 목숨을 지키기 어렵다. 적들의 총탄이 빗발치는 상황에서 앞으로 나아갈지 후퇴할지 결정하는 것은 생사를 가르는 중요한 결정이기 때문이다.

미 SEAL에서 두 달간 진행되는 장교 과정인 JOTC 교육이 있다. BUD/S에 비해 짧지만 리더에게 필요한 모든 것을 이 과정을 통해서 배웠다. JOTC의 마지막 주에는 그동안 배웠던 전략·전술과 리더십을 바탕으로 FTX^{Field Training Exercise}라는 모의 훈련을 진행한다. 요인 사살 및 암살 작전, 인질 구출, 정보 수집 등 다양한 테마로 이루어진다.

JOTC의 경우 모두가 장교이기 때문에 부사관, 병사의 역할과 주요 임무를 서로 돌아가면서 모두 체험하게 한다. 그리고 다양한 돌발 상황을 부여하고 급박한 상황에서 어떻게 의사 결정^{Decision-making}을 내리는지 평가한다. 가령 부팀장이나 통신사가 전사하거나 또는 인질이 되었을 때, 상황을 어떻게 풀어나갈지 결정하게 하는데 이를 필드 리더십이라고 부른다. 말 그대로 현장에서 필요한 결단과 리더십을 보는 것이다.

FTX에서 가장 기억에 남았던 부분은 바로 필드 리더십에 대한 것이었다. 나는 팀장 역할을 맡아 적의 수장을 비롯한 모든 적을 사살하라는 테마를 받았다. 적의 역할을 대신 해줬던 대항군은 건물 3층에 본거지를 두고 있었는데, 실제 전장처럼 훈련장을 묘사한 미 SEAL의 준비에 감탄을 금치 못했다.

나는 팀원들에게 임무를 하달하고 함께 건물로 진입했다. 그런데 1층에서 2층으로 진입하는 도중 포인트맨^{Point Man}이 총격을 당한 상황이 주어졌다. 포인트맨은 선두의 척후병을 일

컫는 말로 다른 팀원보다 적의 진지에 먼저 진군하는 인원을 뜻한다. 아무리 완벽한 훈련으로 완성된 팀이라고 해도 길목에 숨어서 공격하는 적군보다는 불리할 수밖에 없다. 군대의 훈련이 무한 반복으로 실시되는 것도 바로 이 때문이다. 적의 유리한 상황을 극복하고 아군의 성공 확률을 높이기 위한 방책이다.

그런 의미에서 포인트맨은 가장 위험하면서도 중요한 포지션이다. 포인트맨이 총상을 입고 임무가 불가능하다는 것은 큰 위기가 닥친 것이었다. 이는 적의 위치를 파악해 팀에게 정보를 줄 수 없고, 뒤따라오는 팀원들의 위험도가 높아지는 것을 뜻했다. 하지만 특수전 요원들은 언제나 우발 상황에 대한 계획을 가지고 있어 곧바로 두 번째 팀원이 포인트맨 역할을 이어받았다.

나는 총격을 당한 포인트맨을 두고 나머지 팀원들에게 단숨에 3층까지 돌파할 것을 지시했다. 우리는 결국 3층에 있던 모든 대항군을 제압했다. 거기서 끝이 아니었다. 안전을 확보한 후 포인트맨의 상태를 알아보기 위해 다시 돌아갔다. 보통 훈련 상황에서는 목표만 달성하면 그대로 훈련을 마치지만, 나는 정말 실전이라고 생각하고 팀원들을 포인트맨이 있던 장소로 다시 되돌려 보냈다.

팀원들에게 경계 태세를 갖추게 한 뒤 포인트맨의 상태를 확인했다. 우리 팀의 평가는 상위권이었다. 교관은 팀원이 총상을 당했음에도 먼저 임무를 완수하고 안전을 확보한 결정을 높게 평가했다. 총격을 당한 팀원의 상태를 확인하는 것도 필요하지만 더 중요한 것은 임무를 완수하는 일이었다. 그 순간 팀원이 총상을 당한 것에 당황하고 결정을 내리기 주저했다면 나를 포함한 다른 팀원들의 생사도 위험해질 수 있었다.

일상에서는 이런 경우처럼 생사를 가르는 급박한 결정을 내려야 하는 일은 상대적으로 드물다. 하지만 우선순위가 필요한 것은 동일하다. 예를 들어 중요한 경쟁 PT를 앞두고 발표자가 발표를 하지 못하게 되었다는 상황을 가정해보자. 보통의 경우라면 흔히 말하는 멘탈 붕괴에 빠질 것이다.

이제까지 준비했던 시간과 노력이 물거품이 되고 그로 인해 책임과 불이익이 오는 상황을 상상하게 된다. 하지만 그렇다고 달라질 것은 없다. 다른 팀원 중 대체 발표자를 찾거나 필요하다면 리더가 직접 발표할 수도 있는 것이다. 더 잘하는 사람이 있다면 그 팀원에게 임무를 맡겨도 좋다.

중요한 건 현장 감각을 유지하면서 우선순위를 재빠르게 판단하는 리더가 흐름을 지배한다는 점이다. 팀이 위기를 맞닥뜨렸을 때, 리더십이 빛을 발하는 순간도 바로 그때다. 현장 감각과 우선순위, 이 두 가지를 절대 잊지 않았으면 한다.

결단도 결국 패턴이다

결단을 내려야 하는 리더의 부담감은 축구 경기에서 패널 티킥을 준비하는 키커의 심리와 비슷하다. 페널티킥은 골라 인 중앙에서 약 11미터 떨어진 곳에서 공을 놓고 찬다. 키커 가 찬 공이 골라인을 넘는 데 걸리는 시간은 0.4초, 골키퍼가 공의 방향을 판단하고 몸을 날리는 데 걸리는 시간은 0.6초 정도다.

이론적으로 골키퍼는 키커의 공을 막을 수 없다. 하지만 실제 경기에서 키커의 페널티킥 성공률은 70~80%밖에 되지 않는다. 키커가 페널티킥을 실패하는 가장 큰 이유는 심리적 압박감을 견디지 못해 실수를 하거나 골키퍼와의 심리 싸움 에서 패했기 때문이다.

심리적 압박을 견뎌내기 위해 키커마다 각자의 패턴을 가 지고 있다. 영국의 축구 리그에서 맨체스터 유나이티드 소속 선수로 활동하는 브루노 페르난데스는 일명 '깡총 패널티킥' 을 한다. 이는 공을 차기 위해 도움닫기를 한 후에 토끼처럼 한 번 점프하고 공을 차는 방식이다. 골키퍼의 타이밍을 빼앗 기 위한 전략이지만, 자신만의 패턴을 만들어 심리적인 안정을 찾아 골 확률을 높이는 행위다. 그는 이런 패턴으로 유럽 5대 축구 리그에서 패널티킥으로 가장 높은 득점과 성공률을 보이기도 했다.

우리가 결단을 내리지 못하는 가장 큰 이유는 바로 잘못된 결정일지 모른다는 불안감 때문이다. 그러나 결정에 대한 결과는 일어나기 전까지는 아무도 모른다. 자신의 결정에 확신을 가져야 한다. 물론 자신의 결정이 100% 옳은 선택이고 성공을 이끄는 방법이 아닐 수도 있다.

하지만 불필요한 고민은 결단을 내려야 하는 최적의 타이밍을 놓치게 만들고 오히려 더 나쁜 결과를 초래하기도 한다. 결단을 내리고 혹시라도 잘못되었다면 빠르게 상황을 판단해 대처하거나 수정하면 된다. 가장 중요한 것은 자신에 대한 확신이다. 스스로에 대한 확신이 없다면 주체적인 결정을 내릴 수 없다. 팀의 성공은 바로 여기에 달렸다.

최고의 결단을 하기 위해서 자신만의 패턴을 가지라고 제안하고 싶다. 나의 경우 결단을 내리는 데 많은 시간이 걸리지 않고 대부분 바로바로 결정한다. 하지만 때론 신중하게 결정을 내려야 하는 경우도 있다. 이 경우 달리기나 팔굽혀펴기 등 간단한 운동을 통해 머리를 맑게 한다. 상쾌한 공기를 마시고 땀을 흘리고 나면 몸도 마음도 가벼워진다. 잠깐의 여유를 갖는 것만으로도 상황을 차분히 둘러보고 미처 생각하지 못했던 부분에 대해 생각할 수 있다.

자신에게 익숙한 행동은 심리적 안정에 도움이 된다. 일거리가 쌓이고 결정해야 할 것들에 대한 압박이 밀려오고 있다면 잠시 멈추고 에스프레소를 한잔 마셔 보자. 물론 나는 에스프레소광이라서 그렇지만 썩 내키지 않는다면 당신이 좋아하는 걸 마셔도 괜찮다. 핵심은 스스로의 패턴을 만들어 마음 편히 결단할 시스템을 갖추는 것이다. 결단에 대한 패턴은 당신에게 시간과 마음의 여유를 선사할 것이다.

이유를 불문하고 리더는 책임의 무게를 견디고 모든 결과에 책임져야 한다. 리더에게 주어진 책임만 많고 권한은 없다고 불평하는 경우가 있다. 하지만 권한을 따지기 전에 자신에게 주어진 책임을 다하고 있는지 생각해야 한다. 리더가 책임을 회피하고 부하에게 그 책임을 전가하려고 한다면 그 조직에서는 누구도 책임을 지지 않게 될 것이다.

중요하고 급박한 사안일수록 결정에 대한 위험 부담은 크다. 진정한 리더는 이러한 순간에 자신의 역할을 다해 최선의 선택을 내리고, 결과가 좋지 않더라도 그 책임은 스스로 진다는 생각을 가지고 있어야 한다. 그래야만 다음 행동을 쉽게 결단할 수 있다.

　리더는 결단과 책임의 종합체다. 이 말이 아니고서야 그 자리를 표현할 방도가 없다. 한 그루의 나무가 열매를 맺기 위해서 수도 없이 흔들려야 하듯이 당신 팀의 성장도 이와 마찬가지다. 시련에 흔들려야 극복하기 위한 영감이 떠오르고 용기와 지혜를 얻을 수 있다. 그러므로 불평, 불만, 변명은 하지 마라. 그럴 시간에 당신의 팀을 위해 해야 할 일이 무엇인지 생각하고 행동으로 실천하라. 오직 그뿐이다.

무조건 이기는
시스템을 구축하라

시스템 I : 무조건 화합하라

예편 후 군사안보전략 컨설팅을 시작했다. 그동안 군에서 쌓은 값진 노하우들을 다양한 현장에 적용시켜 우리나라의 안보 체계를 발전시키고 싶었다. 제대 후 처음 맡았던 대규모 컨설팅은 어번 실드 국가대표팀으로 선발된 합동 경찰특공대를 대상으로 한 대테러 교관 활동이었다.

2014년에 서울 경찰특공대^{SWAT} 대테러 교관을 한 차례 맡았던 경험이 있었지만 국가대표팀을 담당하게 된 건 처음이었다. 무엇보다 국가대표팀이 도전하는 국제전술대회는 상당한 규모를 자랑했다. 내가 담당하기 전, 우리나라 최초로 참가했던 해양경찰특공대가 어번 실드 대회에서 30여 개 팀 중에 13위를 기록했다. 이보다 더 높은 성적을 내고자 했지만 준비할 수 있는 시간이 3개월도 채 되지 않았다.

예전에 컨설팅을 맡았던 서울 경찰특공대는 서울경찰청 산하의 대테러 부대로 KNP868^{Korea National Police 86/88}이라는 명칭은 '1986년 아시아게임'과 '1988년 서울올림픽'의 연도를 따서 만들어졌다. 주로 국내 대테러 예방 및 진압, 특수 강력 범죄, 국제 범죄, 인질 사건, 폭발물 탐색 및 처리, 인명 구조, 국제행사 귀빈 경호 등의 역할을 담당했다.

그런데 이번에는 서울 경찰특공대뿐 아니라 각 지방 경찰특공대에서 차출된 인원으로 이루어진 합동 경찰특공대였다. 경찰특공대의 전술 요원은 군 특수부대 및 기타 정예 부대에서 18개월 이상 복무한 인원 중 높은 체력 검증과 필기시험으로 선발했는데 출신이 서로 달랐다. 조직마다 서로 다른 전술을 갖고 있다는 것도 문제였지만 출신으로 인한 자존심 때문에 훈련하는 것 자체가 쉽지 않았다. 예를 들어 팀장과 팀원의 출신이 다르거나 팀원이 팀장보다 경험이 많을 때 문제가 발생했다. 내가 끝까지 교관을 맡기에 쉽지 않은 상황이었다.

우리나라 경찰특공대의 경우 전술·저격·탐지 분야에서 다양한 전문화 교육과 유관기관 합동 훈련, 세계 각국의 경찰특공대와도 연합 훈련을 꾸준히 실시한다. 원조라고 불리는 미국의 SWAT와 비교해도 뒤지지 않는 실력을 갖추고 있었지만 치안이 좋은 우리나라에서 출동 자체가 적어 다양한 실전 경험이 부족할 수밖에 없는 게 현실이었다. 그래서 짧은 시간에 주어진 과제를 수행해야 하는 국제전술대회의 경우 팀워크는 물론 경험도 풍부해야 했다.

나와 같이 교육을 맡았던 교관은 서로 기싸움을 하느라 훈련에 집중하지 못하는 경찰특공대에 혀를 내두르며 포기하려고까지 했다. 내부 분열로 인한 결과가 뻔히 보였기 때문이다. 그럼에도 국제대회에서 우리나라 경찰특공대의 위상을 제대로 보여줘야 했다. 그래서 포기하지 않았다. 우리가 가진 전문성을 잘 전수하여 화합된 하나의 팀을 만들어 보자고 서로 독려했다.

세 달의 짧은 시간 동안 내가 대테러 교관으로 한 일은 팀의 성격과 각자의 전술 시스템을 파악하고 UDT 대테러 교육과 미 SEAL의 SQT의 노하우를 적용해 조금 더 효율적이고 효과적인 전술 시스템을 만드는 것이었다. 전술에 있어 '효율적'이란 보다 빠르게 적을 제압하는 것을 말하고, '효과

어번 실드URBAN SHIELD 국가대표 대테러 전술 교육

적'이란 인명 피해 없이 무사하게 인질을 구출하고 상황을 통제하는 것을 말한다.

초반에 팀을 정비하는 어려움은 있었지만 시간이 지날수록 새로운 시스템을 받아들이는 대원들의 의지가 뛰어났다. 무엇보다 그들은 국민의 안전과 임무 달성을 위해 보다 발전된 시스템을 적용하기를 원했다. 덕분에 어번 실드 국가대표팀으로 출전한 합동 경찰특공대는 대회 첫 출전임에도 불구하고 8위라는 좋은 성과를 거두었다. 결국은 화합하여 단결함으로써 최고의 결과를 달성하게 된 것이다.

나는 이를 통해 조직이 이뤄내야 할 첫 번째 과제가 화합이라고 깨달았다. 아무리 좋은 기술과 능력을 겸비했다고 하더라도 화합하지 못하면 아무런 의미가 없었다. 리더가 왼쪽으로 가자고 했을 때 왼쪽으로 가고 오른쪽으로 가자고 했을 때 오른쪽으로 가는 일이 쉬워 보이지만 절대 그렇지 않다. 당신이 리더라면 팀원들 간의 화합을 최우선으로 힘써야 한다.

군에서 화합의 정수라고 여겼던 것은 CQC였다. CQC^{Close Quarters Combat}는 근접 전투 시스템의 약자다. UDT와 미 SEAL에서 사용하는 용어로 우리나라 707특임대나 미국의 그린베레와 델타포스에서 사용하는 CQB^{Close Quarters Battle}와도 같은 의미다. 총기를 사용한 전술뿐만 아니라 맨손격투술, 단검술 등도 포함되며 시가전이 중요한 현대 전투에서는 CQC 능력에 따라 승기를 잡을 수 있다.

미 SEAL BUD/S 과정을 마치고 나면 SEAL 자격 훈련인 SQT^{SEAL Qualification Training} 과정이 시작된다. 약 9개월간의 과정으로 CQC 등 실질적인 특수전 전술을 배운다. 특수부대인 미 SEAL의 전문성 향상을 위한 고급 과정인 셈이다.

아덴만 해적소탕 작전의 경우 어선이나 보트 등을 제압할 때도 CQC를 적용하지만, 2011년 아덴만 해상에서 피랍된 삼호주얼리호 같은 구출 작전을 펼칠 때 특히 중요한 요소다. 그래서 청해부대에서는 평시에 함교를 상선하는 CQC 모의 훈련을 진행한다. 이 훈련의 가장 큰 목표는 팀원들 간의 움직임과 역할을 숙지하고 돌발 상황을 대비하는 것이다.

CQC에서는 간단한 움직임, 빠르고 효율적인 이동, 적을 제거하는 완벽성이 중요하다. 좁은 건물 내에서 효율적으로 싸우기 위해서는 팀원 간의 화합이 중요하다. 실내의 경우 수많은 공간과 코너가 있다. 시야가 확보되는 전방은 위협을 확인할 수 있지만 장애물이 진로를 방해할 경우 적이 숨어 있을 확률이 높아 반드시 장애물을 확보한 다음에 적을 제압해야 한다.

격실에 진입할 때도 서로 대각선으로 진입하여 양쪽 코너

미 SEAL SQT 과정 중 동료와 함께

를 찍으며 적을 제압하고 내부를 스캔하여 공간을 확보한다. 실전에서 팀원들 간에 동선이 겹치거나 각자가 맡은 코너를 우선 확보하지 못할 경우 안전을 보장할 수 없다.

이때 조용하면서도 명확한 대원들 간의 신호 체계가 필수다. 확보해야 할 공간 앞에 도착하면 선두 대원이 미확보 공간을 총으로 겨누는데 그 자세 자체가 신호가 된다. 선두의 신호는 곧바로 뒤쪽으로 전달되고 후미의 대원은 앞사람의 허벅지를 쥐어 준비가 되었다는 신호를 보낸다. 신호에 따라 선두 대원이 공간으로 침투하면 뒤에 있던 대원들도 따라 침투하게 된다.

체계의 사전적 의미는 각 구성 요소가 일정의 상호 연관 관계를 갖고 공통의 전체 목적에 공헌하고 있는 경우를 말한다. 이는 각 구성원이 팀 또는 조직이라는 범위 안에서 프로젝트의 성공 또는 성과라는 공동의 목적을 달성하기 위해 서로 힘을 합치는 것이다.

하지만 아무리 훌륭한 시스템이라고 하더라도 서로 화합하지 않은 상태에서는 임무 자체가 불가능하다. 나는 수많은 조직을 경험하며 팀 운영의 기본이 화합이라는 것을 깨달았다. 모든 일의 첫 단추가 중요하듯 나는 화합이 조직이 이뤄내야 할 가장 기본적인 시스템이라고 강조하고 싶다.

시스템Ⅱ : 간단하게 명령하라

　PMC에서 활동할 때 매일 아침마다 임무를 하달받았다. 평균 하루에 3~5개 정도의 임무가 있었는데 팀장이었던 나는 그 순간이 가장 집중되고 또 기대되는 순간이기도 했다. 어느 날 바그다드에 위치한 호텔에서 2명의 클라이언트를 원하는 목적지까지 호위하는 임무를 받았다. 다른 임무도 마찬가지였지만 특히나 VIP를 호위하는 일은 온 신경을 곤두세워야 하는 가장 중요한 임무였다.

　시가지 임무는 특히나 주의를 기울여야 했다. 어떤 변수 상황이 발생할지 모르고 또 민간인이 있기 때문에 작전에 차질이 생기기도 했다. 차에서 내려야 하는 상황이 발생할 경우 곳곳에 숨어 있는 적들의 위험이 널려 있었다. 모든 게 위험 그 자체였다. 이런 상황에서 클라이언트의 안전과 더불어 팀원들의 안위를 위해 무한한 책임감을 갖고 작전에 임했다.

　어느 날, 임무를 받고 팀원들을 모아 작전에 대해 브리핑했다. 나는 팀원들이 반드시 알아야 할 것만 간단명료하게 지시하는 스타일이라 브리핑이 얼마 걸리지 않았다. '몇 시, 어느 호텔에서, 클라이언트 인상착의, 클라이언트 몇 명 픽업, 어디로 간다, 왜'라는 형식에 맞춰 말했다. 그게 끝이었다. 팀원들이 알아야 하는 것은 그것뿐이다. 물론 세부적으로 조치해야 할 것들이 있었지만 더 많은 정보는 오히려 팀원들에게 혼동을 줄 수 있어 불필요했다. 팀원들은 질문이 없다고 말했고 우리는 곧장 임무를 수행하기 위해 출발했다.

하지만 생각하지도 못했던 일이 발생했다. 약속 시간에 딱 맞춰 도착해 클라이언트를 기다리고 있었는데 한참이 지나도 클라이언트가 나타나지 않았다. 처음에는 몇몇 클라이언트들처럼 약속 시간에 조금 늦는 거라 생각했는데 아니었다. 바로 본부에 확인을 요청했다. 본부에서는 난리가 났다. 얼마가 지났을까 본부에서 클라이언트와 연락이 되었다고 무전이 왔다. 알고 보니 다른 PMC에서 우리 클라이언트를 자기들 클라이언트로 착각하고 픽업을 했다는 것이었다. 그야말로 기가 막혔다.

이라크 모술에는 내가 속한 PMC뿐만 아니라 수십 개의 민간군사기업이 있었다. 클라이언트들이 묵는 호텔은 한정되어 있었기 때문에 하루에도 몇 번씩 다른 PMC 용병과 마주치곤 했다. 나중에 본부에서 사실을 확인해보니 타 PMC에서 팀원들에게 너무 많은 정보와 잘못된 클라이언트 명단을 전달했고, 팀에서는 클라이언트 확인 절차를 제대로 하지 않았던 것으로 밝혀졌다. 나중에 상황을 파악한 상대 PMC에서 우리 클라이언트를 안전하게 목적지까지 인솔했지만, 복잡한 명령 때문에 큰일을 치를 뻔한 상황이었다.

나는 팀원들에게 작전을 위한 임무를 하달할 때 가급적이면 간단명료하게 전하려고 노력한다. 다른 사람들이 보면 그 짧은 시간에 제대로 작전 내용을 공유했는지 의문을 갖기도 하지만 일반적인 내용은 평소에 팀원과 교류하며 인지되어 있기 때문에 실전을 앞두고는 핵심만 말한다. 모든 내용을 팀원과 공유한다고 좋은 것은 아니다.

예를 들어 클라이언트들 중에는 아랍계가 많았다. 그들의 이름은 너무 길고 발음하기조차 어려워서 팀원들이 어설프게 외웠다가는 다른 사람과 오인하거나 이름을 제대로 확인하지 않기도 했다. 아랍인뿐만 아니라 클라이언트가 동양인인 경우에도 문제가 종종 발생했다. 같은 PMC 옆 팀의 경우 동양인 클라이언트를 잘못 픽업한 경우도 있었는데, 모술에 아시아인이 흔치 않아 제대로 된 확인 절차를 거치지 않고 그냥 태워 문제가 되기도 했다.

이처럼 너무 많은 정보를 주고 회의 시간을 너무나 길게 끄는 것은 별로 바람직하지 않다. 팀원들은 자기 분야에서 충분히 전문가인 사람들이다. 리더가 그들에게 주어야 할 것은 임무를 수행하기 위한 필수 정보일 뿐이다. 팀원들이 너무 많은 걸 고민하도록 만들지 마라. 몸과 머리를 가볍게 만들어주고 끝까지 임무를 완수할 수 있도록 인도하라. 이게 무조건 이기는 팀이 되는 두 번째 시스템이다.

시스템 III : 의사소통을 명확하게 하라

나에게는 여섯 명의 정직한 현자가 있다. 그들은 내가 알고 싶은 것은 무엇이든 가르쳐주었다. 그들의 이름은 Who, What, When, Where, Why, How다.

기자가 신문 기사를 쓸 때에 지켜야 하는 기본으로 육하원칙이 있다. 누가, 언제, 어디서, 무엇을, 왜, 어떻게는 의사소통을 명확하게 하는 기본 요소다. 육하원칙은 고대 그리스의 수사학자 헤르마고라스가 말한 '누가, 무엇을, 언제, 어디서, 왜, 어떤 방식으로, 무슨 수단으로'의 일곱 가지 논리적 수사 방법에서 비롯되었다. 기사나 보도 자료뿐 아니라 팀을 운영하는 방식에서도 육하원칙은 중요하다.

미 SEAL에서도 명령을 하달하거나 브리핑할 때 이런 원칙을 따른다. 모든 계획을 사령관부터 지휘관, 그리고 마지막 팀원까지 모두가 확실하게 이해할 수 있도록 하기 위해서다. 작전 브리핑이 너무 길고 또 자세하면 팀원들이 이해하지 못할 가능성이 크다. 브리핑 시간이 길어질수록 집중력은 떨어지고 너무 자세할수록 이해도도 낮아진다.

전장에서 이러한 문제는 큰일이 될 위험이 크다. 작전에 투입되는 모든 인원은 자신의 역할은 물론 돌발 상황이 발생할 경우 어떻게 대처할지 정확하게 알고 있어야 한다. 넘치는 정보 속에서 작전의 임무를 놓치지 않기 위해서는 단순함이 생명이다. 모든 것이 명확해야만 갑자기 어떠한 상황이 발생하더라도 당황하지 않고 임무를 완수할 수 있다.

직장에서도 명확한 대화가 필요하다. 상명하복의 관계에 주눅이 들어 반드시 말해야 할 것을 주저하게 되면 반드시 문제가 발생한다. 팀장으로서 지시할 내용이 있거나 팀원으로서 보고해야 할 것이 있다면, 육하원칙이라는 여섯 명의 현자를 적극 활용하는 게 업무에 도움이 된다. 팀장과 팀원 사이에 업무 전달 방식이 육하원칙에 따르도록 반드시 노력해야 한다. 그래야 묻고 또 묻는 시간을 아낄 수 있으며 일을 효율적으로 처리할 수 있다.

육하원칙을 지켜 말하면 중요한 내용을 빠뜨리지 않고 말할 수 있고 듣는 사람이 쉽게 이해할 수 있다. 리더가 명확하게 업무를 전달하고 지시를 한다면 부하 직원들은 맨땅에 헤딩하거나 불필요한 데 시간을 낭비하는 일을 줄일 수 있다. 육하원칙은 결국 넓은 시야로 현상을 바라보면서 문제의 본질로 접근하기 위한 방법이라는 것을 잊으면 안 된다.

시스템Ⅳ : 신속히 결정하라

실패한 결정의 10개 중 8개는 판단을 잘못해서가 아니라 '제때' 결정을 내리지 못했기 때문이라는 말이 있다. 실패한 리더는 작은 결정을 미루다 더 큰 손해를 입지만 유능한 리더는 중요한 결정을 절대 미루지 않는다. 때론 빠르고 과감한 결단이 문제가 더 커지는 것을 미연에 방지할 수 있다.

그러나 신속한 의사결정이 경솔한 의사결정으로 변질되어선 안 된다. 빠른 의사결정이 불충분한 자료와 미흡한 분석을 바탕으로 한다면 더 큰 재앙이 될 수도 있기 때문이다. 돌다리를 두드려보지 않고 바로 건너는 것이 신속함은 아니다. 돌다리를 안전하고 효율적으로 두드리고 건너갈 수 있게 하는 것이 올바른 의사결정 시스템이다.

UDT와 미 SEAL의 연합 훈련을 앞두고 있을 때였다. FTX를 실시해야 하는데 대원들의 컨디션이 최악이었다. 매일 실시되던 야간 훈련 때문에 체력적으로 손실이 컸다. 팀원들에게 훈련이 가능할지에 대해 한 명 한 명 면담했는데 상황은 생각보다 더 좋지 않았다. 강한 의지와 정신력으로 똘똘 뭉친 팀원들이었지만 휴식을 통해 재충전의 시간이 반드시 필요했다.

나는 주저하지 않고 지휘부에 FTX를 연기하자고 건의했

UDT와 미 SEAL의 연합훈련

다. 하지만 이미 헬기 등 수많은 일정이 잡혀 있었기에 지휘부에서는 말도 안 되는 소리라고 딱 잘라 말했다. 하지만 나는 우리가 일정을 강행하면 우리 팀원들의 안전에 문제가 있다고 강력하게 주장했고 결국 훈련은 일주일 뒤로 미뤄졌다. 덕분에 팀원들은 충분한 휴식을 취했고 최고의 컨디션으로 훈련에 임할 수 있었다. 신속한 결정을 통해 더 큰 성과를 이룰 수 있게 된 것이다.

의사결정에 있어 때로는 신속함 만큼이나 과감함도 필요하다. 문제가 무엇인지 인식했다면 왜 이런 문제가 생겼고, 이 문제를 그대로 방치할 경우 일어날 수 있는 부정적 결과를 냉정하게 파악해 단호한 결정을 내려야 한다. 그렇지 않으면 '제때'를 놓칠 수 있다.

다만 그 근거는 반드시 임무의 성공과 조직의 성과를 우선적으로 생각해야 하고, 구성원들 간의 합의를 바탕으로 이루어져야 한다. 신속한 의사결정을 핑계로 구성원들의 의견을 무시한다면 오히려 동기부여를 저해할 수 있다. 그리고 의사결정에 대한 최종 책임은 리더가 져야 한다. 자신과 의견이 다르더라도 귀를 기울이고 다양한 방법을 모색 후 결정을 내려야 한다.

시스템 V : 팀원의 성취욕을 존중하라

때로는 작고 사소한 계기가 어려운 문제를 해결하거나 큰 성공을 만드는 단초가 되기도 한다. 그러한 동기 또는 계기들은 평소에는 눈에 잘 띄지 않거나 하찮게 보여 지나쳤던 것들이지만 팀의 성공에 핵심적인 요소로 크게 기여한다.

미 SEAL BUD/S 과정에 입소할 때 대한민국 해군 대위 계급으로 임했다. 우리나라 UDT와 달리 미 SEAL은 가슴에 계급장을 단다. 계급이 높다고 훈련을 덜 받거나 쉽게 하지 않는다. 다른 이들과 똑같이 머리를 밀고 같은 흰색 티셔츠와 군화를 지급받아 훈련한다. 오히려 장교이기 때문에 더 높은 기준이 적용되고 더 큰 책임을 지게 된다. 내가 입교한 BUD/S에서는 모든 기록 평가의 상위 10명 중에 7~8명이 장교 출신이었다. 장교라고 병사와 부사관보다 체력이 떨어지지 않았다. 그만큼 무한한 책임을 갖고 임하기 때문이다.

개인적으로 짧은 머리 스타일을 좋아하지 않는다. VMI 신입생, 해군사관후보생, UDT 훈련생, 그리고 미 SEAL BUD/S 과정까지 많은 시간을 일명 빡빡머리로 지냈다. 빡빡머리의 단점은 지위 여하를 막론하고 모든 사람을 똑같이 보이게 하며 단번에 어리숙한 존재로 만들어버린다는 것이다. 모두의 외적인 상태를 동일하게 만들어 훈련 외에 불필요한 행동이 일어나지 않도록 통제한다. 그리고 교육생들은 이를 통해 동질감을 느낀다.

UDT 훈련생과 BUD/S 선발 과정에서 빡빡머리에 한 가지 더 추가되는 것이 있는데 바로 흰색 티셔츠를 입힌다. 옛날에 아버지들이 집에서 편하게 입으시던 그런 흰색 내의랑 비슷하다.

내가 사용해 유행어가 되었던 '머리부터 발끝까지'라는 말은 BUD/S 과정에서 교관들이 훈련생들을 흠뻑 젖게 만들 때 쓰던 말이다. 교관의 지시에 따라 흰색 티셔츠를 입고 홀딱 젖고 나면 온갖 진흙과 먼지를 뒤집어쓰게 되는데, 마치 그 모습이 물에 빠진 생쥐처럼 볼품없어 보였다. 그래서 동기들은 흰색 티셔츠를 너무 싫어했다.

흰색 티셔츠가 싫었던 또 다른 이유 중 하나는 바로 브라운 티셔츠를 입은 앞 기수 훈련생들 때문이었다. 훈련을 받다 보면 앞 기수 훈련생들과 마주치게 되는데, 브라운 티셔츠를 입었다는 것은 지옥주 과정을 마친 생존자를 의미했다. 브라운 티셔츠를 입은 것만으로도 우리 기수와는 다르게 보였는데, 그들도 이런 점을 알고 항상 눈빛으로 우리를 무시했다.

그래서 훈련 때 모래사장을 뒹굴어 '브라운 쿠키' 정도의 색깔을 얻는 것만으로도 상당한 자부심이 생겼다. 나는 오히려 모래사장에서 뒹구는 훈련이 즐거웠다.

어느 순간부터 나의 목표는 브라운 티셔츠를 받는 것이 되었다. 미 SEAL의 모든 과정을 수료하는 건 둘째 치고, 흰색 티셔츠를 벗을 수 있다는 상상만으로도 세상을 다 가진 것처럼 괜스레 미소가 지어졌다.

BUD/S 과정이 더 어렵게 진행될수록 하루에 종소리를 듣는 횟수가 늘어났다. 특히 지옥주 때 훈련을 포기하려는 동기들이 부지기수였다. 누군가 종을 치고 퇴소할 때마다 함성을 질렀지만 보트 크루 리더로서 우리 팀원이 그만두려고 할 때는 어떻게든 말려야 했다. 그때마다 나는 팀원들에게 이렇게 말했다.

"브라운 티셔츠가 우릴 기다리고 있다!"

이 지긋지긋한 흰색 티셔츠를 벗어버릴 수 있는 시간이 코앞에 다가 왔으니 조금만 버티자고 말했다. 다른 사람들이 들으면 재미난 일화 정도로 생각할 수 있지만 '브라운 티셔츠'는 지옥주를 이겨낼 수 있는 가장 확실한 동기이자 강한 사람의 상징 같은 것이었다. 포기할 때 하더라도 브라운 티셔츠를 입고 안 입고는 미 SEAL에서 자부심에 엄청난 차이를 만들어냈다. 결국 나의 기막힌 회유에 우리 팀은 지옥주를 버텨냈다.

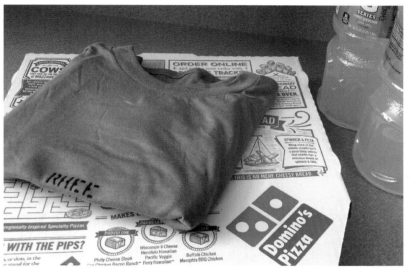

지옥주 종료 후 브라운 티셔츠

끝나지 않을 것 같았던 BUD/S 지옥주를 마치고 숙소로 돌아왔을 때 감격하지 않을 수 없었다. 내 자리에 놓인 피자 한 판과 그 위에 있는 브라운 티셔츠는 내 가슴을 미치도록 불타게 만들었다. 그토록 고대하던 티셔츠 한 장이 제대로 각 잡힌 채로 나를 기다리고 있었다. 그것은 나에게 훈장이나 다름없었다.

브라운 티셔츠에는 'RHEE'라는 내 이름이 적혀 있었다. 브라운 티셔츠를 보고 감격한 순간도 잠시, 흰색 티셔츠를 벗어 등 뒤로 던져버리고 브라운 티셔츠를 입었다. 실크 소재의 티셔츠보다 더 부드러웠고 비싼 명품 셔츠가 부럽지 않았다. 나 자신이 한 단계 업그레이드된 기분이었다. 힘든 과정을 마친 나 자신이 자랑스러웠다.

사실 피자는 눈에 들어오지도 않았다. 이미 나의 모든 신경이 브라운 티셔츠에 쏠려 있었기 때문에 피자는 그저 피자일 뿐이었다. 다른 동료들도 고단함에 식욕보다는 수면욕이 앞서 그대로 곯아떨어지면서도 브라운 티셔츠를 가슴에 품고 잠들었다. 그렇게 우리는 강한 사람의 상징이 되어 있었다.

브라운 티셔츠 한 장을 얻기 위해 모든 동기들이 눈에 불을 켜고 지옥주를 버틴 것은 대단한 일이었다. 어디서나 쉽게 살 수 있는 민무늬 티셔츠였지만 미 SEAL에서의 브라운 티셔츠는 멘탈 그 자체였다. 교관들은 계속해서 우리를 자극했고 결국은 목표에 도달했다. 나는 이를 통해 팀원의 성취욕을 존중하는 것이 얼마나 중요한지 절실히 깨달았다.

간혹 팀원의 열정을 두고 잘못된 훈수를 두는 경우가 많은데 이는 팀원의 사기를 꺾는 행위라는 것을 알아야 한다. 이런 일이 발생하는 이유는 리더가 팀원이 자기 일에 책임감을 가지고 열정을 보이기까지의 전 과정을 보지 못했기 때문이다. 팀장은 조직에서 자신의 적절한 위치를 찾으며 일에 대한 애정이 깊어진 상태다. 하지만 팀원은 지금 이 순간에도 자기 진로에 대해 고민하고 있다는 사실을 잊어선 안 된다.

그런 어려운 시기를 이겨낸 팀원이 지나친 열정을 보였다고 해서 적당히 조절하라거나 그렇게까지 열심히 할 필요가 없다고 말하면 어떻게 되겠는가? 당신이 그 어떤 말과 행동을 보이더라도 팀원의 사기를 끌어올리는 게 쉬운 일은 아니다. 그런데 팀원이 스스로 사기를 불태운다면 당신은 춤이라도 추며 기뻐해야 한다. 그때 브라운 티셔츠처럼 의미 있는 상징을 건네는 일은 더 좋은 방법이다.

조직의 명운은 사람이 바뀌지 않는 데 달려 있다고 봐도 과언이 아니다. 내가 팀장으로서 우리 동기생들을 끝까지 붙잡은 이유도 함께하며 쌓은 단결력이 있었기 때문이다. 그러므로 팀원들의 성취욕을 인정하고 더 독려하라. 가능하다면 미 SEAL의 브라운 티셔츠처럼 당신 조직만의 문화를 만드는 것도 좋은 방법이다. 이것이 바로 무조건 이기는 팀을 만드는 다섯 번째 시스템이다.

시스템Ⅵ: 조직의 비전을 제시하라

리더로서 조직을 성공적으로 이끌어 성과를 낼 수 있는 방법이 무엇일까? 아마 모든 조직의 리더들은 이 고민을 숱하게 해왔을 것이다.

나는 UDT 장교로 팀원들과 함께 수많은 훈련을 수행했고, 미 SEAL에서는 보트 크루 리더로 팀원들을 지휘하며 생존하기 어려운 교육에서 살아남았다. 미 SEAL을 마치고 나서는 UDT 전문교육대장으로 세계 최고의 특수부대에 도전하는 훈련생들을 가르쳤다. 의지는 높았지만 체력적인 한계로 포기한 인원도 있었고, 어느 하나 빠지지 않는 뛰어난 스펙을 가졌지만 멘탈이 약해 종을 치던 훈련생도 있었다.

UDT 전문교육대장으로 임무를 수행하며 나는 미 SEAL에서 중요하다고 생각했던 다양한 것들을 적용시켰다. 많은 사람이 UDT가 되어 특수부대원으로 활동하는 게 궁극적인 목표는 아니었다. 총탄 한 발로 죽고 사는 게 결정되는 전장에서 내 전우를 지키고 조국을 위해 목숨을 바칠 수 있는 인원이 필요했다. 그래서 반드시 살아남아야 되는 인원들만 남길 바랐다.

개인의 성취욕을 넘어 조직의 사기를 높이고 팀워크를 고취시키기 위해서는 조금 더 구체적인 목적의식과 사명감을 제시해야 한다. 팀원들에게 조직의 전체적인 비전을 제시하면서 리더가 원하는 것이 무엇인지 명확하게 보여야 한다는 의미다. 내가 인생에서 가장 중요하게 생각하는 시기인 군 생활을 예로 들면, 군인의 목적의식은 내 조국을 지킨다는 것, 이를 통해 사랑하는 사람과 국민을 지킨다는 사명이 존재의 이유였다.

나는 팀원들에게 이러한 목적의식과 사명감을 반복적으로 말했고 행동으로 이를 보여줬다. 내가 하는 모든 일의 명분은 국가와 국민이었다. 아무리 먹고사는 일이지만 팀원들이 적어도 이보다는 더 깊은 존재의 이유를 가지고 복무하길 원했다. 그런 자세가 개인과 조직의 명예를 실추하지 않게 만들기 때문이었다.

BUD/S 지옥주가 마지막에 다다를 즈음이었다. 사실 시간이 흐르면 흐를수록 지옥주를 견뎌낼 때 시간에 대한 개념은 사라진다. 느낄 수 있는 것은 바닷물 속에서 뒹굴고 있느냐 마느냐 정도였다. 정말이지 공중에 붕 뜨는 기분이었다고 말해도 과언이 아니다. 육체뿐만 아니라 정신적으로도 상당한 고통이 지속되던 지옥주였다. 하지만 이런 상황에도 불구하고 오히려 정신이 또렷해지면서 목적의식과 사명감에 불타던 순간이 있었다.

여느 때처럼 교관들은 확성기를 들고 백사장에서 널브러져 있던 우리를 향해 '정렬!'이라고 외쳤다. 훈련생들은 반사적으로 집합하면서 파도 고문이 시작될 거라고 예상했다. 우리는 어깨동무를 하고 바다로 성큼성큼 전진했다. 거친 파도가 얼굴을 사정없이 때렸지만 어깨동무를 한 동료들의 체온이 전해지며 샌디에이고의 차가운 바닷물도 따뜻하게 느껴졌다. 인생에서 가장 힘든 시간일 수도 있었지만 동료들과 함께 있다는 사실 덕분에 고통 따위는 잊을 수 있었다. 지금의 동료들과 함께라면 어떤 임무도 성공할 수 있고 그들과 함께라면 목숨도 아깝지 않다는 생각이 들었다.

얼마나 지났을까. 교관이 우리에게 멈추라고 지시했다. 정말로 지옥이나 다름없었던 훈련도 이제 끝이라고 생각하니 뭔가 울컥했다. 그대로 지옥주 훈련이 끝나는 줄 알았는데 교관의 표정은 사뭇 진지했다. 뭔가 훈련이 더 이어질 것 같은 불길한 예감이 들었다. 교관은 우리를 향해 외쳤다.

"뒤로 돌아!"

교관의 지시에 따라 뒤를 돌자 거대한 성조기가 보였다. 지옥주가 끝났다는 기쁨도 있었지만 성조기를 본 순간 뭉클함에 가슴이 벅차올랐다. 태극기가 아님에도 불구하고 성조기를 보며 심장이 멎는 듯한 기분이 들었다. BUD/S 지옥주를 동료들과 함께, 또 대한민국의 해군 대위로 그 과정을 마쳤다는 것이 자랑스러웠다. 나는 이 장면을 고스란히 담아 우리 UDT에도 적용하겠다고 마음먹었다.

미 SEAL 과정을 마치고 부대로 복귀해 UDT 전문교육대장으로 부임했다. 곧바로 나는 대형 태극기부터 구하라고 보급장에게 지시했다. 거대한 크기만큼이나 비쌌지만 지옥주에서 본 성조기를 잊지 못해 포기할 수 없었다. 국기를 바라보며 느꼈던 성취감과 애국심은 UDT 교육에도 반드시 필요하다고 생각했기 때문이다.

나는 모든 UDT 훈련생들을 끊임없이 자극했다. 각자가 과거에 어떻게 살았던 훈련장에서는 무의미했다. 지금 이 순간, 강도 높은 훈련을 이겨내고 자기 자신을 뛰어넘기 위해서는 분명한 목적의식과 사명감이 필요했다. 자기가 이 훈련을 왜 하고 있는지에 대한 목적을 자각하지 못하고 주어진 임무

뒤돌아선 UDT 교육생들과 펼쳐지는 태극기

에 대한 책임감이 없는 동료는 필요 없었다.

나는 매 기수마다 모든 훈련 과정을 마치고 수료를 앞둔 교육생들을 돌아서게 한 뒤, 태극기를 설치했다. 그리고 강한 목적의식과 필승의 신념을 가질 것을 조언하며 스스로에게 자부심을 가져도 좋다고 독려했다. 태극기와 교육생들의 마음가짐, 이 두 가지가 모두 준비되었을 때, 나는 명령했다.

"뒤로 돌아!"

태극기를 바라보던 모든 교육생의 눈이 빛나기 시작했다.

국가와 국민을 위해 자신과의 싸움을 이겨낸 사나이들의 눈에 눈물이 맺혔다.

당시 나에게 교육을 받고 수료한 전우들의 소회를 들어보면 나의 선택이 옳았다는 것을 알 수 있었다. 그들은 지옥주를 마치고 태극기를 본 순간을 잊지 못한다고 했다. 다 큰 사내들이 펑펑 울 정도로 가장 기억에 남는 순간이라고 말했다.

군인이기에 국가와 국기에 대한 의미는 남다르다. 내가 지켜야 할 조국이기에 거의 모든 것이라고 표현해도 지나침이 없다. 보통 사회에서는 개인의 성취욕이 가장 큰 동기부여다. 하지만 개인을 뛰어넘어 팀과 조직의 일원임을 느끼게 된다면 더 큰 성과를 낼 수 있다. 개인의 비전과 더불어 조직이 가진 비전을 실현할 때 위대한 업적을 이룰 수 있기 때문이다.

물론 그 과정이 쉽지만은 않다. 조직을 위해 개인의 희생이 강요되어서는 안 된다. 그것은 자발적인 힘을 통해 이뤄져야 한다. 구성원의 목적과 조직의 목적은 크게 다르지 않다. 구성원은 개인의 성취욕을 통해 조직의 발전에 보탬이 되어야 한다. 그 과정에서 개인의 능력만이 아닌 다른 구성원과 힘을 합치고, 조직의 장점을 충분히 이용해야 한다.

리더와 조직은 구성원이 성과를 낼 수 있도록 강력한 동기를 부여해야 하고, 성과에 대해 확실한 보상을 줘야 한다. 또

한 비록 성과는 저조하더라고 과정의 중요성과 도전의 의미에 대해 적절히 평가해 조직이 개인을 수단으로 삼고 있지 않다는 걸 보여줘야 한다.

시스템은 구성원이 최고의 성과를 내고 또 거대한 조직이 효율적으로 움직일 수 있게 만드는 일종의 약속이다. 어떤 이는 시스템은 불필요하고 개인의 효율적인 업무를 저해하는 것이라고 말하기도 한다. 구체적인 사안과 단기적인 업무에서 시스템이 필요하지 않은 경우도 있다. 하지만 사안이 복잡해지거나 의사결정 체계가 늘어난 중장기 업무일수록 시스템의 필요성은 여실히 드러난다.

시스템에 매몰되지 않으려면 구성원 스스로가 시스템의 관리자가 되어 시스템의 힘을 이용해야 한다. 리더는 시스템이 효율성을 저해하고 구성원들의 행복을 감소시킨다면 과감하게 뜯어고쳐야 한다. 구성원들이 힘들지 않고 능동적으로 일할 수 있도록 돕는 것이 바로 시스템이기 때문이다.

리더는 구성원들에게 맞는 시스템을 찾아야 한다. 현명한 리더는 구성원 개개인을 몰아붙이는 게 아니라 시스템으로 성과를 내는 분위기를 만든다. 그런 의미에서 내가 말한 여섯 가지의 시스템은 당신의 조직에 큰 힘을 불어넣을 것이다.

끝으로 현명한 구성원은 시스템을 탓하거나 시스템의 부

재를 원망하지 않는다. 스스로 자신만의 시스템을 만들어 일을 진행하고 리더에게 지속적으로 건의하며 소통한다. 개인의 역량은 조직 안에서 발휘될 때 진짜 힘을 발휘할 수 있음을 기억하길 바란다.

PART 4

굴하지 않는 삶을 위한 최후통첩

ULTIMATUM

언젠간 우리 다 죽게 돼 있어요.
어차피 우리 다 죽을 거면
하나밖에 없는 인생,
최선을 다해서 열심히 살고
의미 있는 인생 보내고 가면 돼요.
_카카오TV <톡이나 할까?>에서

감히 누가,
당신의 한계를 정하는가

작은 습관 하나가 운명을 바꾼다

아침에 일어나 빠트리지 않고 하는 일은 팔굽혀펴기다. 일 정 때문에 오후에 기상하게 되더라도 이것만은 절대 빼먹지 않는다. 팔굽혀펴기는 나에게 하루의 시작을 알리는 중요한 루틴이자 오래된 습관이다. 미 SEAL이 되기로 마음먹었던 유년 시절부터 지금까지 20년 넘게 이어온 습관이다.

내가 팔굽혀펴기를 하게 된 이유는 강한 신체를 만들기 위해서였지만 멘탈에 더 큰 영향을 줬다. 엎드린 상태에서 팔을

굽혔다가 펼 때면 삶에 대한 의지가 끓어오르고 정신이 더 명료해지는 느낌이 든다. 하루의 시작 전 자신감이 오르는 것은 덤이다. 이어서 아침 운동을 실시하고 간단히 샐러드를 먹는다. 이후 물고기 밥을 준 뒤 에스프레소를 한 잔 마시면 진짜 하루가 시작된다.

하루를 잘 풀리게 하는 나만의 루틴을 공유하면, 사람들은 아침에 일어나서 그럴 정신이 어디 있냐고 묻기도 한다. 그들은 아침에 일어나자마자 팔굽혀펴기를 하는 걸 신기해하면서 그런 루틴을 아주 오랫동안 유지하고 있다는 사실에 더 놀란다. 그러면서 '나는 아침형 인간이 아니라서 못 해요', '아침에는 출근하기 바빠서 할 시간이 없어요'라고 말한다. 하지만 문제는 아침도 아니고 시간이 없어서도 아니다. 삶에 대한 의지의 문제다.

지금은 각과 정리를 생명처럼 여기지만 사실 나는 그런 사람이 아니었다. 여태까지 내가 보여준 이미지와는 달라 약간의 배신감이 들겠지만 사실이니 어쩔 수 없다. VMI에 들어가기 전까지의 생활은 지금과는 전혀 딴판이었다. 학창 시절 그 또래 남자 아이들이 그렇듯 방 청소조차 제대로 하지 않았고 필요성도 느끼지 못했다. 내 방은 흡사 돼지우리를 방불케 할 정도로 정리에 취약했다. 이 습관은 VMI에 입학해서도 계속

이어졌는데, 우연히 한 선배가 내 방을 사열했던 게 계기가
되어 나는 완전히 다른 사람으로 변모할 수 있었다.

"인생 참 더럽게 사네!"You suck at life!
　VMI 신입생 시절 방 점검을 하던 선배에게 들었던 말이
다. 정확하게 번역하기 어렵지만 어쨌든 좋은 말은 아니다.
나는 당시에 이 말을 듣고 꽤나 큰 충격에 빠졌다. 선배가 왜
내게 그런 말을 하는지 이해할 수 없었다. 나는 강인한 군인
이 되기 위해서 VMI에 들어온 것이지 옷 정리나 하려고 입
학한 게 아니었다. 무엇보다 옷에 각을 잡기 위해서 이 길을
선택한 건 더더욱 아니었다.
　복장 검사 때도 마찬가지였다. 나는 유니폼을 다림질하지
않았고 전투화도 닦지 않았다. 옷 정리나 전투화를 닦는 일은
쓸데없고 시간을 낭비하는 일이라고 생각했다. 그래서 방 점
검을 할 때는 되도록 눈에 보이는 옷들만 정리했다. 정리하는
것도 싫었지만 그렇다고 얼차려를 받을 수는 없었다.
　눈에 보이지 않는 서랍 안이나 옷장 속은 난장판이었다.
하지만 모든 것을 꿰뚫고 있는 선배들의 눈에 그런 것들이
보이지 않을 리가 없었다. 선배에게 나는 왜 정리를 하고 각
따위를 잡아야 하는지 물었다. 그때 선배는 표정 하나 변하지
않고 단호하게 대답했다.

"옷과 침구류 정리도 못 하고 전투화 하나 빛이 나게 닦지 못하면, 네가 할 수 있는 것은 이 세상에 아무것도 없다. 네가 정말 강한 군인이 되고 싶다면 프로답게 행동하길 바란다."

순간 욱하는 마음이 들었지만 어떤 대꾸도 할 수 없었다. 틀린 말이 아니었기 때문이다. 나는 군인이 되기 위해 필요한 것은 강인한 체력과 정신력 그리고 책임감뿐이라고 생각했다. 그런데 전투화나 잘 닦으라니, 마치 뒤통수를 한 대 맞은 느낌이었다. 선배에게 따끔한 충고를 듣고서 내 삶은 180도 바뀌었다. 나의 운명이 바뀌었다고 해도 과언이 아니다.

지금은 아침에 일어나 각이 잡히도록 침구류를 정리한다. 그 외의 물건들도 늘 제자리에 바른 위치로 정리하는 습관이 생겼다. 어떤 사람들은 내가 바쁘기 때문에 시간이 없어 정리를 제대로 못할 거라고 예상하기도 한다. 하지만 남들이 실제로 본다면 과하다 싶을 정도로 완전한 각을 유지한다.

누군가 나에게 지금과 다른 삶을 살고 싶은데 어떻게 해야 되냐고 묻는다면, 주저하지 않고 윌리엄 맥레이븐의 『침대부터 정리하라』를 읽어 보라고 추천할 것이다. 맥레이븐은 미 해군 장교로 37년간 복무한 살아 있는 전설이다. 미 SEAL 3팀을 시작으로 해군 제1특수전단 사령관, 특수전사령부 유럽 사령관, 합동 특수전사령부 사령관, 미국 특수전사령부 사령관 등 미 해군의 요직을 두루 거친 인물이다.

2011년에는 오사바 빈 라덴을 사살한 넵튠 스피어 작전을 성공적으로 이끌며 미국인의 영웅으로 떠올랐다. 이로 인해 《타임지》가 선정한 올해의 인물 후보에 오르기도 했다. 2014년 8월 미국 특수전사령부 사령관을 마지막으로 퇴역했다.

'침대부터 정리하라'는 그가 모교인 텍사스대학교 오스틴 캠퍼스 졸업식 축사에서 했던 말이다. 그는 축사에서, 만약 매일 아침 침대 정리를 제대로 했다면 그날 해야 할 많은 일 중에서 첫 번째 일을 성공한 것이다. 잘 정리된 침구류를 보면서 작은 자부심을 느끼게 되고 좋은 시작은 하루를 보내는 큰 힘이 된다. 반대로 최악의 하루를 보냈다고 생각해보자. 집에 돌아왔는데 침구류가 완벽하게 정리되어 있고 집이 깔끔하게 청소되어 있다면 그것을 통해 위안을 받을 것이다. 내일은 오늘보다 나을 것이고, 더 잘 해낼 수 있다고 용기가 생길 거라고 연설했다.

침대를 정리하는 일처럼 아주 사소해 보이는 작은 습관이 인생은 물론 세상을 바꾸는 첫걸음이 될 수 있다. 한순간에 삶을 바꾸는 대단하고 획기적인 방법은 거의 없다고 봐야 한다. 대부분의 변화와 성공은 꾸준히 노력하고 운까지 더해져야 올 수 있다. 하지만 침구류를 정리하면서 얻게 될 삶의 변화는 지금 당장이라도 시작할 수 있다. 마치 나비효과와 비슷한 맥락이다. 그런 의미에서 인생을 제대로 살고 싶다고 신세를 한탄하기 전에 오늘 하루의 시작을 바꿔보자. 작은 행동이 당신의 일상에 큰 변화를 줄 수 있다.

관습을 깨부숴라

2013년 미 SEAL 위탁교육을 마치고 부대로 복귀했다. 2012년 BUD/S 과정을 마치고 외국인으로는 최초로 미 SEAL 장교 과정인 JOTC와 고급반 과정인 SQT까지 마쳤다. 어렸을 적부터 미 SEAL을 꿈꿔왔기에 개인적으로는 일생일대의 귀중한 경험이었다. 무엇보다 대한민국 해군이자 UDT의 일원으로서 미 SEAL 교육을 모두 수료하며 한국군의 위상을 조금이라도 알릴 수 있었던 것이 가장 큰 영광이었다.

미 SEAL 위탁교육은 지원서를 제출하고 부대 내 높은 경쟁률을 뚫어야만 받을 수 있었다. 선발 평가에는 내가 가장 취약한 국어와 국사가 있었고 그나마 자신 있는 영어도 있었다. 하지만 BUD/S를 마치고, JOTC와 SQT 과정까지 수료할 기회를 얻을 수 있었던 건 나의 노력과 능력을 알아준 미 SEAL 훈련의 책임자 덕분이었다. 그는 한국의 해군 부대장에게 나의 SQT 입교를 허락해달라고 직접 편지를 써 보냈다.

COMMANDING OFFICER
NAVAL SPECIAL WARFARE CENTER

CAPT   KANG

Your officer, LT RHEE IS THE FINEST ALLIED OFFICER
WE HAVE HAD IN SEAL TRAINING. I HAVE SERVED AS
A SEAL FOR 26 YEARS AND HAVE SEEN/WORKED WITH MANY
ALLIES, BUT NONE ARE MORE TALENTED AND HARD WORKING
THAN LT RHEE. HE IS HIGHLY RESPECTED BY MY INSTRUCTORS
AND HIS CLASSMATES   LT RHEE IS THE ONLY ALLIED
STUDENT WE HAVE EVER INVITED TO ATTEND SEAL QUALIFICATION
TRAINING (SQT), WHICH FOLLOWS BUD/S. WE ARE SADDENED THAT
LT RHEE WILL NOT ATTEND SQT. IF YOU DECIDE TO SEND LT
RHEE BACK FOR SQT, HE WILL HAVE AN OPEN POSITION
WAITING HERE. PLEASE CONSIDER MY INVITATION TO YOU TO
SEND LT RHEE TO SQT IN THE FUTURE.
          WE ARE YOUR BROTHERS, AND LOOK FORWARD TO WORKING
TOGETHER,   V/R

미 SEAL 훈련 총책임자의 편지

미 SEAL 훈련 총책임자에게는 내가 해군사관학교 출신이 아닌 게 전혀 중요하지 않았다. 오로지 나의 실력과 인성을 보고 두 차례나 편지를 써줬다. 어깨가 무거웠지만 한편으로는 더 강한 해군, UDT를 위한 변화의 시작점이 되고 싶었다. 나의 목표는 미 SEAL의 체계적이고 정교한 고급 교육과정을 우리나라 군에 적용하는 것이었다.

미 SEAL을 모델로 1955년 창설된 우리나라 UDT는 해외 위탁교육과 연합훈련 등을 통해 꾸준히 발전하였다. 특히 미국 특수부대에서도 인정한 티어 1^{Tier 1} 부대다. UDT는 세계 최고 실력을 자랑하고 국군 내에서도 가장 개방적이고 선진화된 특수부대로 손꼽힌다. 하지만 미 SEAL과 비교하면 상대적으로 부족한 부분이 많았다. 나는 체계적이고 업그레이드된 UDT 양성 과정을 만들고 싶었다.

UDT 교육훈련대대 전문교육대장으로 보임된 후 가장 먼저 바꾼 건 훈련장에 종을 설치한 것이다. 지금은 유튜브 콘텐츠 〈가짜 사나이〉를 통해 종을 세 번 치면 퇴소하는 시스템을 많은 사람들이 알고 있지만 사실 기존의 UDT 훈련에 종은 없었다. 미 SEAL에서 봤던 종을 내가 처음으로 UDT 훈련장에 설치했다. 종은 단순히 퇴소를 위한 절차가 아니라 훈련생에게는 절대 마주치지 말아야 할 순간이자 극복해야 할 대상이다. 하루에도 몇 번씩 종을 치고 싶은 유혹을 견뎌내야 하는 것 또한 UDT 훈련의 전통으로 자리 잡았다.

그리고 SBS 예능 프로그램인 〈집사부일체〉에서도 선보였던 '딥탱크Dip Tank' 역시 내가 처음 도입했다. 미 SEAL 훈련에는 세 가지 법칙이 있는데, 늘 춥고, 젖어 있고, 피곤해야 한다는 것이다. 딥탱크는 이 세 가지를 만족시키는 상징적인 아이템이다.

미 SEAL 교관들은 훈련생들의 옷이 조금이라도 말랐다고 생각하면 어김없이 딥탱크를 외쳤다. 그러면 훈련생들은 얼음이 가득 찬 딥탱크에서 5분 동안 머리부터 발끝까지 젖고 나서야 다시 훈련에 참가할 수 있다. 나는 딥탱크가 멘탈적인 부분을 확인할 수 있는 아이템이라고 판단해 꼭 UDT에 적용하겠다고 생각했었다. 이는 언제나 강인한 정신력을 유지하기 위한 하나의 방책이었다.

하지만 UDT에 가장 적용하고 싶었던 것은 바로 미국 데브그루의 선발 시스템이었다. 데브그루는 앞서 언급한 바 있는 리처드 마친코를 중심으로 창설되었는데, 초기에는 미 SEAL 6팀으로 불리다가 미합중국 해군 특수전개발단의 약칭인 데브그루로 재창설되었다. 데브그루는 미 SEAL 중에서 뽑는 엘리트라고 생각하면 된다. 데브그루에 지원하면 선발 과정인 그린팀에서 9개월 동안 훈련을 받는다. 정신 검사와 체력 테스트, 면접, 기술 평가 그리고 다른 대원들의 상호 평가와 투표를 통해 선발되는데 수료율이 약 50% 수준밖에 안 된다.

UDT에 데브그루 선발 시스템을 적용시키면 더 뛰어난 UDT를 만드는 데 도움이 될 거라고 생각했다. 하지만 동료와 선배들의 생각은 달랐다. 데브그루는 미 SEAL과도 다른 최고의 엘리트였기에 선발 과정과 훈련도 어려웠다. 그래서 수료율도 낮은데 이런 팀을 굳이 만들 이유가 있느냐는 것이었다. 만약 UDT에 데브그루 같은 또 다른 조직이 생기면 능력이 있는 소수를 제외한 대다수는 심리적 박탈감을 느낄 거라고 반대했다. 나는 이뿐만 아니라 UDT의 기존 대테러 및 소부대 전술도 미 SEAL의 표준작전절차^{Standard Operating Procedures}로 바꾸려 했다. 하지만 이 역시 무산되었다.

우리 군의 능력을 향상시키기 위한 선진화된 교육 시스템을 적용하고 싶었지만 지휘관을 비롯한 현장의 선후배 장교들에게 비난을 받았다. "지금 이대로도 편하고 좋은데 왜 굳이 그런 걸 만드느냐?", "여긴 UDT다. 그렇게 하고 싶으면 미 SEAL로 가라" 등 다양한 핀잔을 들었다. 이는 변화에 대한 거부감이었고 그 변화의 중심에 속하지 못할 것에 대한 두려움 때문이라고 나는 생각했다.

기존의 관습을 깨고 새로운 시스템으로 발전시키고자 했던 열망이 너무 컸지만 정작 현실에 적용하기란 불가능에 가까웠다. 그로 인해 의도치 않게 동료들에게 많은 미움과 시기를 받을 수밖에 없었다. 결국 UDT의 발전에 대한 개인적인 염원보다는 군대라는 조직의 안정을 위한 방향으로 뜻을 굽힐 수밖에 없었다.

　　조직이 오래되고 구성원이 많아질수록 규칙과 규율 등이 필수적이다. 하지만 그런 관습들은 조직의 변화에 대한 거부 반응을 불러일으키고 발전 자체를 의심하고 두렵게 만든다. '지금 이대로 편한데 피곤하게 바꾸려고 노력할 필요가 있을까?', '아무리 노력해도 바뀌지 않을 테니 그럴 바에야 안 하는 게 낫다', '바뀐 시스템에서 내 자리가 없으면 어떡하지?' 등처럼 현실에 안주하려는 생각이다.

　　현재에 안주하는 편안함은 잠시뿐이다. 모든 것은 변한다. 영원할 거라고 생각했던 현실의 달콤함이 내일은 악몽이 될 수도 있다. 그 변화의 중심에서 살아남고 발전하기 위해서는 당신이 할 일만 생각하면 된다. 변화를 두려워하지 않고 발전하려는 마음으로 그때그때마다 늦지 않은 선택을 하는 것만으로도 더 확실한 승산을 얻는다.

　　그러므로 변화를 추구하는 것에 두려워하지 마라. 변화는 당신의 삶을 송두리째 바꾸는 게 아니라 끊임없는 수정과 보완을 통해 더 나은 곳으로 나아가게 만든다. 변하지 않겠다는 것은 시대의 흐름에 반항하는 것이며, 곧 자신의 한계를 결정 짓는 단초가 된다.

승리하는 습관

코비 브라이언트, 스테판 커리 등 15년간 NBA 슈퍼스타들의 코치로 활동했던 앨런 스테인 주니어는 자신의 책『승리하는 습관』에서 NBA 스타들의 일상과 작은 습관을 소개했다.

앨런은 코비 브라이언트와의 훈련을 위해 이른 새벽 체육관을 찾았다. 체육관 불은 이미 켜져 있었고 코비는 땀에 흠뻑 젖어 있었다. 코비는 연습 내내 가장 기본적인 볼 핸들링과 풋워크를 반복했다. 그 모습이 이상하게 보인 앨런이 코비에게 물었다.

"당신은 이미 최고의 자리에 올랐는데 왜 아직도 기본 동작을 반복합니까?"

코비는 물음에 답하지 않고 도리어 앨런에게 물었다.

"제가 왜 경기에서 남들보다 뛰어나다고 생각하세요?"

코비는 기본이 되는 풋워크가 안 되면 다른 플레이를 할 수 없다는 사실을 알고 있었다. 그렇기 때문에 남들이 보기에는 사소했던 기본을 중요하게 여겼고 매일같이 기본만 연습했다. 그 결과 세계적인 슈퍼스타가 될 수 있었다.

승리하기 위해서는 자신이 중요하게 생각하는 가치를 지키는 멘탈을 가져야 한다. 상황에 따라 코에 걸고 귀에 거는 멘탈이 아니라 온전히 자신의 법칙을 지킬 수 있는 강한 정신력이 필수인 것이다.

승리하는 습관의 기본은 스스로 한계를 만들면 안 된다는 것이다. 삶은 기다리고 또 기다리는 일이다. 기다림의 순리를 받아들이고 위대한 성공은 일찍 오지 않는다고 생각해야 한다. 안 된다고 좌절하고 포기하는 것이 아니라 더 기대하고 매달려야 한다는 말이다.

만약 내가 VMI에 가지 않았다면 그래서 선배로부터 따끔한 일침을 듣지 못했다면 지금의 나는 없었을 것이다. 선배의 말을 무시하고 침구류를 정리하는 습관을 갖도록 노력하지 않았다면 이후 군인은 될 수 있었을지는 몰라도 절대 프로다운 사람은 될 수 없었을 것이다. 변화는 아침에 일어나 침구류를 정리하는 작은 습관에서 시작되었다.

'세 살 버릇 여든까지 간다'는 속담은 잘못된 버릇은 쉽게 고쳐지지 않는다는 의미지만 조금만 바꿔서 생각하면 '좋은 습관은 평생 간다'는 의미로 재해석할 수 있다. 그러므로 당신이 매일 할 수 있는 작은 습관부터 만들어서 실천하라. 남들이 보기에 대단해 보이는 습관일 필요는 없다. 습관은 자기에게서 시작되어 오로지 나 자신을 위한 발전 방법이면 된다. 남들에게 무언가 보여주고 싶다면 작은 습관의 힘이 얼마나 위대한지 증명하면 된다.

　무엇보다 변화를 두려워해서는 안 된다. 누군가 당신이 제안한 변화를 받아들이지 못하거나 내가 속한 조직이 변화의 필요성을 느끼지 못한다면 일단은 그대로 두길 바란다. 비난하고 원망하면서 당신의 심적 상태까지 병들게 할 필요는 없다. 개인이든 조직이든 변화하지 않으려는 나름의 이유가 있다고 생각하라.

　하지만 분명한 것은 변화를 두려워하고 현실에 안주해서는 안 된다는 것이다. 만약 당신이 무언가를 바꿔야 할 필요성을 느끼고 행동하는데, 이에 대해 비아냥거리는 사람이 있다면 대적하지 말고 그냥 무시하라. 그들이 당신을 조롱하는 사이 당신은 남들보다 한 발짝 앞서가고 있는 것이다.

　설령 한 걸음 뒤로 물러날 일이 생긴다고 해도 괜찮다. 다시 두 걸음 앞으로 나아가면 되는 것이다. 변화는 눈 깜짝할 사이에 찾아오지 않는다. 지금 이 순간에도 변화는 진행되고 있지만 대부분이 모르고 있을 뿐이다. 그런 의미에서 시대 변

미 SEAL 고공강하 과정에서

화를 느끼고 당신만의 생각을 행동으로 옮긴다면 반드시 빛을 발할 순간이 올 것이라 생각한다.

강한 멘탈을 가진 사람은 '바로 지금 하는 자'다. 그 누구도 행동으로 옮기는 사람을 이길 수 없다. 미 SEAL의 슬로건 중에 'The only easy day was yesterday'라는 말이 있다. '가장 쉬운 날은 어제까지였다'라는 뜻이다. 삶은 원래 힘든 것이라고 인정해버리면 당장 해야할 것들이 눈에 보이기 시작한다. 그런 일을 우선적으로 하나씩 해결하다 보면 이전에는 알 수 없었던 것들을 깨닫게 된다.

어려운 일부터 생각하면 시작은 미뤄질 수밖에 없다. 당장 행동하기에는 부담이 되고 시간이 더 필요하다는 핑계만 늘어놓게 된다. 그렇다면 영영 시작하지 못하게 될 확률이 높다. 모든 일은 일단 시작하고 수정해나가는 것이다. 모든 것을 갖추고 한다는 건 말도 안 된다. 그러므로 변화를 이끌어내고 싶다면 지금 당장, 오늘부터 할 수 있는 것을 선택하자. 만약 시작했다면 절대 멈추지 마라. 오늘을 당신의 인생을 바꾸는 첫날로 만들어라.

숨이 붙어 있는 한
불가능은 없다

불가능은 없다

당신이 마주한 일이 불가능해 보인다고 결코 도망쳐서는
안 된다. 그 일은 신이 당신에게 준 절호의 기회다. 그토록 성
공하고 싶었던 당신에게 주는 선물이라는 뜻이다. 숨이 곧 넘
어가는 위기 속에서도 어떻게든 이겨내겠다는 필승의 신념
이 있다면 신은 당신에게 기어코 승리를 선사한다.

2010년, 100년 만의 폭설과 강추위로 전국이 얼어붙은 날

에 UDT 혹한기 훈련이 시작되었다. 우리 팀은 해상으로 강하한 후 육지로 침투하기 위해 동해안의 상공을 날고 있었다. 비록 훈련이지만 실전과 같은 긴장감이 비행기 안에 흘렀고 팀원들의 표정은 비장했다.

"강하 지역 6분 전!"

점프 마스터가 곧 강하할 순간임을 알렸다. 해상 침투는 은밀한 작전을 펼칠 수 있지만 그 대가는 상당히 위험하다. 그래서 한순간도 긴장의 끈을 놓으면 안 된다.

고무보트를 바다로 먼저 투하한 후 7명의 대원이 항공기에서 차례로 이탈하였다. 낙하산을 이용해 바다로 착지해 낙하산이 엉키지 않게 빨리 정리했다. 그리고 미리 떨어뜨렸던 고무보트에 올라탔다. 혹한기 훈련의 목표는 해상에서 육지로 침투한 후 30킬로미터를 이동해 72시간 안에 대항군에게 잡힌 인질을 구출하는 작전이었다.

해안으로부터 2킬로미터 지점에서 특수장비를 착용하고 수중으로 침투했다. 물속에서 공기 방울이 발생하지 않게 하는 장비이기 때문에 대항군에게 발각되지 않고 침투할 수 있었다. 바닷속으로 들어가면 머리 위로 뿌연 빛이 어렴풋하게 보일 뿐 시야가 확보되지 않는다. 오직 나침반과 시계만 가지고 정확한 지점까지 찾아가야만 한다.

오후 4시가 되어서야 동해안 앞바다에 도착했다. 겨울 바다의 거친 파도에 몸을 가누기 힘들 정도였다. 해안에 위치하고 있을지 모를 대항군으로부터 팀을 보호하기 위해 경계 태세를 갖췄다. 이제 목표 지점인 황병산까지 도보로 이동해야 했다.

해안을 거쳐 육상으로 침투한지 17시간 만에 목적지인 황병산에 도착했다. 거친 산악 지형에 눈보라가 치고 허리춤까지 눈이 쌓인 상태였다. 해상 강하부터 해상 침투, 수중 침투, 설원 기동까지 쉬지 않고 강행군을 한 탓에 팀원들의 체력 소진이 말이 아니었다. 하지만 훈련 목표를 달성하기 위해서는 정해진 시간을 지키는 것이 우선이었다. 시간을 지키지 못하면 인질이 죽을 확률은 더 높아질 수밖에 없어 계속 앞으로 나아갔다.

하지만 얼마 지나지 않아 문제가 발생했다. 침투 25시간이 되었을 때 부팀장이 무릎 통증을 호소했다. 나는 팀장으로서 계속 나아갈지 잠시 쉬어가야 할지 결정해야 했다. 전체 임무 완수를 위해서는 때론 잠시 멈추는 것도 필요했다. 부팀장에게 휴식을 부여하고 나머지 팀원들은 은거지를 만들었다. 야전삽으로 한참을 눈을 걸어 내야 땅이 나왔다. 단단하게 언 땅을 파는 일은 쉽지 않았다. 경사진 땅을 직각으로 파 공간을 만들고 나뭇가지와 눈, 흙을 덮어 은폐한 후 은거지를 만들었다.

짧은 휴식을 마치고 다시 기동을 준비했다. 시간적인 여유는 있었지만 눈 덮인 산악 지형이라 우발 상황을 예측할 수 없었다. 군장과 특수 장비, 통신 기기 등을 모두 합치면 그 무게가 30킬로그램에 달하는데 개인 장비를 제외하고 나머지 장비를 은거지에 보관했다. 본격적인 작전이 임박해 몸이 가벼워야 했다.

칠흑 같은 밤이 되어 황병산 산등성이에 도착했다. 몇 개의 봉우리만 넘으면 인질이 있는 지역이었다. 시간이 얼마 남지 않았지만 산등성이 지역이 넓고 장애물이 없어 대항군에게 노출될 위험이 있었다. 부팀장은 시간이 걸리더라도 돌아갈 것을 제안했다. 하지만 이미 체력 소진이 컸기 때문에 시간이 지체될수록 작전의 성공 여부도 불투명해질 수밖에 없었다. 나는 다시 한번 직진을 결정했다. 팀원들은 명령에 따라 경계를 강화하며 다시 앞으로 나아갔다.

작전 68시간째, 동이 틀 때쯤 작전지에 도착했다. 대항군이 인질을 억류하고 있는 민가를 발견했다. 대항군의 인원수와 위치를 파악하고 마지막으로 팀원들을 불렀다. 소음기를 장착하고 저격수, 기관총수, 통신사, 포인트맨 등 각자의 역할을 분담했다. 저격수가 200미터 앞 나무에서 대항군의 움직임을 파악해 무전으로 상황을 공유했다.

누구 하나라도 실수하게 된다면 훈련이 모두 수포로 돌아갈 수 있었기 때문에 바짝 긴장했다. 하지만 실패할 거란 생각은 안 했다. 우리는 완벽한 팀이었고 서로를 믿었기 때문이다. 민가 근처 각자의 자리에 위치해 신호를 기다렸다. 단번에 실패 없이 대항군을 제압해야 하기 때문에 위치를 최종 확인한 후 팀원들에게 사격을 지시했다.

"셋, 둘, 하나, 쏴!"

순식간에 대항군을 제압했다. 하지만 우리가 보지 못한 대항군이 있을 수 있기 때문에 방심하지 않았다. 민가 내부에 있던 대항군까지 제압하고 나서 인질의 상태를 확인했다. 그리고 안전하게 탈출하면서 아군의 피해와 인질의 부상 없이 무사히 혹한기 훈련을 마쳤다.

우리 팀이 실시했던 72시간의 혹한기 훈련은 그야말로 불가능한 임무였다. 물론 일반인의 관점에서 말이다. 하지만 우리와 같은 훈련을 경험해본 군인들은 불가능하다고 생각하지 않을 것이다. 그들은 자기 팀의 방식대로 또 다른 불가능을 극복했기 때문이다. 고로 어려움이라는 것은 경험하면 경험할수록 삶을 더 단단하게 만드는 기폭제가 된다.

지금 불가능하다고 느끼는가? 그렇다면 모든 상황을 내려놓고 당신 내면의 목소리에 집중하라. 당신이 겪었던 모든 어려움을 떠올리면서 그것을 극복했을 때의 기쁨을 상기하라. 그런 다음 가능하다고 외치는 마음의 소리를 부여잡아라.

불가능하다는 생각은 편안한 상태를 유지하려는 관성에서 비롯된다. 막상 부딪히면 아무것도 아니라는 걸 잘 알면서도 현실에 안주하려는 게 인간의 본성이다. 당신은 반드시 그 관성을 이겨내야 한다. 인간이 실패하는 이유는 불가능에 도전하지 않아서가 아니다. 안주하려는 관성을 이기지 못해서다. 고로 오히려 피할 수 없도록 스스로를 더 몰아세워라.

불가능은 없다.

멘탈 완성의 요건

불가능을 극복하는 힘은 '할 수 있다'는 의지에서 비롯된다. 어떤 일을 할 때 멘탈은 기본 중의 기본이다. 그러나 사자굴에 들어갈 용기가 있다고 사자를 잡을 수는 것은 아니다. 사자를 만났을 때 침착할 수 있는 멘탈 다음으로 필요한 건 사자를 때려눕힐 능력이다. 그런 능력이 없다면 살아남을 수 없다. 멘탈로 극복할 부분이 있고 능력으로 뛰어넘을 상황이 있다는 말이다.

한계를 극복하기 위해서는 개인의 능력과 더불어 자신에 대한 강력한 믿음이 필요하다. 자신감은 근거 없는 의지가 아니라 자신의 능력과 경험을 토대로 만들어진다. 말만 번지르르한 사람들이 있다. 자신의 미천한 경력과 얄팍한 지식을 가지고 남들을 우습게 여기고 일단 아무런 말이나 뱉고 보는 이들이다. 이들은 자신이 갖지 못한 것에 대한 패배감에 자신보다 뛰어난 사람들을 어떻게든 할퀴어보려고 한다. 하지만 그들이 얻을 수 있는 것은 또 다른 패배감일 뿐이다. 거짓된 승리감에 취할 수는 있겠지만 그야말로 쓸데없는 짓이다.

차라리 그 시간에 자신의 진짜 능력을 키우기에 노력해야 한다. 내가 남들보다 신체 능력이 떨어진다고 느낀다면 팔굽혀펴기를 백 번 더 하고, 지식이 부족하다면 남들이 잘 때 몇 시간 더 공부해야 한다. 처음 한국에 왔을 때 한국어를 제대로 하지 못한다는 것은 부인할 수 없는 사실이자 나에게는 가장 불리한 조건이었다.

누구보다 강인한 체력은 있었지만 UDT가 되기 위해, 해군사관생후보가 되기 위해서는 시험에 통과해야만 했다. 나의 한국어 실력으로는 시험에 붙는 게 불가능하다는 타인의 평가에 대해 반박할 수 없었다. 나의 능력이 절대적으로 부족했기 때문이다. 시험에 떨어져 UDT 장교가 되지 못하는 걱정도 했고 그냥 미국으로 돌아가 미 SEAL에 도전하고 싶은 생각도 있었다. 하지만 포기하지 않았다. 내가 할 수 있는 건 사자를 제압할 능력을 키우는 것뿐이었다.

해군사관후보생 시험에 합격하고서는 꿈에 조금 더 가까워졌다는 기쁨이 컸다. 이후 UDT 초급반도 차석으로 수료할 수 있었다. 해석하기조차 어려웠던 잠수학 과목을 잘 보지 못한 것이 아쉬웠지만, 지문 하나도 제대로 이해하지 못했던 때를 생각하면 큰 발전이었다.

그렇다고 승리에 도취해 거만하지 않았다. 강한 멘탈을 완성하려면 자신의 능력과 경험을 맹신하지 않는 겸손함도 필요하다. 자존심은 남에게 굽히지 않고 품위를 지키려는 마음이다. 자존심을 좋게 표현하면 '줏대가 있다', '뚝심이 있다' 정도로 말할 수 있지만 자칫 잘못하면 안하무인에 빠질 수도 있다. 멘탈에 있어 자존심은 중요하다. 하지만 그보다 중요한 건 자존심을 버릴 줄 아는 용기다.

누구에게나 자존심은 있다. 자존심은 어떠한 일을 성공시키기 위한 원동력이다. 하지만 자존심으로 인해 상황을 있는 그대로 파악하지 못하고 자신의 방향대로만 이끌어 가려고 한다면 그것은 자만심이 되어 버린다. 또한 자존심만 세고 능력이 갖춰져 있지 않다면 필히 문제가 발생한다. 사자 굴에 자신 있게 들어가 놓고 결국 사자의 밥이 되는 꼴이다.

목표를 이루는 데 멘탈을 그저 삶의 태도 정도로 생각한다면 큰 오산이다. 멘탈은 행위를 이끌어내는 마중물이다. 그래서 멘탈이 곧 행동력이라고 봐도 무방하다. 멘탈 없이는 아무것도 이뤄지지 않기 때문이다. 하지만 강한 멘탈은 뜨거운 의지와 곧은 마음가짐으로만 완성되지 않는다. 자신의 멘탈을 그대로 실현할 수 있는 실력이 겸비되어야 한다.

단순히 간절한 마음을 갖는 것만이 멘탈의 전부는 아니다. 무언가 행동했다면 그에 상응하는 결과를 내야만 한다. 지금 당신이 하고 있는 일에서 최고가 되기 위해 혼신의 힘을 다하라. 그러면 사자 굴에 들어가서도 생존할 수 있을 것이다.

명예는 리스크가 따른다

나에게 2020년은 정말 뜻깊은 한 해였다. 의미 있는 콘텐츠를 통해 많은 국민께 감동을 드리며 삶에 대한 새로운 마음가짐을 다잡을 수 있었기 때문이다. 일상의 무기력과 매너리즘에 빠졌던 사람들의 삶이 변했고, 실패의 순간을 딛고 다시 도전하는 계기를 마련해주었다. 그런 면에서 정말 특별한

한 해였다.

이뿐만 아니라 대한민국 군대에 대한 이미지를 변화시킨 것은 물론 우리 군의 위상을 높이는 데도 일조했다. 실제로 해군 본부에서는 부대의 위상을 높여준 것에 대한 감사의 표시로 소정의 기념품을 보내오기도 했다.

그러나 큰 인기만큼 다른 이들의 질투도 많이 받았다. 자격지심과 패배감으로 똘똘 뭉친 세력은 나와 관련된 악성 루머와 허위 사실을 유포하며 잔치를 벌였다. 내가 사람들에게 긍정적인 변화와 영감을 준 것을 악용하여 이슈를 생산하고, 돈을 벌 목적으로 나를 비판하는 콘텐츠를 무한정 생산해냈다. 개인정보 침해는 기본이었고 사랑하는 우리 가족에 대해 인신공격을 퍼부었다. 하지만 이들은 자신들이 누구에게 어떤 일을 저지르고 있는지 인식하지 못하는 듯했다.

나는 특수전 요원 출신이었고 제대한 후에도 위험 지역을 다니면서 다양한 형태의 적들을 제압했다. 주로 해외에서 무장한 테러리스트들을 상대했지만, 대한민국에서 이들과 다른 종류의 테러리스트가 있다는 걸 알게 되었다. 바로 사이버 테러리스트였다. 그들은 연예인들의 대중 주목도를 빌미로 협박하면서 경제적인 이득을 취했다. 컴퓨터 뒤에 숨은 인생의 패배자들이 키보드 하나로 다른 사람들을 죽이려고 작정하고 있었다.

하지만 그들은 상대를 잘못 선택했다. 늘 죽음을 가까이 두고 사는 나 같은 사람들은 이런 유치한 장난에 절대 굴하지 않는다는 사실을 몰랐을 것이다. 나는 연예인이 아니었기 때문에 주목도가 있든 말든 크게 상관없었다. 내 인생의 목표는 그런 게 아니었다. 무엇보다 나는 스스로에게 떳떳했다. 사이버 테러리스트들의 장난에 흔들릴 내가 아니었다. 나는 그들의 말에 조목조목 반박하면서 쓴소리를 가차 없이 던졌다. 다른 사람의 인생을 근거 없이 비난할 시간에 자신의 모습을 돌아보라고 말했다. 결국 그들은 굴복했고 결국 나는 사이버 지옥주에서도 생존했다.

사람들은 이런 나에게 어떻게 하면 강한 멘탈을 가질 수 있냐고 묻는다. 그러면서 자기가 만약 내 입장이었더라면 절대 버틸 수 없었을 거라고 덧붙인다. 내가 무너지지 않는 궁극의 멘탈을 가질 수 있었던 이유는 매우 단순하다. 첫째, 나 스스로에게 떳떳했으며, 둘째, 그 어떤 것도 두려워하지 않았다.

당신이 바다에서 수영하고 있는데 상어와 마주했다면 어떻게 할 것인가? 결론부터 말하면 흥분해서 도망치지 말고 자리를 지켜야 한다. 상어는 대부분 사람을 사냥하러 오는 것이 아니다. 그런데 당황하여 첨벙거리다가 상어를 흥분시켜

공격하게 만든다. 미 SEAL에서도 만약 바닷속에서 상어를 만나면 자리를 지키도록 교육받는다. 그럼에도 상어가 공격한다면 그때 눈이나 아가미를 가격하면 된다. 전혀 무서워할 필요가 없다.

우리가 사는 사회에도 이런 상어 떼가 많다. 먹잇감을 슬쩍 건드려보고 반응을 하지 않으면 흥미를 잃고 사라지지만, 흥분하여 달아나려고 하면 더 몰려들어 공격한다. 이때 필요한 것도 상어에 대처하는 방법과 같다. 당황하지 않고 자리를 지키고 그럼에도 계속 공격한다면 그에 상응하는 맹공격을 퍼부으면 된다. 이게 내가 사이버 테러리스트를 제압한 방법이었다.

명예를 얻기 위해서는 오랜 노력이 필요하고 그 과정에 리스크가 존재한다. 명예는 쉽게 저절로 얻어지지 않는다. 일찍 일어나 벌레를 잡아먹는 새를 부지런하다고 할 수는 있다. 하지만 남들과 달리 높이 날고자 한『갈매기의 꿈』의 주인공 갈매기 조나단처럼 위대하다고 말하지는 않는다.

경제적인 부는 개인의 능력과 때론 운으로도 얻을 수 있지만 명예는 다르다. 명예는 한순간에 얻을 수 없다. 끊임없이 노력하고 그 결과를 타인이 인정해줄 때만 얻을 수 있다. 때론 돈과 거짓으로 명예를 사는 경우도 있지만 그렇게 얻은 명예는 사막의 신기루처럼 금세 사라진다.

세계적으로 미 SEAL의 명성은 널리 알려져 있다. 미 해군의 전폭적인 홍보 지원을 받아 매스컴에 소개되는 것은 물론, 2011년 5월 미 SEAL 데브그루 대원들이 9.11테러의 주모자인 오사마 빈 라덴을 사살했다는 것이 알려지면서 미 SEAL의 위상은 하늘로 솟아올랐다. 그때 지원자가 크게 늘어나기도 했다.

최근 몇 년 사이 우리 UDT가 여러 방면으로 소개되면서 관심이 높아졌고 지원자도 크게 늘었다. UDT에 지원하고 싶은 사람들을 보면 대부분 강한 사람이 되고 싶거나 자신의 한계를 시험해보고 싶은 자들이 주를 이룬다. 하지만 UDT나 미 SEAL 모두 되고 싶다고 될 수 있는 것이 아니다. 군인 중에서도 소수만이 얻을 수 있는 명예다.

예전에 해리스 전 미국 대사 등 유명 인사들이 참석한 미 국무부 행사에 초대받은 적이 있다. 그때 나는 미 SEAL 휘장을 달고 참석했는데 그 자체만으로도 사람들이 몰려들었고, 미 SEAL 대원이라는 사실 덕분에 많은 사람에게 좋은 평가를 받을 수 있었다. 이는 지금까지 내가 이뤄낸 일들에 대한 인정 같은 것이었다. 이 때문에 나는 더욱 사람들의 기대에 부응하고 UDT와 미 SEAL이란 이름을 높이려고 노력한다.

명예를 지켜야 하기 때문이다.

　명예에 반드시 뒤따르는 것이 있다면 바로 헤이터^{Hater}들의 시기와 질투다. 내가 그동안의 경험과 노력으로 얻은 명예를 말도 안 되는 루머와 거짓으로 깎아내리려는 이들이 생겨났다. 처음에는 오해를 풀고 잘못된 부분을 바로잡으려고 했다. 하지만 그럴수록 말도 안 되는 일들이 더 생겼다. 더 이상 그들의 화법으로 대응해선 안 된다는 것을 깨달았다. 그들은 명예를 모르는 사람들이었기 때문에 누군가의 인생과 경력에 대해 아무 말이나 떠들었다. 나는 그때 이런 생각이 들었다.

　'아무리 열심히 살아도 적은 생긴다.'

　그래서 명예를 지키기로 했다. 나는 연예인이 아니고 대한민국의 군사 발전과 세계 평화를 위해 일하는 군사 컨설턴트였다. 그 후로 나는 말을 아꼈고 대신 나의 명예를 더럽히는 자들에게 무관용으로 대응했다. 그러면서도 나는 나 자신을 돌아보았다. 내가 명예롭게 살고 있는지에 대해 계속해서 물었다.

　미 SEAL은 모든 과정을 수료한 명예로운 대원에게 삼지창 휘장을 수여한다. 하지만 부대의 명예를 실추한 대원이 있다면 그의 삼지창을 가차 없이 박탈한다. 세상에 영원한 것이 없듯이 명예도 한번 얻었다고 끝까지 유지되지 않는다. 명예를 지키기 위해 초심을 유지하고 남들보다 더 열심히 살아야하는 것이다. 또 누군가 자신의 명예를 의심하고 시기할 때 도망치지 말고 부딪혀 이겨내야 한다.

명예를 지키기 위해 전전긍긍하기보다 증명할 수 없다면 스스로 내려놓는 것이 차라리 나을 수도 있다. 지금도 아침마다 미 SEAL의 신조를 보며 하루하루를 명예롭게 살아가겠다고 다짐한다. 그리고 작은 행동 하나로 나의 명예가 실추될 수도 있음을 가슴에 새긴다.

강철 멘탈을 가져라

우리는 하루에도 몇 번씩 불가능해 보이는 수많은 일을 마주하게 된다. 물론 절대적으로 불가능한 것들도 있지만 대부분은 시작하기만 하면 별로 어려운 일이 아니라는 걸 깨닫게 된다. 그러나 많은 사람이 시작하기도 전에 불가능을 단정짓고 스스로 도전하지 않는 자를 자처한다. 실패를 지레짐작하고 도전하지 않는 자신을 정당화하기 위해 자기합리화에 빠진다. 그러나 그런 사람들이 한 가지 알아야 할 게 있다. 실패하는 자보다 도전하지 않는 자가 패배자라는 사실이다.

세상에 완벽한 사람이 어디 있는가? 모든 일에는 처음이 있고 실수가 있다. 그저 멘탈 하나를 믿고 일단 시도하는 것이다. 우리가 원하는 것을 이루지 못하는 이유는 바로 시도하지 않기 때문이다. 비상할 꿈을 꾸면서 무언가를 시도하지 않는다는 것은 망상에 지나지 않는다. 진정으로 목표한 바를 이루려면 반드시 시도하는 자가 되어야 한다.

멘탈이 약하다는 말은 앞으로 꺼내지도 마라. 지금 이 시간부터 당신에게 그런 말은 없다. 나를 위해, 우리 팀을 위해, 나의 가정을 위해 반드시 해야 할 일들이 있다면 무엇이든 해봐야 한다.

강한 멘탈을 갖기 위한 나의 첫 번째 조언은 가장 쉬운 일부터 하라는 것이다. 불가능해 보이는 일을 마주했을 때, 어디서부터 무엇을 어떻게 해야 할지 막막하기만 하다. 그래서 아예 손도 대지 못하는 경우가 많다. 하지만 제아무리 비범한 능력을 가졌다고 한들 얽히고설킨 실타래를 한 번에 푸는 건 어렵다. '불가능'이란 판단은 심리적인 부분이 더 크게 작용한다. 정말 불가능한지 실체를 확인하기 전에 스스로 그렇게 생각하기 때문이다. 이는 실패에 대한 우려와 상처에 대한 일종의 방어기제다.

당신은 앞서 본 내 인생의 전반적인 사건들을 통해 내가 원래부터 멘탈이 강했다고 생각할 수도 있겠지만 그렇지 않다. 이 자리에 오기까지 수많은 웅덩이에 빠졌고 돌부리에 걸려 넘어졌다. 다만 지금처럼 강한 멘탈을 가질 수 있었던 이유는 웅덩이를 마주할 때마다 일단 정면 돌파했기 때문이다. 나는 웅덩이와 돌부리를 통해 내 인생이 더 강해지는 것을 느꼈고, 그것을 크게 문제 삼지 않았다. 내가 할 수 있는 가장 쉬운 일을 하고 나면 어느 정도 실마리를 찾을 수 있었다.

두 번째는 긍정의 마인드를 가져야 강한 멘탈이 만들어진다는 것이다. 헤이터들의 공격으로 각종 이슈가 터지면서 진행하고 있던 프로그램 섭외와 계약된 광고가 모두 취소되었다. 심지어 이미 노출된 광고도 내려갔고 촬영까지 마쳤던 프로그램도 방영되지 못했다. 나를 믿고 프로그램을 제안하고 함께한 이들에게 미안한 마음이 컸다.

하지만 헤이터들이 바라던 이런 상황이 나를 죽이지 못할 뿐더러 설령 그렇게 되더라도 죽으면 그냥 죽는 것이었다. 상황은 이미 벌어졌고 달라진 건 없었다. 그 즉시 내가 해야 할 행동은 중심을 잡고 내 갈 길을 가는 것뿐이었다.

한편으로 이런 상황이 고마웠다. 내가 하고 싶은 것들에 다시 집중할 수 있었기 때문이다. 광고나 방송은 내 인생에서 그리 중요한 것들이 아니었다. 잠깐의 경험만으로도 충분히 재미있었고 색다른 경험이었다. 그 당시 잠도 못 잘 정도로 너무 바빴다. 하루에 3~4개 프로그램을 촬영하고, 다음 프로그램을 위해 미팅을 하고 난 후에는 기획에 따라 커리큘럼과 시나리오도 짜야 했다. 군 경험과 관련된 방송이 많았기 때문에 처음부터 끝까지 내가 확인할 게 많았다.

개인 문자는 물론 메일조차 확인할 시간이 없었고, 가족과 친구한테 오는 연락을 받을 시간도 없었다. 매일 차 안에서 도시락으로 끼니를 해결하고, 잦은 환복과 메이크업을 받는 것 때문에 매니저에게 일정이 너무 벅차다고 하소연한 적도 있었다. 내가 만약 방송을 업으로 삼는 연예인이었다면 일이 없어진 것에 큰 충격을 받았을 것이다. 하지만 나는 군인으로서 군의 위상을 높이고 국민들이 군에 긍정적이고 친화할 수 있도록 방송에 출연했을 뿐이었다.

그런 의미에서 나의 전문성과 성격상 군사 관련 컨설팅 업무가 잘 맞고 더 보람도 느낀다. 문제가 생겼을 때 오히려 좋은 기회라고 생각하면 문제에서 자유로워질 수 있다. 그러므로 당신에게 어려움이 닥치더라도 상황을 긍정적으로 보려는 태도를 가져라. 우리는 상황 때문에 괴로워지는 것이 아니라 상황을 바라보는 관점 때문에 고통스러워진다는 걸 기억하라.

들끓는 심장을 들고
지금 당장 뛰쳐나가라

자신의 일에 정통하라

"나쁜 카드를 가지고 태어날 수 있지만
운명을 개척할 수 있는 선택권이 있다."
_ 조니 킴

NASA 소속의 우주비행사이자 한국계 미국인 조니 킴의
말이다. 내가 가장 존경하는 인물이기도 하다. 그는 특이한
이력을 가졌는데 미 SEAL의 해군 대위, 하버드 의대 출신의

의사였고 지금은 우주비행사다.

조니 킴은 고등학교를 졸업한 후 바로 미 해군에 입대했다. 의무병 훈련을 마치고 미 SEAL BUD/S에 지원해 최정예 요원인 저격수가 되었다. 이라크와 라마디 등에서 100여 차례 전투 작전을 수행했는데 수많은 훈장과 약장 등을 받을 정도로 뛰어난 대원이었다. 앞서 이야기한 조코 윌링크 소령, 영화 〈아메리칸 스나이퍼〉의 실제 주인공인 크리스 카일 상사와 함께 근무했다. 임무를 마친 후에는 미 해군사관후보생 과정에 입교하여 장교로 임관했다.

그 후 조니 킴은 하버드 대학교 재학 중에 우주비행사이자 의사였던 파라진스키에게 큰 영감을 받고 2017년 NASA 우주인단 22기에 지원했다. 1만 300명이 지원한 프로그램에서 무려 1600:1의 경쟁률을 뚫고 11명 중 1명으로 선발되었다. 2년 반 동안 우주 탐사에 필요한 모든 훈련을 받은 후 최종 선발되면, 2024년에 달 탐사를 발판 삼아 인류 최초로 화성으로 가는 아르테미스 프로젝트에 투입될 예정이다.

더 놀라운 사실은 지금부터다. 그의 이력을 보면 탄탄대로의 출셋길을 걸어온 엘리트 중의 엘리트처럼 보이지만, 사실 그의 가정환경은 좋지 않았다. 그의 아버지는 가족들에게 심한 학대를 가했고 심지어 총까지 겨누면서 생명을 위협했다.

조니 킴은 성적이 매우 좋은 학생이었지만, 이런 상황에서 어머니와 동생을 지키고 싶다는 마음에 미 SEAL에 입대했다. 나는 나처럼 무언가를 지키기 위해 강한 사람이 되겠다고 결심한 그에게 강한 끌림을 느꼈다.

그는 미 SEAL에서 고통과 두려움을 이겨내고 최악의 위기를 극복하는 방법과 회복력을 배웠다고 말했다. 이후 하고 싶은 일을 위해 끊임없이 노력했고 지금의 자리에까지 오를 수 있었다. 조니 킴은 미 SEAL 저격수부터 의사, 우주비행사까지 전혀 다른 분야의 전문가가 되었다. 이는 도전에 대한 의지와 노력 없이는 불가능한 일이라고 생각한다.

조니 킴은 내가 가장 이상적으로 생각하고 되고 싶어 하는 만능인이다. 모든 분야에서 완벽해지고 싶은 것은 개인적인 욕심이기도 하지만 나에게 새로운 분야에 대한 도전은 삶의 목표이자 성공의 조건이다.

2017년 PMC 소속으로 이라크에 근무할 때 미 국무부로부터 스카우트 제안을 받았다. 직책은 안보수사관으로 주한 미국대사관에서 근무하는 일이었다. 당시 PMC 임무도 거의 끝나갈 즈음이라 타이밍이 좋았고 반드시 수락해야 하는 제안이라고 생각했다.

PMC는 8주 동안 작전한 후 4주간 휴가를 갖는 시스템으로 운영되었다. 1년 중 8개월은 이라크에 있고 4개월만 국내에 있는 셈이다. 보수가 연봉 개념이라 휴가 기간에도 월급이 지급되어 용병들 사이에서는 이만한 직업도 없다는 이야기도 많았다. 어떤 사람들은 그러한 패턴이 적성에 맞아 20년이상 하는 경우도 있었지만 나는 또 다른 모험을 준비해야만 했다.

휴가 기간 중 한국으로 들어왔을 때 주한미국대사관을 찾았다. 미 국무부 예하 기관에서 나온 스페셜 에이전트 두 명을 만나 면접을 보고 일하게 되었다. 각 나라의 안보수사관은 각국의 문화 적응도와 전문성을 활용하기 위해 주로 현지인을 채용하는데, 나는 이런 점이 미국의 강점이라고 생각했다. 어떤 상황과 일에 해당 업무와 각 지역 문화에 정통한 사람을 팀원으로 만드는 것에 탁월했기 때문이다.

안보수사관의 주 임무는 미국의 자국민, 이익, 자산에 위협이 되는 모든 것을 수사하는 일이었다. 나는 한국에서 활동했기 때문에 우리나라에서 일어날 수 있는 위협 요소들을 파악하고 사고를 미연에 방지하는 역할을 했다. 가장 기억에 남는 일은 2018년 평창 동계올림픽 당시 미국의 VIP 및 선수 보호를 위한 보안 코디네이션 역할을 맡은 것이었다.

동계올림픽을 위해 입국하는 미 정부 고위 대표단과 선수들의 경호 및 안전에 대한 모든 것을 담당했다. 가장 신경 썼던 것은 남북 관계로 인한 전쟁 위험도였다. 당시 북한의 김여정이 김정은을 대신한 특사 자격으로 방한하기로 되어 있었지만 남북 관계가 아주 좋은 상황은 아니었다. 전쟁 발생 위험도가 높은 상황에서 당시 미국의 펜스 부통령의 방한도 계획되어 있어 모든 장소와 이동 경로를 사전에 답사했다.

안보수사관을 맡았던 평창 동계올림픽 보안 코디네이션 임무는 전체적인 규모도 컸고 해야 할 일도 많았다. 국정원을 비롯해 국내의 여러 단체들의 지원과 협조를 구해야 했는데 세부적으로 꼼꼼하게 준비하지 않으면 문제가 생길 수 있어 심혈을 기울였다. 또 주요 정상들이 방문하는 만큼 각 나라의 안보수사관들과 공조하며 완벽한 임무를 위한 만반의 준비를 갖추려고 노력했다.

이는 나에게 또 다른 도전이기도 했다. 우리나라에서 열리는 올림픽이었기에 더 애정이 가기도 했고, 한국인으로 더 잘할 수 있는 역할이었기에 보람차게 할 수 있었다. 물론 혼자서 할 수 있는 일은 아니었기 때문에 다른 여러 국가와 기관의 담당자들과 함께 일할 수 있었던 것도 특별한 경험이었다.

지금 자신이 하고 있는 일에 정통하는 것은 성공을 위한 지름길이다. 흔히 자신의 일을 단순한 돈벌이 수단으로 여기면서 몰입하지 않는 경우를 많이 본다. 하지만 지금 당신이 하는 일은 지난날의 결과이고 다음 할 일의 발판이란 걸 잊지 않길 바란다. 자신이 하는 일에 애정을 갖고 모든 것을 섭렵해야만 또 다른 기회를 얻을 수 있고, 그 기회들을 소중하게 여기고 최선을 다하면 정상에 오를 수 있다.

UN에서의 새로운 도전

지금까지 했던 일도 의미가 있는 일이었지만, 더 나아가 세계 평화와 국제 발전을 위해 일하고 싶었다. 때마침 UN 홈페이지에 모집 공고가 올라와 바로 이력서를 보냈는데 아무런 답변이 없어서 그냥 잊고 지냈다. 그런데 미 안보수사관으로 일하던 중 UN으로부터 한 통의 전화를 받았다.

거의 1년이라는 시간이 지난 후라서 나는 어리둥절했다. 모집 담당자는 나에게 1년 동안의 채용 전형이 끝났고 내가 최종 후보에 올랐는데 여전히 UN에서 일하고 싶은 마음이 있냐고 물었고, 나는 그의 물음이 끝나는 거의 동시에 그렇다고 대답했다.

그는 나에게 평가에 대해 설명했고 나는 또 한 번의 필기

시험과 면접을 치러야 했다. 유형마다 시험 종목과 면접 방식이 다른데 내가 지원한 안보담당관의 경우 군인 또는 경찰 경력이 없이는 아예 지원이 불가능했다. 입사하고 알게 된 사실이지만, 동료들은 내가 아시아인으로는 첫 번째 안보담당관이라고 이야기해줬다. 나는 대한민국 국민으로서 상당한 자긍심을 느꼈다.

UN 안보담당관으로서의 임무는 다양했다. 임무 후 결과보고서 작성 등의 서류 작업이 있었지만 안보담당관의 특성상 현장에서 활동하는 게 본연의 임무였다. 영화 〈미션 임파서블〉에서 "임무를 받아들일 거냐? 거절할 거냐?"라고 물은 뒤 요원이 임무를 결정하는 장면처럼 임무를 받는 시스템은 실제로 이와 비슷했다. 먼저 임무를 받고 수락하면 그와 관련된 자세한 내용들을 전달받았다.

안보담당관의 임무 중에는 UN 인권특별보고관 Special Rapporteur의 현장 임무 시 안전을 지키는 일도 있었다. UN 자체 근접 경호팀을 현장에 보내면 오히려 인권특별보고관의 신변이 노출될 위험이 있었다. 그래서 은밀한 작전을 위해 안보담당관이라는 직책도 공개하지 않고 인권특별보고관의 참모 신분으로 혼자 나가곤 했다. 위험한 임무였지만 대신에 현지의 경찰이나 군의 지원을 받을 수 있었다. 임무의 조율과 관리 그리고 지휘만 완벽하다면 안전할 수 있었다.

가장 기억에 남기도 하고 언론에 이미 공개되어 소회를 밝힐 수 있는 임무는 로힝야족 탄압을 조사하기 위해 찾았던 방글라데시 임무다.

당시 로힝야족은 미얀마에 거주하는 무슬림 소수 민족으로 불교도가 대다수인 미얀마에서 무국적자로 차별을 받고 있었다. 미얀마 정부의 탄압이 이어지자 로힝야족은 방글라데시로 넘어가 난민 캠프를 이루었다. 말이 좋아 캠프지 사실상 펜스로 둘러싸인 감옥과 마찬가지였다. 미얀마와 방글라데시 사이에는 작은 강을 두고 분계선이 설정되어 있었다.

문제는 바로 옆에 있던 미얀마 경계 초소에서 방글라데시로 넘어가는 로힝야족과 반대로 미얀마로 다시 넘어오는 로힝야족을 쏘려고 밤낮으로 감시하고 있었다는 것이다. 평상시에도 아무런 이유 없이 캠프를 향해 발포하는 경우가 비일비재했다. 내가 현장에 도착하기 며칠 전에도 캠프에 총격 사건이 일어났다.

하지만 더 큰 문제는 내가 보호하던 인권특별보고관이 방글라데시와 미얀마를 연결하는 작은 다리를 무조건 건너겠다고 하면서 시작되었다. 그동안 그가 쓴 로힝야족과 관련된 보고서 때문에 미얀마 정부는 인권특별보고관을 적으로 지정한 상태였다. 방글라데시를 통한 방문이었지만 미얀마 군인이 그를 향해 총을 쏠 명분이 충분히 있는 상태였다.

다른 인권특별보고관이었다면 굳이 다리 위까지 가지 않고도 건너편의 모습을 대략적으로 파악한 뒤 보고서를 작성했을지도 모른다. 하지만 그는 조금이라도 더 가까이 가서 현상을 파악하고 로힝야족에게 UN이 이 문제를 깊게 생각하고 있다는 메시지를 전달하고 싶어 했다.

나의 역할은 인권특별보고관의 안전을 지키는 일이었지만 그가 완벽한 임무를 수행하기 위한 조건을 만드는 것도 나의 일이었다. 그도 아주 위험한 상황이란 것을 알고 있음에도 자신의 역할을 수행하려는 의지를 표현한 것이라서 나는 받아들이기로 결정했다.

그래서 다리를 건너기 전 위성 사진을 확인하고, 현지 군과 협력해 탈출 차량을 대기시켰다. 만약 경계 초소에서 사격을 할 경우 어떻게 대응할 것인지 지침을 정해 전달했다. 그리고 그에게는 위급 상황 시 무조건 나의 통제에 따라야 한다고 말했다.

불가능해 보이는 임무였지만 다행히 아무 일 없이 성공적으로 완수할 수 있었다. 당시 상당히 인상 깊었던 인권특별보고관의 활동은 현지 방송은 물론 CNN과의 인터뷰를 통해서 공개되기도 했다.

도전하고 실현하라

내가 생각하는 성공이란 단순히 경제적인 측면이 아닌 자신의 자아를 실현하고 즐기는 삶이라고 본다. 그런 의미에서 나의 자아실현과 즐기는 삶의 기준은 강한 사람이 되어 조국과 사랑하는 사람을 지키는 것이었다.

나는 남들과는 다른 방식으로 나만의 길을 걸어왔다. 어릴 적 미국으로 이민을 가고, 극심한 인종차별을 경험해서 그런지 대한민국이라는 이름만 들어도 심장이 뛰었다. 하지만 정작 내 나라에서는 나를 외국인으로 바라봤다. 어떤 사람들은 그런 사건들이 지금의 나를 만들었다고 생각하지만 그건 아니다. 나는 오직 나만의 방식으로 목표를 선택하고 즐겼을 뿐이다. 내가 남들의 삶을 평가할 수 없듯이 누구도 나의 삶과 방식에 대해서 평가할 수 없다.

나는 완벽해지려고 부단히 노력했다. 무언가를 배운다면 고수가 될 때까지 연습해야 했고 반드시 최고가 되어야 했다. 완벽함에 대한 기준은 나의 부족함과 한계를 여실하게 드러냈다. 그래서 그 기준에 도달하고자 몰입했고 결국 그 목표를 이루었다. 하지만 목표를 이루었다고 다 끝난 게 아니었다. 또 다른 목표를 세우고 오직 도달하기 위해 최선을 다했다.

돌고 돌아왔지만 결국에 대한민국 해군이 된 것, UDT에 지원해 차석으로 수료한 것, 대테러 전문성을 인정 받아 소말리아에 파병된 것, 동맹국 군인으로는 유일하게 미 SEAL 휘장을 단 것, 군 제대 후 PMC 소속으로 이라크에 파병을 간 것, 미 안보수사관으로 임무를 수행한 것, UN에서 안보담당관으로 활동했던 것, 이 모든 게 나에게는 도전이자 꿈의 실현이었다.

종종 자신의 꿈과 목표를 모르겠다는 사람들의 이야기를 듣는다. 당신도 만약 이런 경우라면 확실히 말해주겠다.

"당신은 뭘 해야 하는지 잘 알고 있다."

그런데 왜 하지 않는가? 알고도 행동하지 않는다는 건 삶을 낭비하고 있다는 증거다. 말하지 마라. 변명하거나 도망치지도 마라. 당신이 반드시 해야만 하는 일을 두고 도망쳐서는 안 된다. 어떻게든 그 일을 완수하는 편이 당신의 삶을 올바른 방향으로 이끄는 것이다. 강한 자가 살아남는 게 아니라 살아남은 자가 강한 것이라는 말도 있지 않은가?

일단 결정했다면 도전하고 실현해야 한다. 누군가에게 이 일이 잘될지 안 될지, 성공할지 실패할지 묻지 마라. 도전하고 실현하는 방법은 지극히 단순해야 한다. 아쉬워서 뒤돌아볼 필요도 없다. 이미 지난 것이고 더 이상 당신 소유가 아니다. 당신이 지금까지 못했던 것을 실현하기 위해 할 일은 오직 앞만 보고 최고를 향해 내달리는 것이다. 모든 도전과 성공은 그렇게 태어났다.

완벽해지기 위해 노력했던 날들과 새로운 도전에 대한 호기심이 나를 만들었다. 다른 사람들이 말하는 성공의 방법이 아닌 나만의 방식으로 내가 가고자 하는 길을 찾았다. 내 뜻을 알아주지 않는다거나 나의 목표를 이루기 위한 환경이 아니라고 탓할 필요는 없다. 내가 가장 하고 싶은 것에 충실하며 잘할 수 있는 것에 집중하면 된다.

나의 다음 목표는 그동안의 경험과 전문성을 바탕으로 우리나라 국방력, 안보 체계, 사회 발전을 위해 보탬이 되는 것이다. 제대 이후 군사 관련 컨설팅을 시작했을 때는 군과 경찰들을 대상으로만 교육했다. 하지만 내가 군에서 갈고닦은 노하우가 일반인에게도 큰 도움이 된다는 것을 체감했다. 내가 사람들에게 영감을 주고 힘을 줄 수 있다는 게 얼마나 큰 선물인지를 알게 된 순간이었다.

매 순간이 도전이다. 안주하지 않고 다음 걸음을 옮김으로

써 내가 바라던 삶에 가까워지고 있다. 무엇을 해야 할지 모르겠다고 가만히 멈춰 있는 건 당신의 소중한 시간과 에너지를 낭비하는 일이다. 당신의 진짜 모습을 찾아라. 그럼에도 불구하고 살아남아야 하는 이유를 스스로 정하라. 그래야 진짜 최고가 될 수 있고 목표를 실현할 수 있다. 모르겠다는 핑계로 가만히 있는 건 삶에 별로 도움이 되지 않는다.

정면으로 맞서 싸워라

나는 가장 어려운 일을 누구보다 완벽하게 해내고자 노력한다. 피하거나 돌아가는 건 내 스타일이 아니다. 어떤 사람은 지나친 승부욕이라고 말하기도 하지만 도망치는 것보다는 훨씬 멋진 일이다. 나는 승부욕의 긍정적인 면을 더 발휘해 더 큰 성취감과 도전 의식을 고취시키는 것도 필요하다고 생각한다.

도전이라는 단어는 '정면으로 맞서 싸움을 건다'는 의미다. 이런 이유에서인지는 모르겠으나 도전을 어려워하는 사람이 많은 듯하다. 사실 도전을 꺼리는 건 실패에 대한 두려움보다도 실패했을 때 다른 사람들의 불편한 시선을 참아내는 게 어렵기 때문이다. 하지만 이는 도전에 따라올 수밖에 없는 필연적인 것이라고 받아들이는 편이 멘탈에 좋다.

　나 또한 수없이 도전하며 참담한 실패를 경험했었고 다른 사람들의 시기나 비난을 감내한 적도 많았다. 하지만 결국에 내가 깨달은 사실은 내 인생을 사는 주체는 바로 나라는 것이다. 오로지 나의 발전과 자아실현을 위한 도전에 초점을 맞추면 외부의 요인에 쉽게 흔들리지 않는다. 타인의 도전을 쓸데없이 지적하고 실패를 즐거워하는 사람들은 정작 제대로 된 도전을 한 번도 해보지 못한 이들이다. 그런 패배자들의 비아냥거림까지 신경 쓸 필요는 없다고 당신에게 말하고 싶다.

　도전하며 겪는 크고 작은 모든 일은 완성된 삶을 위한 필요조건이다. 정면으로 맞서 도전하는 사람은 모든 일에서 남들보다 한 걸음 더 앞설 수 있고, 혹여 뒤처지더라도 다시 두 걸음 앞설 수 있는 힘을 가지고 있다. 피하지 않고 맞선다는 사실만으로 이미 강한 멘탈을 지닌 사람이다.

　VMI 생도 시절 읽었던 스티븐 프레스필드의 『불의 문Gates of Fire』이라는 책은 나에게 정면으로 맞서는 일이 얼마나 고귀한 일인지를 가르쳐줬다. 이 책은 스파르타의 왕 레오니다스 1세가 그리스 연합군으로 크세르크세스 1세의 페르시아군과 싸웠던 테르모필레 전투에 관한 소설로 2007년에 개봉한 영화 〈300〉으로 기억하는 사람이 더 많을 것이다. 테르모필레의 좁은 길목에서 페르시아 대군을 상대했던 그리스 연합군의 기막힌 전술이 조명받았지만 내게 감명 깊었던 부분은 바로 레오니다스의 정신이었다.

레오니다스는 300명의 소수 정예 전사들과 함께 직접 전쟁터로 나갔고, 그것도 가장 선봉에서 페르시아군에 맞서 싸웠다. 장군을 대신 전쟁에 내보낼 수도 있었고, 후방에서 전투를 지휘하며 상황을 살필 수 있었지만 그는 그렇게 하지 않았다. 가장 위험한 순간에 도망치지 않고 정면 돌파를 선택했다. 그것이 그가 할 수 있는 높은 수준의 선택이었다.

레오니다스도 무엇보다 지켜내고 싶은 수많은 것들이 눈앞에 아른거렸을 것이다. 하지만 그에게는 또 다른 신념이 있었다. 군인이라면 위험한 상황을 마다하지 않고 맨 앞에서 부하들을 이끌어야 한다는 정신이었다. 나는 이 모습에 가슴이 뜨거워지는 것 같았고 내가 따라야 할 자세라고 생각했다.

나는 레오니다스가 어떻게 최악의 상황에서도 의연했는지 궁금했다. 그것만 알 수 있다면 나 역시 내가 가진 문제들을 보다 의연하게 해결하고 더 당당한 삶을 살 수 있을 것 같았다. 답을 쉽게 구할 수 없었지만 조금은 알 것 같다는 생각도 들었다. 나는 그 비밀을 깨닫기 위해 며칠을 정신적인 스승 레오니다스와 씨름했다. 그리고 마침내 진리를 깨달을 수 있었다.

"죽음에 초연하라."

당신이 가진 문제나 도전에 정면으로 맞서고 싶다면 죽음에 초연해질 필요가 있다. 오히려 언제나 죽을 수 있고 죽는다는 것은 아무것도 아니라는 사실을 받아들이면 현상을 바라보는 관점이 완전히 달라진다. 자유로워지기 때문이다. 사람이 도전을 주저하는 이유 중의 하나는 무언가를 지키려고 하기 때문이다. 이는 스스로를 속박하고 옴짝달싹하지 못하게 가둬 자유를 망각하게 하는 행동이다.

레오니다스는 나에게 삶을 지혜롭게 살 수 있는 귀한 깨달음을 선사했다. 죽지 않으려고 안간힘을 쓰면 오히려 지키고 싶은 걸 더 못 지키게 된다는 것은 나의 삶의 태도를 완전히 바꿔놓았다.

만약 당신이 레오니다스의 이야기를 통해 나와 같은 깨달음을 얻었다면 세상을 바라보는 눈이 달라졌음을 스스로 느낄 것이다. 삶이 한 단계 더 높은 수준으로 나아갈 수 있는 좋은 신호다. 그러나 그런 깨달음이 없다고 하더라도 괜찮다.

당신은 당신의 방법대로 세상을 이기게 될 것이기 때문이다.
다만 이 말 하나만 기억해주길 바란다.

세상은 고난에 정면으로 맞선
사람들의 이야기로 만들어졌고,
당신도 충분히 그 이야기의
주인공이 될 수 있다는 사실을 말이다.

그대, 생존 너머 삶의 의미를 세웠는가

지금 이 순간부터 다시 시작하라

VMI에서는 겨울이 되면 '브레이크아웃^Breakout'이라고 불리는 큰 행사가 열린다. 앞서 이야기했듯이 신입 생도들은 쥐라고 불렸는데, 애벌레가 변태해 나비가 되는 것처럼 브레이크 아웃 행사를 통해 쥐들이 진짜 생도로 인정받는 VMI의 오래된 전통이었다.

브레이크아웃은 다양한 활동으로 구성되었지만 특히 마지막 관문이 모든 신입 생도들의 가슴을 불태웠다. 바로 모든 쥐들이 언덕을 오르는 이벤트였는데 이 언덕에 얽힌 사연이 특별했다. 우리 신입 생도들이 올랐던 언덕은 옛날의 VMI 생도들이 남부 연합군 소속으로 남북전쟁에 참전했던 뉴 마켓^{New Market} 전투가 벌어졌던 곳이었다.

우리 동기들은 이렇게 역사적인 전적지에 발을 디딜 수 있다는 것만으로도 큰 영광으로 여겼다. 우리도 그들처럼 명예를 위해 싸울 준비를 할 수 있다는 것, 무엇보다 그들의 정신을 이어받을 진정한 생도가 될 수 있다는 사실에 감격했다. VMI에서는 특히 학교 역사에 대한 자부심이 남달랐다. 나 역시 학교의 역사 이야기를 수없이 들었던 터라 굉장한 자부심이 있었다.

1864년 5월 10일, VMI 생도 군단은 버지니아주에 주둔하고 있던 브레킨리지 남부 연합군에 입대하라는 명령을 받았다. 85마일을 북쪽으로 행군해 1864년 5월 15일 일요일 아침 뉴 마켓에 도착했다. 언덕 꼭대기에 위치한 프란츠 시겔 장군의 북군은 대포와 머스킷으로 남군의 방어선을 공격했다.

하지만 VMI 생도들은 시겔과 그의 부하들을 후퇴시키고 연합군을 위한 전장을 확보해 뉴 마켓에서 남부 연합군이 승리를 하는 데 큰 역할을 했다. 이후 미국 역사상 대학생이 전투에 참전해서 싸운 유일한 전투로 기억되기도 했다. 이때 많은 생도들이 진흙 언덕에서 죄다 신발을 잃어버렸는데 이를 두고 '잃어버린 신발의 장'이라는 별명을 갖게 되었다. 이런 정신을 기리고 이어받고자 VMI에서 브레이크아웃이라는 행사를 여는 것이었다.

브레이크아웃의 마지막 관문인 언덕 오르기는 경사도 가파르지만 문제는 위에서 쉴 새 없이 물을 뿌려 온통 진흙투성이라는 점이다. 단순히 물을 뿌리는 게 아니다. 실제로 소방차 여러 대가 투입되어 두꺼운 호스로 강력한 물을 뿌린다. 도저히 혼자 힘으로는 언덕을 오를 수 없다. 그래서 신입 생도들은 서로가 인간 끈이 되고 때론 받침이 되어 함께 오른다. 미끄러지기를 수십 번 반복하다 보면 그야말로 진흙 인간이 되는데, 그때쯤 되면 쥐들은 해탈의 경지에 올라 서로 웃으며 언덕을 오른다.

미끄러져도 환호성을 지르고 다시 일어난다. 서로 부둥켜안고 안간힘을 써서 언덕에 오르면 비로소 브레이크아웃이 끝나고 쥐들은 군단으로부터 인정받은 정식 생도로 거듭난다. 진짜 군인이 되기 위한 첫 걸음을 떼게 되는 것이다.

내가 이 이야기를 마지막에 꺼낸 이유는 시작의 가치를 말하기 위해서다. 누구에게나 처음과 시작이 존재하듯이 나에

VMI 졸업식

게 VMI는 군인으로서 첫발을 떼게 해준 시작이었다. 그래서 VMI에서의 순간을 떠올릴 때마다 뿌듯하고 가슴이 벅차오른다.

어릴 때부터 군인이 되기 위해 많은 준비를 했지만 결국 나는 미 해사에 입교하지 못했고 심지어 대한민국 해군으로 입대하면서 미 SEAL의 꿈도 좌절되었다. 하지만 결국에 내가 이렇게 성장할 수 있었던 첫 시작에는 VMI가 있었고, 그것은 내가 국가안보를 위해 생존 기술을 닦아나가는 데 초석이 되었다.

내가 정식 생도가 되기 위해 언덕을 오를 때 계속 미끄러졌듯이 인생에서도 그런 일은 다반사다. 마음처럼 되는 일도 없고 완벽한 준비를 했더라도 운이 좋지 않아 좌절하는 경우도 생긴다. 그래도 중요한 건 당신의 태도다. 넘어져도 다시 일어나겠다는 가장 쉽고도 어려운 진리가 당신을 목적지로 이끌기 때문이다.

그런 의미에서 당신이 과거에 어떤 인생을 살았든 지금 이 순간부터 다시 시작하겠다는 마음을 가졌으면 좋겠다. 크게 변하는 게 없다고 하더라도 다시 시작할 수 있다는 마음을 먹으면 기분이 한결 나아진다. 그리고 그 순간에 좋은 기회를 포착할 수 있다.

이가 없으면 잇몸으로라도 물라고 했다. 꼭 있어야 할 것이 없으면 없는 대로 나아가라는 교훈이 담긴 말이다. 남들에게 있고 당신에게 없는 걸 비교하는 건 슬픈 일이다. 차라리 당신에게 있고 남들에게 없는 걸 생각하길 바란다. 당신은 능히 해낼 수 있고 강한 멘탈로 목적에 도달할 수 있을 것이다. 고로 지금 당장 시작하라.

왜 사는지 답하라

우리 모두는 자기만의 세상, 즉 알을 가지고 있다. 그것은 온전히 나 자신일 수도 있고 가족이라는 테두리가 될 수도 있다. 우리가 사회생활을 경험하게 되는 학교일 수도 있고 직장일 수도 있으며 군인이라면 군대가 될 수도 있다. 우리가 속한 그 모든 것들이 바로 알이다.

보통 사람들은 익숙한 것들을 통해서 안정감과 편안함을 느낀다. 알은 우리를 지켜주는 일종의 보호막이다. 하지만 언제까지 알에 머물 수 있을지 당신은 자신 있게 답할 수 있겠는가? 나는 답할 수 없다.

새들은 알을 깨뜨리고 나와야만 생존할 수 있다는 것을 본능적으로 알고 있다. 알 안에서만 머문다면 어미로부터 먹이를 얻어먹을 수 없어 아사하거나 다른 포식자에게 먹혀 생을 마감할 것이다. 하지만 알을 깨고 나온다면 그다음은 무궁무진한 세상이 기다리고 있다.

인간이 새와 다른 점이 있다면 알을 깨고자 하는 이유다. 새는 본능적으로 알을 깨지만 인간은 오로지 의지로 알을 깨고 나갈 수 있다. 물론 의지의 문제이기 때문에 알을 깨고 나가는 것이 두려워 아무것도 하지 않고 그대로 머물 수도 있다. 새로운 세계에 대한 도전보다는 차라리 안주를 선택할 수도 있다. 그런 사람들을 위해 소설『데미안』을 쓴 헤르만 헤세의 말을 빌리고자 한다.

"우리 시대는 젊은 청춘들이 세상을 살아가기 어렵게 만든다. 모든 사람들을 똑같이 만들어 버리고 개성을 자르려는 시도가 도처에 깔려 있다. 그들의 영혼은 마땅히 이에 대항하려고 하고, 이로부터 데미안의 경험이 생겨난다."

_헤르만 헤세

헤세가『데미안』을 쓴 것은 제1차 세계대전 중인 1916년이었고, 책은 전쟁이 끝난 직후인 1919년에 출판되었다.『데미안』은 100년 전 이야기이지만 우리가 겪고 있는 이 세상과 크게 다르지 않다. 특히 지금의 젊은이들에게는 모든 것이 혼란스럽고 힘들기만 하다. 자신이 가진 것들이 초라하고 쓸모 없게 느껴져 주저하고 싶어지는 일들로 가득하다. 누군가에게 위안을 얻고 그를 통해 희망을 갖는 것도 필요하지만 결국에는 스스로 알을 깨고 나오려는 시도를 해야만 한다.

도전이라는 단어가 낯설고 멀게 느껴지는 요즘 세상이다. 일상을 평범하게 유지하는 일조차 쉽지 않은 게 오늘의 현실이다. 하지만 변화 없이 현실에만 안주한다면 상황은 나아지지 않을 것이다. 우리는 익숙한 것들에서 벗어나 새로운 도전과 모험에서 삶의 의지를 찾아야 한다. 생존을 넘어 그다음에 있는 의미를 찾음으로써 스스로 고결한 존재가 되어야 한다.

그러기 위해서는 끊임없이 자신에게 왜 사는지에 대해 묻고 답해야 한다. 자신이 결론지은 삶의 이유가 없다면 목표조차도 무의미해진다. 나의 목표에 대해 질문하고 내가 해야 할 것들에 대해서 생각하는 건 삶의 이유를 찾은 다음의 일이다. 목표를 통해 이루고자 하는 삶의 최종 상태에 대해서도 고민해야 한다.

생존이라는 일차적인 목표를 이루었다면 내가 왜 알을 깨고 나오려고 했는지 답해야 한다. 현실에 안주하려는 마음을 떨쳐버리고 미지의 세계로 도전하려는 생존의 이유만 확실하다면 당신은 언제 어디서나 당신만의 이유로 살아갈 수 있다.

단순히 알만 깨고 나오는 것만으로는 삶의 의미를 찾기는 어렵다. 태어났기 때문에 살고, 살아야 하기 때문에 산다는 건 동물적인 감각일 뿐이다. 내가 누구인지 내가 진정으로 원하는 것이 무엇인지 알아야 한다. 이를 바탕으로 온전히 나 자신만을 위한 삶에 조금 더 가까이 갈 수 있다. 오직 자기 의지만 확고하게 쏟아부으면 목표에 도달할 수 있다. 그때까지 스스로에게 끊임없이 물어야 한다.

'나의 목표는 무엇인가?'
'나는 왜 목표를 이루고자 하는가?'
'나는 지금 무엇을 해야 하는가?'
그리고 '나는 왜 사는가?'

"지금 하고 있는 게 무슨 의미가 있고 왜 이렇게까지 살아야 하는지 고민하는 것 자체가 틀렸다는 사실을 깨달았습니다. 당신을 통해 저는, 왜 살아야 하고 무엇을 이뤄야 하는지 저만의 답을 내리기 위해 하루하루를 열심히 살아야겠다고 다짐하게 되었습니다."

ROKSEAL 채널을 통해 소중한 팬이 보낸 메시지다. 사실 메시지 하나하나에 답변을 하진 못한다. 일일이 답을 달 수 있는 양이 아니기도 하고 대부분 응원 메시지이기 때문에 마음만 잘 받고 있다. 하지만 이 메시지는 내게 중요했다. 내가 생각하는 삶의 결과 비슷했기 때문이다. 왜 사는지에 대한 스스로의 답, 나에겐 그게 그렇게 중요하다.

살다 보면 말도 안 되는 일이 자주 일어난다. 아무리 노력해도 불가능하고 누구보다 열심히 해도 달성할 수 없는 현실에 부딪히면 '내가 왜 이렇게 살아야 할까?', '삶을 통해 의미를 찾을 수 있을까?', '이럴 바에 아무런 노력도 하지 않는 게 낫지 않을까?' 등의 부정적인 생각에 빠진다.

하지만 우리는, 삶이라는 망망대해를 이미 누구보다 훌륭하게 항해하고 있다는 사실을 잊어선 안 된다. 때로는 거친 파도가 치고 폭풍우에 갇히더라도 이 또한 지나간다는 진리를 안다면 아무런 문제가 되지 않는다. 지금 당장 문제로부터 벗어날 수 없다고 느낄 수 있지만 사는 이유만 확고하다면 결국 목적지에 닿을 수 있다. 폭풍우를 만났을 때 해야 할 것은 그것이 지나가길 바라며 숨는 것이 아니라 끝까지 배의 키를 놓지 않는 용감한 행동이다.

그러므로 왜 사는지 스스로 답하라.
당신의 삶은 완전히 변모될 것이다.

당신만의 슬로건을 내걸어라

UDT와 미 SEAL을 비롯한 세계 각국의 특수부대 선발 과정에서, 극한의 한계를 경험하도록 고된 훈련을 하는 이유를 무엇이라 생각하는가? 다른 이유는 없다. 신체의 강인함과 한계를 뛰어넘는 정신력을 보고자 함이다.

팔굽혀펴기와 달리기 등의 육체 활동은 단련하면 할수록 좋아진다. 멘탈도 마찬가지다. 멘탈은 개인이 가진 인성과 태도, 교육 등이 종합적으로 구성된 하나의 유기체다. 자신의 한계를 극복할 수 있는 힘이 바로 정신력이고 그 단계를 넘어서야만 도달하고자 하는 진정한 목표에 닿을 수 있다.

생존 의지란 살기 위한 행동과 욕구다. 아무리 뛰어난 생존 기술과 지식이 있다고 해도 강한 멘탈이 없다면 아무런 소용이 없다. 극한 상황에서 가장 중요한 것은 멘탈이다. 멘탈이 강하면 아무리 지치더라도 몸을 움직일 수 있다. 하지만 체력이 남아 있다고 하더라고 멘탈이 무너지면 한 걸음을 떼는 일조차 불가능하다. 상황을 냉정하게 판단하고 침착함을 유지하며 살아남고자 하는 멘탈을 지녀야 하는 이유다.

강한 멘탈을 갖기 위한 또 하나의 방법은 당신만의 슬로건을 갖는 것이다. 우리는 일상에서 전적으로 논리적 판단을 하는 것처럼 느끼지만 정서적인 힘에 의해 많은 게 결정된다.

그래서 인생의 많은 문제들을 마주했을 때 흔들리지 않으려면 글로 된 슬로건을 갖고 있는 게 효과적이다.

직접 지은 문장도 좋고 책이나 누군가의 말도 좋다. 그리고 그것을 늘 상기하고 눈에 보이는 곳에 배치해야 한다. 어떤 슬로건이든 단순히 몇 문장을 베끼는 것만으로는 멘탈을 강화하는 데 역부족이다. 보고 읽고 외우며 당신의 멘탈을 슬로건과 일치시키는 게 중요하다.

나는 미 SEAL의 전 과정을 마치고 '미 SEAL의 정신'에 서명했다. 미 SEAL답게 살 것을 다짐한 것이다. 그리고 지금도 비록 군인은 아니지만 이 정신을 이어가기 위해 노력한다. 삶의 모든 순간에 깊은 영감과 자신감을 주기 때문이다.

당신에게 도움이 될 문구가 있을지 몰라 '미 SEAL의 정신' 번역문 일부를 공유한다. 그대로 당신의 삶에 적용해도 좋고 당신만의 방식으로 고쳐도 좋다.

나의 삼지창 휘장은 명예의 상징이자 유산이다. 지난 영웅들이 나에게 부여한 휘장은 내가 지키겠다고 맹세한 사람들의 신뢰를 담고 있다. 나의 가슴에 휘장을 달아 나는 내가 선택한 직업의 책임감과 삶의 길을 받아들인다. 그것은 내가 매일 느껴야 하는 특권이다.

미 SEAL 휘장 수여식

나는 전쟁터 안팎에서 명예롭게 복무한다. 어떤 상황이든 나는 다른 사람들과 달리 내 감정과 행동을 제어할 수 있다. 타협하지 않는 청렴함이 나의 기준이다. 나의 인격과 명예는 확고하다. 내가 한 약속을 꼭 지킨다.

우리는 이끌고 이끌릴 것을 기대한다. 명령이 없으면 내가 책임지고 팀원들을 이끌어 임무를 완수할 것이다. 나는 모든 상황에서 모범을 보인다.

나는 절대 포기하지 않을 것이다. 나는 역경을 인내하고 성공한다. 국가는 내가 적보다 육체적으로 더 세고 정신적으로 강하기를 기대한다. 쓰러져도 나는 매번 다시 일어날 것이다. 남은 모든 힘을 모아 팀원들을 보호하고 임무를 완수할 것이다. 나는 끝까지 싸울 것이다.

우리는 규칙을 따른다. 우리는 혁신을 기대한다. 팀원들의 목숨과 임무의 성공 여부는 내 기술 능력, 전술적 숙련도 그리고 디테일에 대한 관심 등 나에게 달려 있다. 내 훈련은 평생 끝이 없다.

이제 당신만의 슬로건을 만들고 원하는 것을 확실하게 정하라. 그리고 이미 이룬 것처럼 행동하라. 당신의 마음에 회의감이 들 때마다 슬로건을 곱씹고 또 곱씹어라.

완벽한 순간은 없다

많은 사람이 나에게 생존에 대해 묻는다. 어떻게 극악의 환경에서 생존할 수 있고 강한 멘탈을 가질 수 있는지 노하우를 공유해달라고 한다. 하지만 책의 서두에서도 강조했듯이 나는 생존전문가가 아니다. 사실 나는 생존이라는 단어를 별로 좋아하지 않는다. 누구나 당연히 생존해야 하는데 생존을 목적으로 삼는 것은 그리 올바른 선택이 아니다. 생존 자체가 삶의 목적이 될 수는 없다.

생존이란 인간으로서 더 큰 꿈을 이루기 위한 기본 조건일 뿐이다. 경우에 따라 생존 자체에 집중해야 하는 시기가 있지만 오히려 더 큰 목표를 갖는 것이 더 중요하다. 성장을 통해 의미 있는 삶을 살고 나 자신뿐만 아니라 타인을 도울 수 있는 인생을 살아야 한다. 다시 한번 강조하지만 반드시 타인을 위한 삶을 살아야 한다. 단순하게 생존하는 것만으로는 인생의 가치를 깨닫기 어렵고 무엇보다 혼자 살아남겠다는 정신으로는 극한의 상황을 이겨낼 수 없다. 이는 가장 낮은 수준의 삶의 태도다.

가장 중요한 것은 바로 마인드셋이다. 당신이 승리자의 삶을 살고 싶다면 이 단어가 가진 뜻을 진지하고 강하게 흡수해야 된다. 마인드셋을 쉽게 표현하면 나의 정신 상태, 상황을 바라보는 태도, 굴하지 않는 절개 등이다. 이게 왜 중요하냐면, 마인드셋이 육체와 행동 그리고 결정까지 삶의 모든 것을 컨트롤하기 때문이다.

그렇다면 이 마인드셋을 어떻게 강화시키고 어떤 영감을 받아 살아갈지는 당신이 찾아야만 하는 숙제다. 자기 자신에게 질문하고 스스로 그 답을 내려야 한다는 뜻이다. '나는 못한다', '나는 무섭다', '나는 약해서 할 수 없다'는 말 대신 '나는 할 수 있다', '나는 강하다', '나는 이겨낼 수 있다'라고 마인드셋 해야 한다. 그러나 많은 이들이 도전 앞에서 할 수 없다고 말한다. 그래서 결국에는 지는 것이다.

나는 살면서 타인에게 '너는 환상에 산다', '너는 부족하다', '너는 능력이 없다', '네가 어떻게 그렇게 해' 등과 같은 부정적인 말들을 많이 들었다. 평생 이런 말들을 듣고 살아왔다. 아시아인이니까 백인들이 날더러 약하다고 말했고, 수영선수로 활동했을 때는 몸을 키우려고 헬스장에 간다고 하니까 다들 비웃었다. 그게 그들에게 박힌 아시아인의 이미지였다. 심지어 미 SEAL에 가겠다고 말하니 다들 폭소했다. 그런

데 결과적으로 나는 어떻게 되었는가? 이 모든 게 강한 멘탈과 곧은 마인드셋 덕분이었다.

운명은 스스로 만드는 것이다. 운명은 정해진 것이 아니다. 누군가 대신 결정해주는 것은 더더욱 아니다. 사람들이 당신에 대해 재단해놓은 편견을 깨기 위해서는 숨겨진 나를 일깨워야 한다. 운명은 모든 것을 받아들이고 강한 의지와 용기로 그것을 극복하려는 사람에게만 그 모습을 드러낸다. 큰 어려움 앞에서 홀로 남겨졌다면 주저앉거나 돌아서는 것보다 정면 돌파를 하라고 조언했던 이유가 바로 이것이다.

운명은 스스로 결정하고 선택할 때만 성공이든 실패든 결과를 얻을 수 있다. 이게 정말 중요하다. 실패도 도전하는 사람만이 얻는 가치라는 사실 말이다. 그래서 실패를 두려워할 필요가 없다. 실패했다는 것은 당신이 도전자임을 증명하는 일이다. 당신의 실패에 축배를 들며 비아냥거리는 사람들을 신경 쓸 필요 없다. 그들은 항상 무서워서 도망치거나 실패하지 않았다고 입에 침이 마르도록 자랑하겠지만 결국에 패배자가 된다. 하지만 당신이 실패해도 계속 일어설 수만 있다면 성공은 당신의 것이다.

스스로 운명을 개척하고 싶다면 생존해야만 하는 삶의 목적과 의미를 찾자. 생존해야 할 이유가 없다면 허수아비나 다를 바 없다. 자신의 문제가 무엇인지 원하는 삶이 어떤 것인지 스스로에게 질문하기를 피하거나 두려워해서는 안 된다. 당신이 느끼는 부족함을 인정하고 솔직하게 받아들일 수 있어야만 그다음 단계로 나아갈 수 있다.

겁이 많지만 이를 극복해서 어려움에 처한 사람들을 돕고 싶다면 두려움의 실체를 찾아내 극복하면 그만이다. 지식을 쌓아 삶을 윤택하게 만들고 싶다면 부족한 부분을 채우기 위해 공부하면 된다. 강한 육체를 갖고 싶다면 지금 당장 이 책을 덮고 덤벨을 들어라. 이게 바로 누구나 알고 있지만 아무나 실천하지 못하는 인생의 진리다.

무엇보다 가치 있는 삶을 위해 타인에게 끊임없는 관심을 기울여야 한다. 당신만의 다양하고 전문적인 경험을 통해 누군가를 도울 수 있다면 최고의 삶이다. 그래서 당신의 도움이 필요한 곳이라면 어디든 달려가고 당신에게 힘이 되어달라고 하는 약자들을 위해 헌신해야 한다. 그게 멋진 삶이고 명예롭게 살 수 있는 방법이다.

매 순간 결정을 미루지 않도록 하라. 너무 많은 걸 준비하느라 시간을 소모하지 마라. 전장 같은 세상에서 순간의 판단을 내리지 못하면 죽을 수 있다. 완벽한 순간은 없다. 주어진

<국군포로> 단편영화 촬영 당시

상황에서 최선의 선택을 할 수 있도록 노력해야 한다. 선택에 대한 결과가 나쁘더라도 그저 받아들이고 다시금 앞으로 나아갈 수 있어야 한다.

실패한 과거에 발목이 잡히기보다는 실패를 통해서 성공할 현재와 미래만 생각하면 된다. 실패할 수밖에 없는 현실을 받아들이고 실패했을 때를 대비한 나름의 계획을 짜는 것도 필요하다. 실패 자체는 잘못된 것이 아니다. 오히려 실패가 성공의 단초가 될 수도 있다.

마지막으로 특별한 삶을 살고 싶다면 지금의 나 자신을 존중해야 한다. 생존할 수 있다는 믿음과 확신, 삶에 대한 확고한 목표만 있다면 무엇이든지 해낼 수 있다. 지금보다 더 나은 삶을 만들 수 있다. 만약 지금 당신을 활활 타오르게 만드는 것이 있다면 바로 도전하라. 나는 그런 당신을 지지하고 응원할 것이다.

"악이 승리하기 위해서 필요한 것은
선한 인간들이 아무런 행동도 하지 않는 것이다."
_에드먼드 버크

우리 모두는 지금 이 순간까지 각자의 방식으로 살아남기 위해 노력해왔다. 하지만 이제는 완전히 다른 삶을 살아야 한다. 그 어떤 악으로부터 굴하지 않는 정신력으로 압도적인 삶을 추구해야 한다. 스스로에게 최후통첩을 날려라. 죽어도 포기하지 않겠다는 마음가짐으로 굳세게 전진하라.

그리고 승리자가 되어라.

Cheers!

죽어도 포기하지 않는 최강 멘탈의 기술

얼티메이텀

초판 1쇄 발행 2021년 7월 21일
초판 3쇄 발행 2024년 7월 29일

지은이 이근
펴낸이 김선식

부사장 김은영
콘텐츠사업2본부장 박현미
디자인 마가림 **책임마케터** 문서희
콘텐츠사업5팀장 김현아 **콘텐츠사업5팀** 마가림, 남궁은, 최현지, 여소연
마케팅본부장 권장규 **마케팅1팀** 최혜령, 오서영, 문서희 **채널1팀** 박태준
미디어홍보본부장 정명찬 **브랜드관리팀** 안지혜, 오수미, 김은지, 이소영
뉴미디어팀 김민정, 이지은, 홍수경, 서가을
크리에이티브팀 임유나, 변승주, 김화정, 장세진, 박장미, 박주현
지식교양팀 이수인, 염아라, 석찬미, 김혜원, 백지은
편집관리팀 조세현, 김호주, 백설희 **저작권팀** 한승빈, 이슬, 윤제희
재무관리팀 하미선, 윤이경, 김재경, 임혜정, 이슬기
인사총무팀 강미숙, 지석배, 김혜진, 황종원
제작관리팀 이소현, 김소영, 김진경, 최완규, 이지우, 박예찬
물류관리팀 김형기, 김선민, 주정훈, 김선진, 한유현, 전태연, 양문현, 이민운
외주스태프 인터뷰작가 김준영 표지촬영 타임온미 스튜디오 자료 고우림

펴낸곳 다산북스 **출판등록** 2005년 12월 23일 제313-2005-00277호
주소 경기도 파주시 회동길 490 다산북스 파주사옥
전화 02-704-1724 **팩스** 02-703-2219 **이메일** dasanbooks@dasanbooks.com
홈페이지 www.dasan.group **블로그** blog.naver.com/dasan_books

ISBN 979-11-306-3994-9 (03190)

다산북스(DASANBOOKS)는 독자 여러분의 책에 관한 아이디어와 원고 투고를 기쁜 마음으로 기다리고 있습니다.
책 출간을 원하는 아이디어가 있으신 분은 다산북스 홈페이지 '투고원고'란으로 간단한 개요와 취지, 연락처 등을
보내주세요. 머뭇거리지 말고 문을 두드리세요.